2024

Im Jahr des Holz-DRACHEN kann mit
Mut das Chaos überwunden werden

2024

	Januar	Februar	März	April
Mo	1 8 15 22 29	5 12 19 26	4 11 18 25	1 8 15 22 29
Di	2 9 16 23 30	6 13 20 27	5 12 19 26	2 9 16 23 30
Mi	3 10 17 24 31	7 14 21 28	6 13 20 27	3 10 17 24
Do	4 11 18 25	1 8 15 22 29	7 14 21 28	4 11 18 25
Fr	5 12 19 26	2 9 16 23	1 8 15 22 **29**	5 12 19 26
Sa	6 13 20 27	3 10 17 24	2 9 16 23 30	6 13 20 27
So	**7 14 21 28**	**4 11 18 25**	**3 10 17 24 31**	**7 14 21 28**

	Mai	Juni	Juli	August
Mo	6 13 **20** 27	3 10 17 24	1 8 15 22 29	5 12 19 26
Di	7 14 21 28	4 11 18 25	2 9 16 23 30	6 13 20 27
Mi	1 8 15 22 29	5 12 19 26	3 10 17 24 31	7 14 21 28
Do	2 **9** 16 23 30	6 13 20 27	4 11 18 25	1 8 15 22 29
Fr	3 10 17 24 31	7 14 21 28	5 12 19 26	2 9 16 23 30
Sa	4 11 18 25	1 8 15 22 29	6 13 20 27	3 10 17 24 31
So	**5 12 19 26**	**2 9 16 23 30**	**7 14 21 28**	**4 11 18 25**

	September	Oktober	November	Dezember
Mo	2 9 16 23 30	7 14 21 28	4 11 18 25	2 9 16 23 30
Di	3 10 17 24	1 8 15 22 29	5 12 19 26	3 10 17 24 31
Mi	4 11 18 25	2 9 16 23 30	6 13 20 27	4 11 18 **25**
Do	5 12 19 26	**3** 10 17 24 **31**	7 14 21 28	5 12 19 **26**
Fr	6 13 20 27	4 11 18 25	1 8 15 22 29	6 13 20 27
Sa	7 14 21 28	5 12 19 26	2 9 16 23 30	7 14 21 28
So	**1 8 15 22 29**	**6 13 20 27**	**3 10 17 24**	**1 8 15 22 29**

Glückskalender für Kinder 2024/2025

Land	Winter-/Frühjahrs-/ Osterferien	Pfingstferien	Sommerferien	Herbstferien	Weihnachts-ferien
Baden-Württemberg	– 23.03. - 05.04.	21.05. - 31.05.	25.07. - 07.09.	28.10. - 30.10./ 31.10.	23.12. - 04.01.
Bayern	12.02. - 16.02. 25.03. - 06.04.	21.05. - 01.06.	29.07. - 09.09.	28.10. - 31.10./ 20.11.	23.12. - 03.01.
Berlin	05.02. - 10.02. 25.03. - 05.04.	10.05.	18.07. - 30.08.	04.10./ 21.10. - 02.11.	23.12. - 31.12.
Brandenburg	05.02. - 09.02. 25.03. - 05.04.	–	18.07. - 31.08.	04.10./ 21.10. - 02.11.	23.12. - 31.12.
Bremen	01.02. - 02.02. 18.03. - 28.03.	10.05./21.05.	24.06. - 02.08.	04.10. - 19.10./ 01.11.	23.12. - 04.01.
Hamburg	02.02. 18.03. - 28.03.	10.05./ 21.05. - 24.05.	18.07. - 28.08.	04.10./ 21.10. - 01.11.	20.12. - 03.01.
Hessen	– 25.03. - 13.04.	–	15.07. - 23.08.	14.10. - 25.10.	23.12. - 10.01.
Mecklenburg-Vorpommern	05.02. - 16.02. 25.03. - 03.04.	10.05./ 17.05. - 21.05.	22.07. - 31.08.	04.10./21.10. - 26.10./01.11.	23.12. - 06.01.
Niedersachsen	01.02. - 02.02. 18.03. - 28.03.	10.05./21.05.	24.06. - 03.08.	04.10. - 19.10./ 01.11.	23.12. - 04.01.
Nordrhein-Westfalen	– 25.03. - 06.04.	21.05.	08.07. - 20.08.	14.10. - 26.10.	23.12. - 06.01.
Rheinland-Pfalz	- 25.03. - 02.04.	21.05. - 29.05.	15.07. - 23.08.	14.10. - 25.10.	23.12. - 08.01.
Saarland	12.02. - 16.02. 25.03. - 05.04.	21.05. - 24.05.	15.07. - 23.08.	14.10. - 25.10.	23.12. - 03.01.
Sachsen	12.02. - 23.02. 28.03. - 05.04.	10.05./ 18.05. - 21.05.	20.06. - 02.08.	07.10. - 19.10.	23.12. - 03.01.
Sachsen-Anhalt	05.02. - 10.02. 25.03. - 30.03.	21.05. - 24.05.	24.06. - 03.08.	30.09. - 12.10./ 01.11.	23.12. - 04.01.
Schleswig-Holstein	– 02.04. - 19.04.	10.05. - 11.05.	22.07. - 31.08.	04.10./ 21.10. - 01.11.	19.12. - 07.01.
Thüringen	12.02. - 16.02. 25.03. - 06.04.	10.05.	20.06. - 31.07.	30.09. - 12.10.	23.12. - 03.01.

Auf den Inseln Sylt, Föhr, Amrum und Helgoland sowie auf den Halligen gelten für die Sommer- und Herbstferien Sonderregelungen

INHALT

Ihr Chinesisches Horoskop-Jahrbuch erscheint seit 45 Jahren im

BIO Ritter Verlag
Waldschmidtstr. 21
D-82327 Tutzing
Fax (0 81 58) 71 42
E-Mail: bioritterverlag@aol.com

Das Chinesische Horoskop-Jahrbuch aus dem BIO Ritter Verlag kann auch bei AMAZON oder über den Buchhandel bestellt werden

Prognosen/Texte: Daniela Herzberg/Roger Keller
Illustration chinesische Tierzeichen: Reinhard Habeck
Redaktion: Monica Ritter
Satz: Ostfriesische Presse Druck GmbH, Emden
Druck: Silber-Druck, Niestetal

Im Jahr des Holz-Drachen kann mit Mut das Chaos überwunden werden

Liebe Leserin, lieber Leser!

Daniela Herzberg mit ihrem Lebensgefährten Roger Keller, der unter anderem für die Monatstabellen mit den wertvollen Entscheidungshilfen verantwortlich ist

Mit dem sanften Hasen, der uns im vergangenen Jahr begleitet hat, haben wir oft gemerkt, wie wichtig es ist, sich solidarisch zu zeigen und das Wohl der Allgemeinheit im Auge zu behalten. Wer sich wie der Jahresregent um Harmonie bemüht hat, wird vielleicht nicht immer erfolgreich gewesen sein, hat aber zumindest in den vergangenen zwölf Monaten das Gefühl gehabt, vieles richtig zu machen.

Mit dem charismatischen Holz-Drachen kommt nun ein Tierzeichen an die Macht, das mit seinem Vorgänger nicht besonders viel gemein hat. Als einziges Fabeltier im Tierkreis wurde der Drache im alten China als Symbol der Lebenskraft und des Glücks angesehen. Ein Drachenjahr bringt danach immer Erneuerung im großen Umfang. Nun ist die Zeit reif für mutige Pläne, die unter Umständen große, teilweise durchaus dramatische Veränderungen auf allen Ebenen bringen können.

Damit ein Umbruch gelingen kann, fordert der neue Herrscher von seinen Untertanen eine gewisse Bereitschaft zum Risiko, mit der sich vielleicht nicht jeder in den kommenden Monaten richtig wohl fühlen wird - zumal sie die Gefahr birgt, dass man sich vor allem auf der finanziellen Ebene übernehmen könnte.

Der Drache sonnt sich mit Begeisterung im Scheinwerferlicht. Das kann für 2024 bedeuten, dass wir nun auf gesellschaftlicher und politischer Ebene so manche mehr oder weniger gelungene Selbstdarstellung beobachten können. Fakten und wirkliches Können dürften dabei nicht unbedingt das Wichtigste sein, solange nach außen die Fassade schön glitzert. Auch auf der privaten Ebene sollte man sich in den kommenden Monaten vor möglichen Blendern in Acht nehmen - es ist definitiv nicht alles Gold, was glänzt!

Mit dem neuen extrovertierten Jahresherrscher dürften die Zeiten vorbei sein, in denen man sich dezent im Hintergrund halten und von dort die Fäden ziehen kann. Der Drache möchte uns sichtbarer machen und dürfte so manchen ins Rampenlicht schubsen, der sich bislang lieber bedeckt gehalten hat. Das mag für eher zurückhaltende Zeitgenossen schwierig sein, hilft aber dabei, die eigenen Ziele nicht nur offen auszusprechen, sondern auch beherzt umzusetzen.

Die verstärkte öffentliche Wahrnehmung macht es uns nun leichter, die eigenen Vorzüge ins rechte Licht zu rücken, um so beruflich oder auch in der Liebe zu punkten. Auf der anderen Seite wird in der Umgebung aber auch deutlich schneller gesehen, wenn man auf das falsche Pferd gesetzt hat. Umso wichtiger ist es, sich nicht alleine auf die öffentliche Meinung zu verlassen, sondern sich gut zu informieren und auf das eigene Bauchgefühl zu vertrauen.

Wer sich 2024 vom Holz-Drachen inspirieren lässt, kann seinen Ideen Flügel verleihen und wirklich weit kommen. Nur wer das Unmögliche denkt, kann etwas Unglaubliches schaffen...

Die kommenden Monate werden sicher vor allem eines nicht – langweilig! Ausgestattet mit frischer kreativer Kraft und einem guten Draht nach oben können wir anstehende Veränderungen zu unserer aller Besten annehmen und voranbringen.

Herzlichst

Daniela Herzberg

Daniela Herzberg

Tipps für die Nutzung des China Horoskop Jahrbuch 2024

Der Holz-Drache löst im Februar den Wasser-Hasen als Jahresregent ab und bringt wieder mehr Aktivität ins Spiel. Hier kommen alle nötigen Informationen, damit Sie unseren Ratgeber 2024 optimal nutzen können.

Wie bestimme ich mein Tierzeichen?

Der Hauptunterschied zwischen einem westlichen und einem chinesischen Horoskop besteht darin, dass in China das Tierzeichen nach dem Jahr berechnet wird und nicht wie im westlichen Horoskop nach dem Monat. **Welches chinesische Tierzeichen für welches Jahr gilt, können Sie ganz einfach in der Tabelle auf den Seiten 8/9 nachlesen.** Aber Achtung: Bei den Chinesen beginnt das astrologische Jahr nicht wie bei uns am 1. Januar, sondern nach dem chinesischen Sonnenkalender immer um den 4. Februar. Wer also vor diesem Termin geboren wurde, gehört noch zum Tierzeichen des Vorjahres.

Die zu der Jahresvorschau der einzelnen Tierzeichen angegebenen Daten ab Seite 10 beziehen sich übrigens auf den jeweiligen Termin des chinesischen Neujahrsfestes, der im Gegensatz zum persönlichen Horoskop nach dem Mondkalender berechnet wird.

Was Ihre Geburtsstunde über Sie verrät

Neben dem Geburtsjahr hat auch die Geburtsstunde einen wichtigen Einfluss auf die Persönlichkeit eines Menschen. Gibt das Tier des Jahres Hinweise auf Ihr Äußeres, so spiegelt das Tier der Geburtsstunde eher Ihre innere Persönlichkeit wider. Je nachdem, wie diese beiden Tiere zueinander stehen, ist der Mensch in Harmonie mit sich selbst oder geprägt von Spannungen innerhalb seiner Persönlichkeit. Oft finden sich auch Aspekte Ihrer Persönlichkeit im Tier der Geburtsstunde, die das Jahrestier nicht repräsentiert.

Die Chinesen teilen den Tag in zwölf Doppelstunden ein und ihr Tag beginnt, anders als bei uns, bereits um 23:00 Uhr mit der Doppelstunde der Ratte. Ihr persönliches Stundentier können Sie ganz einfach mit Hilfe der Tabelle auf Seiten 8 und 9 finden.

Je nachdem, wo Sie geboren sind, müssen Sie Ihre Geburtszeit bitte der realen astronomischen Zeit anpassen. Für Deutschland, Österreich, die Schweiz und einige andere europäischen Länder gilt die so genannte Mitteleuropäische Zeit (kurz MEZ), die bei Görlitz an der deutschpolnischen Grenze gemessen wird. Generell gilt: Je weiter westlich Ihr Geburtsort von Görlitz entfernt liegt, desto höher die Abweichung. Wenn also jemand zum Beispiel um 12:00 Uhr in Köln geboren wurde, ergibt sich aus astronomischer Sicht eine Abweichung von minus 32 Minuten. Das bedeutet, dass die astronomische Geburtszeit etwas früher bei etwa 11:28 Uhr liegt. Für Geburtsdaten nach 1980 müssen Sie darüber hinaus zwischen Ende März und Anfang Oktober die Sommerzeit berücksichtigen und eine Stunde abziehen, um die genaue astronomische Zeit zu erhalten.

Die Entstehung der Tierzeichen, die Fünf Elemente und Yin/Yang

Jahrtausende lang waren die Geheimnisse der chinesischen Astrologie nur dem Kaiser und seinem Hofstaat vorbehalten. Wahrscheinlich waren es buddhistische Mönche, die vor etwa 1200 Jahren einen Weg fanden, die kaiserlichen Verbote zu umgehen, um mit Horoskopen ihren Lebensunterhalt aufbessern zu können. Sie nahmen das bis dahin geheime Wissen um die Fünf Elemente und Yin und Yang und ordneten den Eigenschaften zwölf Tierzeichen zu. Jedes Jahr wurde einem Tier zugewiesen, so dass sich jedes der Tierzeichen alle zwölf Jahre wiederholt.

So kam jedes Tier zu seinem persönlichen Element und seiner Polarität, die seine Charaktereigenschaften recht genau widerspiegeln. Yang-Holz steht zum Beispiel für ungestümes, expansives Wachstum, das sehr eindrucksvoll durch den Tiger repräsentiert wird. Die mütterliche Yin-Erde passt dagegen hervorragend zur sanftmütigen Ziege.

Neben dem Element, welches das Tier repräsentiert, ergibt sich durch das Geburtsjahr jedoch noch ein weiterer Elemente-Anteil, mit dessen Hilfe sich die Tierzeichen noch besser einordnen lassen. Nicht jeder Drache ist gleich – je nachdem, ob Holz, Feuer, Erde, Metall oder Wasser ihn begleiten ist er mal forscher, mal verträumter. **Welches Element Ihr Geburtszeichen charakterisiert, können Sie auf der Seite mit Ihrer persönlichen Jahresvorschau ab Seite 10 im Kasten neben den Geburtsjahren nachlesen.**

Wer passt zu wem?

Diese Frage ist leider nicht ganz so einfach zu beantworten. Was man klar sagen kann, ist, dass es wie auch im westlichen Horoskop Tierzeichen gibt, die sich besser verstehen als andere. Auf der Tabelle auf den Seiten 8 und 9 finden Sie die günstigen und die weniger günstigen Kombinationen für Ihr Tierzeichen. Falls Sie Ihr Stundentier kennen, können Sie auch dieses in Ihr Urteil mit einbeziehen. Manchmal ergeben sich daraus neue Aspekte, die bei ausschließlicher Betrachtung des Jahrestiers nicht so offensichtlich zu sehen sind.

Generell vermittelt Ihnen die Tabelle eine Tendenz, wie die Tiere miteinander harmonieren. Bedenken Sie jedoch bitte, dass sich ein komplettes Horoskop (Geburtstag, -stunde, -monat und -jahr) aus vier Tierzeichen bzw. acht Elementanteilen zusammensetzt, die für eine genaue Analyse im Gesamtkontext und unter dem zeitlichen Aspekt betrachtet werden müssen. So kann die Kombination aus zwei Jahrestieren auf den ersten Blick unharmonisch sein, sich aber bei genauerem Betrachten des gesamten Bildes durchaus zu einem harmonischen Ganzen zusammenfügen.

Astronomische Abweichung der Geburtszeit von der MEZ

Aachen	ca. -36 min	**Freiburg**	ca. -29 min
Augsburg	ca. -16 min	**Fulda**	ca. -21 min
Baden-Baden	ca. -27 min	**Hamburg**	ca. -20 min
Berlin	ca. -6 min	**Hannover**	ca. -25 min
Bielefeld	ca. -26 min	**Karlsruhe**	ca. -26 min
Bonn	ca. -32 min	**Kassel**	ca. -22 min
Bremen	ca. -25 min	**Kiel**	ca. -19 min
Dortmund	ca. -30 min	**Köln**	ca. -32 min
Dresden	ca. -5 min	**Leipzig**	ca. -11 min
Düsseldorf	ca. -33 min	**Magdeburg**	ca. -14 min
Erfurt	ca. -16 min	**München**	ca. -14 min
Flensburg	ca. -22 min	**Nürnberg**	ca. -16 min
Frankfurt a. Main	ca. -25 min	**Stuttgart**	ca. -23 min
Wien	ca. + 5 min	**Zürich**	ca. -26 min
Graz	ca. + 1 min	**Bern**	ca. -30 min

Tierzeichen	Grund-element	Geburts-zeit	Passt generell zu	Passt gene-rell nicht zu	Geburtsjahre mit Zusatzelement	Eigenschaften
Ratte 	Yang Wasser	23:00 – 01:00	Ratte Büffel Drache Affe	Pferd Hase Hahn	1924, 1984 Holz-Ratte 1936, 1996 Feuer-Ratte 1948, 2008 Erd-Ratte 1960, 2020 Metall-Ratte 1972 Wasser-Ratte	kreativ bewusst clever weitsichtig kommunikativ
Büffel 	Yin Erde	01:00 – 03:00	Ratte Schlange Hahn	Ziege Drache Hund	1925, 1985 Holz-Büffel 1937, 1997 Feuer-Büffel 1949, 2009 Erd-Büffel 1961, 2021 Metall-Büffel 1973 Wasser-Büffel	einfallsreich stark konservativ durchsetzungsstark aufmerksam
Tiger 	Yang Holz	03:00 – 05:00	Pferd Hund Schwein Hase	Affe Tiger Schlange	1926, 1986 Feuer-Tiger 1938, 1998 Erd-Tiger 1950, 2010 Metall-Tiger 1962, 2022 Wasser-Tiger 1974 Holz-Tiger	strategisch willensstark entschlossen mutig führungsstark
Hase 	Yin Holz	05:00 – 07:00	Hase Ziege Schwein Schlange Tiger	Drache Hahn Pferd Ratte	1927, 1987 Feuer-Hase 1939, 1999 Erd-Hase 1951, 2011 Metall-Hase 1963, 2023 Wasser-Hase 1975 Holz-Hase	träumerisch diplomatisch häuslich heilend intuitiv
Drache 	Yang Erde	07:00 – 09:00	Ratte Affe Schlange	Hund Hase Ziege Büffel	1928, 1988 Erd-Drache 1940, 2000 Metall-Drache 1952, 2012 Wasser-Drache 1964, 2024 Holz-Drache 1976 Feuer-Drache	moralisch selbstsicher glückbringend opportunistisch erfolgreich
Schlange 	Yin Feuer	09:00 – 11:00	Büffel Hahn Drache Hase	Schwein Tiger	1929, 1989 Erd-Schlange 1941, 2001 Metall-Schlange 1953, 2013 Wasser-Schlange 1965, 2025 Holz-Schlange	zufrieden abwartend verlässlich vorsichtig

	Feuer	13:00	Tiger Hund Ziege	Hahn Hase	1942, 2002 Wasser-Pferd 1954, 2014 Holz-Pferd 1966, 2026 Feuer-Pferd 1978 Erd-Pferd	hitzig versonnen aktiv teamfähig
Ziege 	Yin Erde	13:00 – 15:00	Ziege Hase Schwein Pferd	Büffel Hund Drache	1931, 1991 Metall-Ziege 1943, 2003 Wasser-Ziege 1955, 2015 Holz-Ziege 1967, 2027 Feuer-Ziege 1979 Erd-Ziege	freundlich genügsam künstlerisch versonnen selbstlos
Affe 	Yang Metall	15:00 – 17:00	Affe Ratte Drache Hahn Schlange	Tiger Schwein	1920, 1980 Metall-Affe 1932, 1992 Wasser-Affe 1944, 2004 Holz-Affe 1956, 2016 Feuer-Affe 1968, 2028 Erd-Affe	entschlussfreudig elegant fingerfertig leichtsinnig zuversichtlich
Hahn 	Yin Metall	17:00 – 19:00	Büffel Schlange Affe	Hase Hahn Ratte Pferd	1921, 1981 Metall-Hahn 1933, 1993 Wasser-Hahn 1945, 2005 Holz-Hahn 1957, 2017 Feuer-Hahn 1969, 2029 Erd-Hahn	stolz weitsichtig perfektionistisch offen sparsam
Hund 	Yang Erde	19:00 – 21:00	Hund Tiger Pferd Schwein	Drache Ziege Büffel	1922, 1982 Wasser-Hund 1934, 1994 Holz-Hund 1946, 2006 Feuer-Hund 1958, 2018 Erd-Hund 1970, 2030 Metall-Hund	wachsam intellektuell loyal misstrauisch komplex
Schwein 	Yin Wasser	21:00 – 23:00	Schwein Hase Ziege Hund Tiger	Schlange Affe	1923, 1983 Wasser-Schwein 1935, 1995 Holz-Schwein 1947, 2007 Feuer-Schwein 1959, 2019 Erd-Schwein 1971, 2031 Metall-Schwein	gesprächig treu hingebungsvoll mitfühlend fleißig

Die Tierzeichen und ihre Entsprechungen

TZE, die RATTE kann zeigen, was sie drauf hat

Grund-Element
Wasser Yang

Wenn Sie eine Ratte sind, sind Sie in einem der folgenden Jahre geboren:

鼠

1936	Feuer-Ratte	(24.01.1936-10.02.1937)
1948	Erd-Ratte	(10.02.1948-28.01.1949)
1960	Metall-Ratte	(28.01.1960-14.02.1961)
1972	Wasser-Ratte	(15.02.1972-03.02.1973)
1984	Holz-Ratte	(02.02.1984-19.02.1985)
1996	Feuer-Ratte	(19.02.1996-06.02.1997)
2008	Erd-Ratte	(07.02.2008-25.01.2009)
2020	Metall-Ratte	(25.01.2020-11.02.2021)

Musste die Ratte in den vergangenen zwölf Monaten noch viel Rücksicht auf ihre Umgebung nehmen, darf sie mit dem Drachen an ihrer Seite wieder deutlich mehr aus dem Vollen schöpfen. Zumal es der Ratte nun deutlich besser gelingen dürfte, die eigenen Pläne nach außen zu präsentieren. So lässt sich viel leichter die erforderliche Unterstützung finden.

2023 gab es durchaus Möglichkeiten für die Ratte, sich weiterzuentwickeln, was sich aber nicht immer unmittelbar in barer Münze ausgezahlt hat. Auch das Weiterkommen auf der Karriereleiter oder die Entwicklung neuer Projekte war im letzten Jahr sicher nicht immer ganz einfach. Mit dem Drachen weht vor allem in diesen Bereichen für die Ratte ab sofort ein ganz anderer Wind. Nun dürfen auch die Pläne erfolgreich umgesetzt werden, die schon eine lange Zeit im Kopf der Ratte herumschwirren. Mit dem Drachen kehrt außerdem besonders auf der beruflichen Ebene wieder deutlich mehr Leichtigkeit ein.

Das bedeutet allerdings nicht, dass die Ratte nun leichtsinnig werden sollte, wenn es um die Finanzen geht. Der neue Jahresherrscher geht in diesem Bereich gerne ein hohes Risiko ein, was nicht immer von Erfolg gekrönt sein muss. Vor allem in Kombination mit dem herrschenden Holz-Element ist es wichtig, die zur Verfügung stehenden finanziellen Ressourcen vorsichtig einzusetzen.

Damit es im Privatleben harmonisch zugehen kann, darf die Ratte sich in den nächsten Monaten nicht zu sehr von äußeren Erfolgen leiten lassen. Natürlich ist es wahnsinnig spannend, was gerade so alles passiert. Trotzdem sollten Partner und Familie jetzt auf keinen Fall den Eindruck bekommen, dass sie nur zweitrangig sind. Will die Ratte heimischen Frust vermeiden, sollte sie ihre Aufmerksamkeit nicht zu sehr von ihren Lieben abziehen. Wer Präsenz zeigt, kann sich eine Menge Ärger ersparen und viele schöne Dinge erleben.

Ihr Powertipp für 2024

Ergreifen Sie die Möglichkeiten, die sich Ihnen nun bieten! Es ist eine gute Zeit, sich selbst auszuprobieren.

Die RATTE und ihre Emotionen

Für die Ratte ist es manchmal gar nicht so einfach, sich den eigenen Emotionen zu stellen und sie nach außen offen zu zeigen. Das liegt vor allem daran, dass die Ratte dem Wasserelement zugeordnet wird und deshalb viele Dinge lieber innerlich mit sich selbst ausmacht. Auf der geistigen Ebene lassen sich aber Gefühle nicht immer gut bearbeiten, was dazu führen kann, dass die Ratte sich zuweilen den eigenen Emotionen ausgeliefert fühlt.
Für Partner, Familie und Freunde ist es dann schwer zu erfassen, was wirklich in der Ratte vorgeht. Das kann dazu führen, dass sie nicht das Maß von Unterstützung und Verständnis bekommt, das sie sich wünschen würde.
Vor allem in der Partnerschaft ist es für die Ratte nicht ganz einfach, wenn ihr Gegenüber von Anfang an sein Gefühlsleben vor ihr ausbreitet und erwartet, dass sie ebenso aus sich herausgehen soll. Damit die Ratte sich öffnen kann, braucht es nämlich erst einmal ein wirklich tiefes Vertrauen, das sich langsam entwickeln darf. Ist die Basis geschaffen, fällt es der Ratte in der Regel deutlich leichter, die eigenen Emotionen zu teilen und auf die Gefühle des Partners gebührend einzugehen.
Auch im beruflichen und öffentlichen Leben muss sich die Ratte oft überwinden, über ihre Zweifel oder Sorgen zu sprechen. Erst wenn sie feststellt, dass sie alleine wirklich nicht aus einer eingefahrenen Situation herauskommt, ist sie bereit, ihrem Gegenüber die eigenen Gefühlslage zu offenbaren. Sind die Schotten erst einmal geöffnet, ist sie sehr mitteilungsbedürftig und kaum zu bremsen in ihrem Redefluss.

Wie die RATTE mit ihren Ängsten umgeht

Die Ratte ist im Chinesischen Tierkreis vor allem für ihren Einfallsreichtum bekannt. Ihre kreativen Fähigkeiten können ihr dabei helfen, jede schwierige Situation zu meistern. Allerdings tragen viele Ratten eine starke Unsicherheit in sich, die dazu führen kann, dass sie erst einmal in Panik geraten, wenn sich Probleme am Horizont ankündigen. Dann hängt es stark vom persönlichen Umfeld der Ratte ab, ob und wie schnell sie ihre Angst überwinden kann.

Damit sie voll und ganz darauf vertrauen kann, dass sich alles zum Guten wendet, braucht sie Menschen, auf die sie sich verlassen kann. Dabei reicht oft schon das Gefühl, dass Hilfe zu Stelle ist, wenn sie gebraucht wird, um die eigenen Ängste in den Griff zu bekommen.
Das erste Zeichen im Chinesischen Tierkreis ist recht anfällig für die Flut von Informationen, die heutzutage auf uns hereinströmen. Das kann dazu führen, dass sich die Ratte viel zu viele Gedanken über mögliche Szenarien macht und am Ende ängstlicher reagiert, als es eigentlich nötig wäre. Damit sie im Angesicht von globalen Krisen wie Krieg, Energieknappheit oder Klimawandel nicht überreagiert, ist es wichtig, dass sie den Computer rechtzeitig ausschaltet und sich nicht rund um die Uhr mit den Problemen der Welt beschäftigt.

Der Tipp für die Ratte:

Versuchen Sie, Ihre Emotionen weniger „verkopft" zu betrachten. Wenn Sie sich den realen Situationen stellen, werden Sie bemerken, dass Sie sich gar nicht so viele Sorgen machen müssen.

Bekannte Ratten-Persönlichkeiten:

• Papst Franziskus • Antoine Saint-Exupéry, Schriftsteller • Jürgen von der Lippe, Komiker • Mark Zuckerberg, Unternehmer • Helene Fischer, Musikerin

KIU, der BÜFFEL bekommt neue Impulse

Grund-Element
Erde Yin

Wenn Sie ein Büffel sind, sind Sie in einem der folgenden Jahre geboren:

牛

1937	Feuer-Büffel	(11.02.1937-30.01.1938)
1949	Erd-Büffel	(29.01.1949-16.02.1950)
1961	Metall-Büffel	(15.02.1961-04.02.1962)
1973	Wasser-Büffel	(04.02.1973-22.01.1974)
1985	Holz-Büffel	(20.02.1985-08.02.1986)
1997	Feuer-Büffel	(07.02.1997-27.01.1998)
2009	Erd-Büffel	(26.01.2009-13.02.2010)
2021	Metall-Büffel	(12.02.2021-31.01.2022)

Im Jahr des Drachen ist die Zeit reif auch für kühne und extravagante Pläne und waghalsige Aktionen. Das ist auf den ersten Blick so gar nicht nach dem Geschmack des beständigen Büffels, der sich lieber auf Bewährtes verlassen möchte. Schon in den letzten beiden Jahren durfte der Büffel jedoch lernen, dass es durchaus lohnenswert sein kann, über den eigenen Tellerrand zu schauen. Vielleicht kann der Drache ja in diesem Bereich 2024 den einen oder anderen Impuls geben und den Büffel noch mehr aus seiner Komfortzone herauslocken.

In den kommenden zwölf Monaten macht es wenig Sinn, sich auf eine allzu sichere Position zurückzuziehen. Der Drache will, dass sich seine Untertanen in allen Bereichen einbringen und flexibel zeigen. Für den Büffel heißt es, auch einmal eine für ihn ungewohnte Sichtweise einzunehmen und bereit zu sein, die eigene Position aufzugeben, wenn die Tatsachen in eine andere Richtung zeigen.

Der Drache wird in der Chinesischen Astrologie immer auch mit Wohlstand in Verbindung gebracht, der aber nur dann erreicht werden kann, wenn man eine gewisse Risikobereitschaft an den Tag legt. Damit das Glück des Drachen auf den Büffel abfärben kann, ist also auch im Bereich Beruf und Finanzen mehr Flexibilität gefragt. Wer in den kommenden Monaten auch ungewöhnlichen Ideen eine Chance gibt, wird vielleicht positiv überrascht werden.

Die meisten Büffel halten sich am liebsten auf bewährten Pfaden. Ob sich dort nun die Liebe finden lässt, ist allerdings fraglich. Wer auf der Suche nach einem neuen Partner ist, sollte bereit sein, auch unorthodoxe Methoden einzusetzen. Hat sich in bestehenden Partnerschaften zu sehr die Routine eingeschlichen, kann der Drache mit seinen frischen Ideen sicher für neuen Schwung sorgen. Auch hier darf der Büffel unter Umständen über seinen Schatten springen, wenn er seine Beziehung langfristig beleben will.

Ihr Powertipp für 2024

Tun Sie die kreativen Ansätze des Drachen nicht als verrückte Spielereien ab. So mancher Einfall hat durchaus Potential.

Der BÜFFEL und seine Emotionen

Der Büffel ist in erster Linie für sein pragmatisches Handeln und seine Durchsetzungskraft bekannt. Er hält sich nicht lange mit Animositäten auf, sondern kümmert sich darum, dass die Dinge erledigt werden. Will man in erster Linie effektiv sein, können Gefühle als eher störend empfunden werden und das Ergebnis in einer Weise beeinflussen, die der Büffel nicht als wünschenswert erachtet. So kann es passieren, dass er sich vor allem auf der professionellen Ebene seinen Emotionen eher verschließt und einfach trocken seine Aufgaben erledigt.

Das sieht etwas anders aus, wenn es sich um Projekte handelt, die ihm am Herzen liegen. Dann kann der sonst so ernste Büffel sich durchaus begeistern und emotional werden, vor allem, wenn sich die Sache so entwickelt, wie er es sich wünscht.

Auch in der Partnerschaft neigt der Büffel eher dazu, praktisch etwas für die Beziehung zu tun, anstatt große Gefühle zu zeigen. Auf der emotionalen Ebene mag er sich keine Blöße geben, denn dadurch könnte das Bild seiner Stärke ins Wanken geraten. Man wird wohl kaum einen Büffel erleben, der mit großen Gesten und viel Gefühl seine Liebe erklärt. Ihm ist es wichtiger, seine Zuneigung dadurch zu zeigen, dass er sich aktiv um sein Gegenüber kümmert, seine Wünsche erkennt und umsetzt.

Äußerlich wird man es kaum merken, wenn in seinem Inneren Emotionen wie Trauer oder Freude hochkommen. Seine Wut kann der Büffel allerdings durchaus direkt zeigen, wenn eine Sache nicht so läuft, wie er es geplant hat. Man möchte lieber nicht in seiner Nähe sein, wenn sein Faß überläuft

Wie der Büffel mit seinen Ängsten umgeht

Ängste sind für den Büffel dafür da, dass man sich ihnen stellt! Er lässt sich auf keinen Fall davon lähmen. Vielmehr versucht er in kritischen Situationen, sich auf das Wesentliche zu konzentrieren, den Blick nach vorne gerichtet zu halten und das ungute Gefühl in seinem Inneren einfach zu ignorieren.

Das gilt umso mehr, wenn es sich bei der Furcht eher um ein Phänomen handelt, das von außen

an ihn herangetragen wird. In einem solchen Fall übernimmt der Büffel gerne die Führung und flößt seiner Umgebung mit seiner ruhigen Art Zuversicht ein. Vielleicht mag er sich selbst in diesem Augenblick gar nicht so sicher fühlen - nach außen hin wirkt er wie ein Fels in der Brandung, den keine noch so starke Welle aus der Balance bringen kann.

Der Büffel fragt sich in der Regel stets, was er konkret tun kann, um die Lage zu verbessern und aus der Angst herauszufinden. Deshalb ist er auch besonders gut darin, in seinem engen Umfeld Furcht zu zerstreuen und Zuversicht auszustrahlen.

Geht es allerdings um globalere Themen kommt der Büffel zuweilen an seine Grenzen und zeigt sich recht ratlos. In einem solchen Fall versucht er dann vielleicht, seine eigene Angst dadurch zu überdecken, dass er seiner Wut freien Lauf lässt.

Der Tipp für den Büffel:

Niemand verlangt von Ihnen, dass Sie sich absolut furchtlos zeigen. Teilen Sie Ihre Befürchtungen offen mit Ihrer Umgebung und lassen Sie Unterstützung zu.

Bekannte Büffel-Persönlichkeiten:

• Barack Obama, ehem. US-Präsident • Malala Yousafzai, Menschenrechtsaktivistin • Heidi Klum, Model & Unternehmerin • Peter Maffay, Musiker • Richard Gere, Schauspieler

YING, dem TIGER winkt ein erlebnisreiches Jahr

Grund-Element
Holz Yang

Wenn Sie ein Tiger sind, sind Sie in einem der folgenden Jahre geboren:

虎

1938	Erd-Tiger	(31.01.1938-18.02.1939)
1950	Metall-Tiger	(17.02.1950-05.02.1951)
1962	Wasser-Tiger	(05.02.1962-24.01.1963)
1974	Holz-Tiger	(23.01.1974-10.02.1975)
1986	Feuer-Tiger	(09.02.1986-28.01.1987)
1998	Erd-Tiger	(28.01.1998-15.02.1999)
2010	Metall-Tiger	(14.02.2010-02.02.2011)
2022	Wasser-Tiger	(01.02.2022-21.01.2023)

2024 ist ein weiteres Jahr für den Tiger, in dem er seine Ambitionen voranbringen darf. Dabei braucht es für die Durchsetzung der eigenen Pläne nun deutlich weniger Samthandschuhe als in den vergangenen zwölf Monaten. Hat der Hase 2023 vor allem an das Miteinander appelliert, geht es dem Drachen eindeutig mehr darum, eine möglichst große öffentliche Bühne bereit zu stellen.

Dramatische Auftritte mögen dem Tiger nicht unbedingt liegen, aber die zusätzliche Aufmerksamkeit lässt sich in den kommenden Monaten dafür nutzen, die nötige Unterstützung für neue oder laufende Projekte zu bekommen. Dabei sollte sich der Tiger darüber im Klaren sein, dass sein Zeitfenster nur beschränkt geöffnet ist. Unter Umständen sind schnelle Entscheidungen und ein direktes Handeln gefragt, wenn man den Erfolg im Jahr des Holz-Drachen sichern will. Ist das Ziel erreicht, sollte der Tiger nicht gleich auf den nächsten Zug aufspringen, sondern lieber erst einmal seine neue Position festigen.

Konfrontationen lassen sich 2024 sicher nicht immer vermeiden. Der Tiger kann aber davon ausgehen, dass er aus Auseinandersetzungen gestärkt hervorgeht.

Der aktuelle Jahresherrscher kann sich vor allem auf der privaten Ebene durchaus wankelmütig zeigen. Davon sollte sich der Tiger allerdings nicht anstecken lassen. Auch wenn sich in den kommenden Monaten so manche neue Gelegenheit bieten könnte, tut er gut daran, die möglichen Folgen zu bedenken, bevor er sich ins Abenteuer stürzt.

Das Jahr des Holz-Drachen mag nicht das beste Jahr für den Tiger sein, um ein neues beständiges Liebesglück zu finden - dafür ist der neue Regent einfach zu unbeständig. Wer allerdings zunächst einmal seine Freiheit genießen will und sich ausprobieren möchte, wird 2024 sicher auf seine Kosten kommen. Ob sich daraus etwas Ernstes entwickeln kann, wird sich zeigen.

Ihr Powertipp für 2024

Seien Sie bereit, den Sprung ins Ungewisse zu wagen! Es gibt kaum eine Herausforderung, die Sie jetzt nicht meistern können.

Der TIGER und seine Emotionen

Dem Tiger macht es in der Regel überhaupt nichts aus, Emotionen zu zeigen, mit denen er seine Autorität demonstrieren kann. Man tut deshalb gut daran, dem Tiger nicht auf den Schwanz zu treten, wenn man sich nicht seiner Wut aussetzen will oder sein Missfallen zu spüren bekommen möchte. Geht es um solche Gefühle, hat der König des Dschungels kaum ein Problem, sie seiner Umgebung mitzuteilen.
Etwas anders sieht es bei Emotionen aus, die den Tiger schwach erscheinen lassen können. Schließlich ist man an seine Stärke gewöhnt! Da möchte man auf keinen Fall den Eindruck erwecken, von einer bleiernen Traurigkeit erdrückt zu werden oder sich zu viele Sorgen zu machen. In diesem Fall zieht sich der Tiger lieber in seine Höhle zurück und leckt seine Wunden unter Ausschluss der Öffentlichkeit.
Für seine Umgebung ist es dann nicht einfach, zu verstehen, was in ihm vorgeht. Zumal der Tiger durchaus schroff reagieren kann, wenn man ihm von außen Hilfe anbieten möchte.
Auch in der Partnerschaft kann es länger dauern, bis der Tiger seine Schwächen zeigt und sich emotional wirklich öffnet. Vielleicht liegt das daran, dass er glaubt, dass man von ihm einfach generell erwartet, dass er über den Dingen steht und seine Emotionen gefälligst im Griff zu haben hat. Gelingt es seiner besseren Hälfte, die harte äußere Schale zu knacken, zeigt sich im Inneren meist ein sehr empfindsamer Mensch mit einem ausgeprägtem Gefühlsleben. In einem privaten Rahmen kann der Tiger sehr wohl seine melancholische Seite zeigen oder sich um das Wohl seiner Lieben sorgen

Wie der Tiger mit seinen Ängsten umgeht

Will man den Tiger mit einem Wort umschreiben wollen, wäre das wohl „furchtlos". Kaum ein anderes Tierzeichen versinnbildlicht so sehr die Aspekte eines Kämpfers, der sich ohne Angst jeder Herausforderung stellt. Nach außen wirkt der Tiger fast immer so, als könnte ihn wirklich nichts aus dem Gleichgewicht bringen oder gar ängstigen.
Schaut man aber ein bisschen genauer hin, wird man feststellen, dass auch der autoritäre

Tiger nicht komplett vor Ängsten gefeit ist. Diese beziehen sich aber meistens nicht auf ihn selbst, sondern mehr auf die Menschen, für die er sich verantwortlich fühlt. So macht er sich zum Beispiel viele Gedanken darüber, wie Energie- und Klimakrise die kommenden Generationen wie den eigenen Nachwuchs beeinflussen wird, als sich darum zu sorgen, wie er selbst mit der Situation klarkommen kann.
Da kann es dann durchaus passieren, dass er sich zurückzieht und seinen trüben Gedanken mehr nachhängt, als es ihm guttut. Gegen diese Ängste anzugehen, ist der schwerste Kampf, den der Tiger allein mit sich selbst austragen muss. Er braucht seine ganze Kraft und viel Zeit, um aus einem solchen Loch wieder herauszufinden. Für die Menschen in seiner unmittelbaren Umgebung wie Partner, Familie und Freunde ist es nicht immer leicht mit anzusehen, wie der Tiger mit sich selbst und der Welt hadert.

Der Tipp für den Tiger:

Lassen Sie sich nicht auf diese Spirale der Angst ein! Es gibt einfach Dinge, die Sie nicht ändern können.

Bekannte Tiger-Persönlichkeiten:

• Tom Cruise, Schauspieler • Stevie Wonder, Musiker • Michelle Yeoh, Schauspielerin, Oscarpreisträgerin • Rafael Nadal, Tennisspieler • Thor Heyerdahl, Forscher

MAO, der HASE macht auf sich aufmerksam

Grund-Element
Holz Yin

Wenn Sie ein Hase sind, sind Sie in einem der folgenden Jahre geboren:

兔

1939	Erd-Hase	(19.02.1939-07.02.1940)
1951	Metall-Hase	(06.02.1951-26.01.1952)
1963	Wasser-Hase	(25.01.1963-12.02.1964)
1975	Holz-Hase	(11.02.1975-30.01.1976)
1987	Feuer-Hase	(29.01.1987-16.02.1988)
1999	Erd-Hase	(16.02.1999-04.02.2000)
2011	Metall-Hase	(03.02.2011-22.01.2012)
2023	Wasser-Hase	(22.01.2023-09.02.2024)

In seinem eigenen Jahr konnte der Hase vor allem in seinem persönlichen Umfeld viele harmonische Momente erleben. Mit Zustimmung seiner Lieben hat er seine persönliche Entwicklung vorangetrieben und einige Pläne umsetzen können. Latent hat dabei allerdings immer die Gefahr bestanden, dass er zu leicht nachgegeben hat, wenn sich Widerstand aus den eigenen Reihen erhoben hat.
Mit dem Drachen, der nun das Zepter übernimmt, kann sich der Hase wohl besser durchsetzen. Die beiden mögen auf den ersten Blick nicht viel gemein haben. Gerade das kann es aber die nächsten zwölf Monaten spannend machen. Schließlich ist der neue Herrscher dafür bekannt, ungewöhnliche Wege zu beschreiten und dabei seinen Untertanen die Bühne zu bieten, die sie brauchen, um selber glänzen zu können. Da mag sich nun für den Hasen vielleicht die eine oder andere Gelegenheit ergeben, sich mehr ins rechte Licht zu rücken. Das kann sich vor allem auf der beruflichen Ebene positiv bemerkbar machen, wo er nun endlich die Aufmerksamkeit bekommen mag, die ihm zusteht.

Wenn es um das liebe Geld geht, sollte der Hase Spekulationen vermeiden. Finanzielle Fehlentscheidungen können jetzt den Geldbeutel schmälern.
Ist es dem Hasen im vergangenen Jahr noch nicht gelungen, die Liebe zu finden, stehen die Zeichen für einen Neuanfang auch jetzt nicht schlecht. Allerdings sollte er zunächst nicht zu viel erwarten - der Drache ist dafür bekannt, dass er erst einmal nicht so sehr in die Tiefe gehen mag. Wer das nicht von einem neuen Partner erwartet, kann eine wundervolle entspannte Zeit erleben.
Bestehende Partnerschaften mögen mit dem einen oder anderen Stein auf dem gemeinsamen Weg konfrontiert werden. Wer offensiv an einer gemeinsamen Lösung arbeitet, kann gestärkt aus der Situation hervorgehen. Wer dagegen versucht, in erster Linie den Schein zu wahren, wird unter Umständen Federn lassen müssen.

Ihr Powertipp für 2024
Mutiger Einsatz wird in diesem Jahr belohnt. Wagen Sie sich ruhig ein bisschen mehr in den Vordergrund!

Der HASE und seine Emotionen

Yin Holz ist das Element des Hasen und das steht unter anderem für ein gutes Bauchgefühl. Da ist es kein Wunder, dass der Hase an sich ein sehr emotionales Wesen ist. Häufig gesellt sich dazu allerdings noch eine gewisse Introvertiertheit, wodurch es nicht immer leicht für ihn ist, seine Emotionen auch zu zeigen. Wenn der Hase versucht, seine Gefühle im Inneren zusammen zu halten, kann das ganz schön anstrengend für ihn sein. Seine Umgebung bekommt in der Regel recht wenig von seinen inneren Kämpfen mit, denn er möchte den Menschen, die ihm nahestehen, nicht zur Last fallen.
Ein harmonisches Umfeld ist dem Hasen sehr wichtig. Man wird es deshalb wohl kaum erleben, dass er seinem Ärger lautstark Luft macht, wie das zum Beispiel Büffel oder Tiger tun. Es ist viel wahrscheinlicher, dass er seinen Zorn herunterschluckt und sich verletzt mehr in sein Inneres zurückzieht. Es fällt ihm dann nicht leicht, über seinen Schatten zu springen und die Angelegenheit einfach zu vergessen. Vielmehr kann das Problem noch lange an ihm nagen.
Geht es um positive Emotionen ist der Hase lange nicht so zurückhaltend, was vor allem Partner, Familie und Freunde zu spüren bekommen. Gefühle von Liebe und Zuneigung kann er ganz hervorragend mit seinen Lieben teilen. Ist er komplett im Vertrauen, kann er auch seine Sorgen und Ängste teilen und es tut ihm gut, sein Herz auszuschütten und sich den Ballast von der Seele reden zu dürfen.
Außerhalb seines Privatlebens ist der Hase jedoch in der Regel eher zurückhaltend, wenn es um seine Emotionen geht. Dann überwiegt unter Umständen die Sorge, dass man ihn falsch verstehen könnte

Wie der Hase mit seinen Ängsten umgeht

Sich aktiv mit seinen Ängsten auseinander zu setzen, entspricht nicht unbedingt dem Charakter des sanften Hasen. Das könnte nämlich bedeuten, dass er mit Dingen konfrontiert wird, die er lieber nicht genauer betrachten mag. Sobald sein innerer Frieden in Gefahr ist, möchte er sich am liebsten einfach heraushalten und zieht sich in eine Ecke zurück, die sich für ihn sicher anfühlt.

Allerdings ist das nicht immer ausreichend - vor allem, wenn es sich um tief verborgene Ängste handelt, lassen sich diese auf Dauer nicht ignorieren. Das ist dem Hasen durchaus klar. Trotzdem versucht er, so lange wie möglich nicht zu viele Gedanken auf das Thema zu verwenden und schließt die Furcht in seinem Inneren ein.
Einmal mehr kann ihm hier sein soziales Netz helfen und ihn auffangen, wenn er sich seinen Ängsten stellen will. Gemeinsam findet man einen Weg heraus aus der Beklemmung.
Der Hase fürchtet vor allem Dinge, von denen die Menschen in seiner unmittelbaren Umgebung direkt betroffen sind. Mit seinem großen Herz sorgt er sich deshalb mehr um die Gesundheit und das Wohlergehen seiner Lieben als um den globalen Effekt, den der Klimawandel oder ein Krieg haben könnte. Indem er auf sein Umfeld fokussiert ist, kann er aktiv etwas tun und seine Furcht besser in den Griff bekommen.

Der Tipp für den Hasen:

Es ist besser, einmal kurz und kräftig auf den Tisch zu hauen, anstatt Emotionen einfach herunterzuschlucken.

Berühmte Hasen-Persönlichkeiten:

• Orson Welles, Regisseur & Schauspieler • Harry Belafonte, Musiker • Robin Williams, Schauspieler • David Beckham, Fußballer • Novak Djokovic, Tennisspieler

SHENG, der DRACHE darf sich mutig zeigen

Grund-Element
Erde Yang

Wenn Sie ein Drache sind, sind Sie in einem der folgenden Jahre geboren:

龍

1928	Erd-Drache	(23.01.1928-09.02.1929)
1940	Metall-Drache	(08.02.1940-26.01.1941)
1952	Wasser-Drache	(27.01.1952-13.02.1953)
1964	Holz-Drache	(13.02.1964-01.02.1965)
1976	Feuer-Drache	(31.01.1976-17.02.1977)
1988	Erd-Drache	(17.02.1988-05.02.1989)
2000	Metall-Drache	(05.02.2000-23.01.2001)
2012	Wasser-Drache	(23.01.2012-09.02.2013)

2023 dürfte so mancher Drache mit angezogener Handbremse unterwegs gewesen sein. Im Jahr des Wasser-Hasen war vor allem im Umgang mit dem sozialen Umfeld sehr viel Fingerspitzengefühl erforderlich, um nicht ständig ins Fettnäpfchen zu treten.

Mit Einschränkungen dieser Art dürfte nun erst einmal Schluss sein. In seinem eigenen Jahr kann der Drache sich voll entfalten und ganz offen zeigen, was er drauf hat. Das ist vor allem für die Drachenpersönlichkeiten wunderbar, die es ohnehin genießen, im Rampenlicht zu stehen.

Bei bisher eher zurückhaltenden Zeitgenossen kommt dagegen vielleicht vermehrt der Wunsch auf, bestehende Konventionen endlich über Bord zu werfen und völlig neue Aspekte der eigenen Persönlichkeit auszuleben. 2024 spricht für den Drachen nichts dagegen, seiner inneren Stimme zu folgen und sich in allen Bereichen auszuprobieren. Das gilt ganz besonders, wenn es um spirituelle Themen geht.

In seinem eigenen Jahr kann der Drache großartige Leistungen erbringen und persönliche Erfolge in vielen Bereichen für sich verbuchen. Wer dabei alles auf eine Karte setzt, sollte sich allerdings immer der möglichen Risiken bewusst sein. Mit einer gewissen finanziellen Reserve schläft es sich auf jeden Fall entspannter.

Egal, ob der Drache eine seriöse Beziehung sucht oder lieber nur flirten möchte - auch in der Liebe ist in den kommenden Monaten fast alles möglich. Ein selbstbewusstes Auftreten öffnet viele Türen. Extravagante Gesten und teure Geschenke sind sicher gar nicht nötig, um ein Herz zu gewinnen, auch wenn der Drache gerne auf diese Weise seine Zuneigung zeigt.

Wer sich dauerhaft binden will, muss jetzt mehr Beständigkeit an den Tag legen. Ist das nicht zu leisten, sollte man lieber gleich ehrlich sein und keine Zweifel über die wirklichen Absichten aufkommen lassen. Das erspart dem Drachen Stress und der anderen Seite Kummer.

Ihr Powertipp für 2024

Alles ist möglich! Trotzdem sollten Sie nun nicht jede sich bietende Möglichkeit ergreifen, sondern sich Ihre Energie clever einteilen.

Der DRACHE und seine Emotionen

Der Drache ist leicht zu begeistern und zeigt das gerne auch offen und ehrlich, indem er sich mit seinen Gefühlen nicht zurückhält und positive Emotionen mit Freude teilt. So gelingt es ihm einfach am besten, seine Umgebung auf seiner Reise mitzunehmen und mit seinem Enthusiasmus anzustecken.
Auch wenn ihm eine Laus über die Leber gelaufen ist, macht der Drache seinem Ärger am liebsten unmittelbar Luft. Dabei trifft seine Wut nicht unbedingt immer den Richtigen - wichtig ist einfach, dass er sie erst einmal rauslassen kann. So schnell er aufbraust, beruhigt er sich im Normalfall auch wieder. Wenn der Sturm vorbei ist, hat er die ganze Sache sofort wieder vergessen.
Geht es um bedrückendere Gefühle wie Traurigkeit oder Angst, sieht die Sache etwas anders aus. Schließlich möchte der Drache niemanden mit seiner negativen Stimmung vergraulen oder zugeben, dass auch er sich ab und zu schwach und klein fühlt! In seinem weiten sozialen Umfeld oder auch bei der Arbeit wird man es deshalb in der Regel kaum merken, wenn gerade dunkle Wolken am Himmel aufgezogen sind. Nach außen hin scheint der Drache wie immer gut drauf zu sein.
Man muss schon zu seinem innersten Zirkel gehören, damit der Drache ehrlich zu seiner kompletten Palette an Emotionen steht. Selbst dem Partner gegenüber wird er noch behaupten, dass alles in Ordnung ist, obwohl das Kind schon seit längerem in den Brunnen gefallen ist. Das liegt sicher auch daran, dass es dem Drachen selbst schwerfällt, sich seine emotionalen Auf und Abs einzugestehen. Vielleicht fühlt er sich auch einfach ein bisschen hilflos, weil er nicht immer so recht weiß, wie er mit seinen Gefühlen umgehen soll

Wie der Drache mit seinen Ängsten umgeht
Spricht man den Drachen auf das Thema an, wird er wahrscheinlich erst einmal den Eindruck vermitteln, dass er keine Angst kennt. Schließlich ist er bekannt dafür, sich furchtlos auf der Bühne des Weltgeschehens zu präsentieren! Etwaige Unsicherheiten machen sich nicht gut, wenn man eine große Vision zu teilen hat. So kann es

durchaus sein, dass der Drache sich in für ihn furchteinflößenden Situationen noch weiter aus dem Fenster lehnt, damit bloß nicht der Eindruck entsteht, dass er sich ängstigt.
Schaut man allerdings hinter die selbstbewusste Fassade, merkt man schnell, dass dem Drachen seine Ängste zuweilen ziemlich zu schaffen machen können. Es ist einfach nicht besonders hilfreich, wenn er derartige Emotionen unter Verschluss hält.
Als Glückstier im Chinesischen Horoskop sorgt sich der Drache in der Regel nicht allzu viel um das Weltgeschehen im Allgemeinen. Er vertraut einfach darauf, dass es für ihn irgendwie schon gut ausgehen wird und verlässt sich darauf, dass er immer noch ein Ass im Ärmel hat, wenn es hart auf hart kommt. Ihn beschäftigt eher die Angst vor dem eigenen Versagen, der Verlust von persönlichen Dingen oder der eigenen Gesundheit.

Der Tipp für den Drachen:
Es bricht Ihnen kein Zacken aus der Krone, wenn Sie dazu stehen, dass Sie sich ab und zu fürchten. Wenn Sie darüber sprechen, kann Ihnen das mehr Sicherheit geben.

Bekannte Drachen-Persönlichkeiten:
• Salvador Dali, Künstler • Melinda Gates, Philantropin & Geschäftsfrau • Adele, Sängerin • Jan Josef Liefers, Schauspieler

SZE, die SCHLANGE kann sich selbst übertreffen

Grund-Element
Feuer Yin

Wenn Sie eine Schlange sind, sind Sie in einem der folgenden Jahre geboren:

蛇

1929	Erd-Schlange	(10.02.1929-29.01.1930)
1941	Metall-Schlange	(27.01.1941-14.02.1942)
1953	Wasser-Schlange	(14.02.1953-02.02.1954)
1965	Holz-Schlange	(02.02.1965-20.01.1966)
1977	Feuer-Schlange	(18.02.1977-06.02.1978)
1989	Erd-Schlange	(06.02.1989-26.01.1990)
2001	Metall-Schlange	(24.01.2001-11.02.2002)
2013	Wasser-Schlange	(10.02.2013-30.01.2014)

Das Jahr des Wasser-Hasen dürfte für die meisten Schlangen auf vielen Ebenen harmonisch verlaufen sein. Ob dabei große Schritte möglich waren, wird sicher von Fall zu Fall unterschiedlich empfunden. Wahrscheinlich hat die sanfte Yin-Qualität aber eher dazu geführt, dass man mehr Zeit auf der Gefühlsebene zugebracht hat und dadurch vielleicht weniger geschafft hat, als man es sich gewünscht hätte.

Mit dem Drachen an ihrer Seite kann die Schlange sich nun wieder mehr aus dem Verborgenen hervorwagen. 2024 ist definitiv kein Jahr, um sich hinter Büchern oder der Arbeit zu verstecken. Will die Schlange also mehr gesehen werden, lässt sich das in den kommenden Monaten sicher bewerkstelligen. Dabei ist es gar nicht nötig, sich ins Zentrum der Aufmerksamkeit zu rücken. Die zweite Reihe tut es in den meisten Fällen auch.

Gemeinsam mit dem neuen Jahresregenten bildet die Schlange das Haus der Spiritualität, was jetzt ihren Draht nach oben und ihre Intuition stärken kann. Wenn sie sich mehr auf ihr Gefühl verlässt, können durchaus bahnbrechende Entdeckungen gemacht werden und ungewöhnliche Wege zum Erfolg gefunden werden. So können lange stockende Projekte wieder in Gang kommen und erfolgreich präsentiert werden.

Finanziell und beruflich darf sich die Schlange weiterhin auf die von ihr sorgsam gesammelten Fakten verlassen - auch wenn es jetzt manchmal durchaus angesagt sein kann, ein wohl kalkuliertes Risiko einzugehen. Schließlich ist der Drache in der Chinesischen Astrologie ein Symbol für Wohlstand. Das darf nun gerne auch auf die Schlange abfärben.

In der Liebe kann es ebenfalls nicht schaden, wenn die Schlange mehr aus sich herausgeht. Die charismatische Art des neuen Herrschers kann ihr helfen, die eigenen Vorzüge besser hervorzuheben. Das macht sie nicht nur interessanter für einen potentiellen Partner, sondern bringt auch mehr Feuer in bestehende Beziehungen.

Ihr Powertipp für 2024

Lassen Sie sich vom Drachen in allen Bereichen Ihres Lebens inspirieren. Es warten eine Reihe von magischen Momenten auf Sie.

Die SCHLANGE und ihre Emotionen

Der Schlange wird in der Chinesischen Astrologie ein geheimnisvolles und mysteriöses Wesen zugeschrieben. Dazu würde es einfach nicht passen, wenn sie mit ihren Gefühlen hausieren geht. Sie lässt sich deshalb nur ungern in die Karten schauen, wenn es um ihre Emotionen geht und wählt sorgsam aus, wem sie sich öffnet. Nur wen die Schlange wirklich eng an sich heranlässt, vor dem wird sie ihre Emotionen nicht verstecken.

Dabei ist es keineswegs so, dass sich die Schlange ihren Emotionen verschließt. Ganz im Gegenteil, sie nimmt jede einzelne bewusst war und analysiert sorgfältig, wo das Ganze herkommt. Dafür muss sie zuweilen tief in ihr Unterbewusstsein hinabsteigen und viel Zeit investieren. Das stört sie nicht im Geringsten, solange sie das Gefühl hat, dass sie der Sache auf den Grund gehen kann. Manchmal verpasst sie dabei vielleicht den richtigen Zeitpunkt, um loszulassen und verstrickt sich dabei mehr in ihr eigenes Gefühlsleben, als es ihr guttut. In solchen Fällen braucht sie einen Impuls von außen, damit sie nicht von ihren Sorgen, Ängsten oder ihrer Traurigkeit überwältigt wird.

Geht es um eher yangige Emotionen wie Freude oder Wut, hat man bei der Schlange oft das Gefühl, dass sie diese nur kontrolliert aus ihrem Inneren nach außen dringen lässt. Vielleicht hat sie Bedenken, dass sie sich damit verletzlicher machen könnte. Oder sie findet es einfach nicht passend, zu überschwänglich oder direkt aufzutreten. Schließlich gehört eine gewisse Zurückhaltung zu ihrem Wesen!

So kann es bei der Schlange durchaus etwas dauern, bis ihr Gegenüber zu ihrem inneren emotionalen Kern vordringen kann. Es lohnt sich aber auf jeden Fall, am Ball zu bleiben

Wie die Schlange mit ihren Ängsten umgeht

Die Schlange hält ihre Emotionen eher unter Verschluss und macht dabei auch bei ihren Ängsten keine Ausnahme. Ihre Sorgen und Befürchtungen teilt sie sicher nicht ungefragt mit der Allgemeinheit, sondern versucht vielmehr, selbst der Lage Herr zu werden. Dabei hilft es ihr zunächst sehr gut, wenn sie sich wirklich schlau

macht zu den Themen, die ihr Furcht einflössen. So manche Phobie kann die Schlange lösen, indem sie sich intensiv mit der Sache beschäftigt. Dafür muss sie zwar zunächst einmal über ihren Schatten springen, fühlt sich aber umso sicherer, je tiefer sie in die Sache einsteigt.

Diese Methode erweist sich auch dann als sehr wirksam, wenn es um Themen geht, die in der Öffentlichkeit eher einseitig kommuniziert werden. Indem die Schlange das Thema von allen Seiten betrachtet, bekommt sie eine fundierte Meinung und lässt sich nicht mehr so leicht von kollektiver unbegründeter Angst anstecken.

Etwas anders sieht es aus, wenn sich die Schlange zu viele Sorgen um globale Probleme wie zum Beispiel Kriege, Umweltverschmutzung oder Rohstoffknappheit macht. In diesen Fällen kann ein zu tiefes Eintauchen in die Materie ihre Furcht noch verstärken und die Situation auswegloser erscheinen lassen, als sie ist.

Der Tipp für die Schlange:

Es ist gut, die eigenen Emotionen zu erkunden. Achten Sie jedoch darauf, sich dabei klare Grenzen zu setzen.

Bekannte Schlangen-Persönlichkeiten:

• Emmanuel Macron, französischer Präsident • Ina Müller, Talkshowhost & Musikerin • Xi Jinping, chinesischer Staatspräsident • Bob Dylan, Musiker & Poet • Ulf Merbold, Astronaut

WU, dem PFERD bieten sich gute Chancen

Grund-Element
Feuer Yang

Wenn Sie ein Pferd sind, sind Sie in einem der folgenden Jahre geboren:

馬

1930	Metall-Pferd	(30.01.1930-16.02.1931)
1942	Wasser-Pferd	(15.02.1942-04.02.1943)
1954	Holz-Pferd	(03.02.1954-23.01.1955)
1966	Feuer-Pferd	(21.01.1966-08.02.1967)
1978	Erd-Pferd	(07.02.1978-27.01.1979)
1990	Metall-Pferd	(27.01.1990-14.02.1991)
2002	Wasser-Pferd	(12.02.2002-31.01.2003)
2014	Holz-Pferd	(31.01.2014-18.02.2015)

In den vergangenen zwölf Monaten war für das Pferd sicher so manches Mal Geduld angesagt. Schließlich ging es dem Hasen vor allem darum, für ein harmonisches Miteinander zu sorgen und keine impulsiven Entscheidungen zu treffen.

Mit dem Drachen als neuem Herrscher kehrt die Spontanität zurück, was die meisten Pferde erst einmal freuen dürfte. So darf es nun wieder freier entscheiden, in welche Richtung es galoppieren möchte und muss dabei nicht mehr ganz so viel Rücksicht auf seine Umgebung nehmen wie noch im Jahr zuvor.

Im Jahr des Drachen kann es für das Pferd einige Veränderungen geben. Voraussetzung dafür ist allerdings, dass es seinen Stall verlässt und aktiv nach guten Gelegenheiten Ausschau hält. Der aktuelle Regent gilt in der Chinesischen Astrologie als Glückssymbol, was in den kommenden Zeit sicher auch auf das Pferd abfärben kann.

Dabei sind nun vor allem diejenigen auf der beruflichen Ebene begünstigt, die schon gewisse Fähigkeiten mit sich bringen. Der Drache hilft 2024 dabei, die eigenen Talente im rechten Licht zu präsentieren. Auch das Selbstbewusstsein wird vom neuen Herrscher gestärkt, so dass man nun ohne falsche Scheu finanziell und beruflich das einfordern kann, was einem zusteht. Dabei ist es enorm wichtig, den richtigen Zeitpunkt abzupassen und nicht zu lange zu warten. 2024 kommen die Gelegenheiten, aber sie sind auch schnell wieder vorüber.

Auf der privaten Ebene sollte sich das Pferd gut überlegen, was es will. Stabile und harmonische Beziehungen sind nun nur dann möglich, wenn sich beide Seiten zueinander bekennen und nicht zu sehr versuchen, sich gegenseitig zu verändern. Wer das Gefühl hat, dass das nicht möglich ist, der darf sich gerne in den nächsten Monaten nach etwas Neuem umschauen. Allerdings sollte das Pferd nicht erwarten, dass neue Beziehungen für immer geschlossen werden. Dafür hat der Drache zu viel Spaß am Abenteuer.

Ihr Powertipp für 2024

Lassen Sie sich vom Drachen zu neuen Dingen anregen, aber vergessen Sie darüber nicht bestehende Bande!

Das PFERD und seine Emotionen

Das Feuer-Element des Pferdes sorgt dafür, dass dieses Tierzeichen in der Regel seine Emotionen recht offen mit seiner Umgebung teilt - sei es überschwängliche Freude oder tiefe Traurigkeit. Das liegt sicher zum einen daran, dass das Pferd sich im vertrauten Umfeld so sicher und stark fühlt, dass es seine Gefühle mit Freunden oder Familie teilen möchte. Zum anderen weiß es sehr genau, dass es seinem inneren Gleichgewicht nicht gut bekommt, wenn es Wut, Trauer oder Sorgen einfach herunterschluckt. Seine Umgebung mag sich manchmal vielleicht ein bisschen überfordert fühlen mit dem Mitteilungsbedürfnis des Pferdes. Vor allem, wenn die persönliche Beziehung noch nicht so tief ist oder noch nicht so lange besteht.

Bei aller Offenheit mag das Pferd trotzdem nicht zu tief in seine Gefühlswelt einsteigen. Das kann dazu führen, dass ihm die Ursache für gewisse Emotionen lange verborgen bleibt. Wenn es sich nicht damit beschäftigt, woher zum Beispiel seine Wut oder Traurigkeit kommt, wird es allerdings schwerer, damit umzugehen. Es fällt dann nicht leicht, diese Gefühle unter Kontrolle zu halten oder gar aufzuarbeiten.

Wird das Pferd mit den Emotionen seiner Mitmenschen konfrontiert, kann es sich leicht überfordert fühlen. Vor allem beim Partner fällt es ihm zuweilen schwer, die Gemütslage richtig einzuschätzen und angemessen darauf zu reagieren. Das mag daran liegen, dass es nicht so einfach für das Pferd ist, sich mitfühlend zu zeigen, wenn es die Emotionen auf der anderen Seite nicht einzuordnen weiß. Da braucht es dann erst einmal eine nachvollziehbare Erklärung, damit es sich auf das Thema einlässt und eine emotionale Stütze sein kann.

Wie das Pferd mit seinen Ängsten umgeht

Nach außen sieht man dem Pferd wirklich nicht an, dass es sich innerlich durchaus auch mit gewissen Ängsten herumplagen kann. Es erscheint seinen Mitmenschen gegenüber mutig und stellt sich den Herausforderungen, die ihm das Leben beschert.

So lässt es sich äußerlich absolut nicht aus der Fassung bringen, wenn sich bedrohliche Szenarien am Horizont zeigen. Anstatt zu jammern, krempelt es lieber die Ärmel hoch und wird aktiv. Bei genauerer Betrachtung kann es sich dabei aber durchaus um ein Ablenkungsmanöver halten. Indem das Pferd sich beschäftigt, hat es einfach keine Zeit, seine Angst wirklich einsinken zu lassen. Hat es das Gefühl, etwas gegen die schlimme Situation zu tun, fühlt sich das fast so an, als könnte es Unheil auch von sich selbst fernhalten. So arbeitet es freiwillig in der Sammelstelle für Kriegsflüchtlinge oder verteilt Flugblätter gegen den Klimawandel und hält seine Furcht damit in Schach.

Ist das Pferd nach einem aktiven Tag jedoch alleine, können seine Ängste durchaus hochkommen und es kann sich eine gewisse Schwere in seiner Brust breitmachen. Dann hilft es, sich Partner, Familie oder engen Freunden anzuvertrauen. Gemeinsam lässt sich die Last deutlich besser tragen und die Beklemmung kann weichen.

Der Tipp für das Pferd:

Es ist sicher gut, die eigenen Emotionen zu kennen und zu erkunden. Dabei sollten Sie jedoch darauf achten, sich feste Grenzen zu setzen.

Bekannte Pferde-Persönlichkeiten:

• Paul McCartney, Musiker • Joe Biden, US-Präsident • John Travolta, Schauspieler • Sandra Maischberger, Talkshowhost • Emma Watson, Schauspielerin

WEI, die ZIEGE kann etwas wagen

Grund-Element
Erde Yin

Wenn Sie eine Ziege sind, sind Sie in einem der folgenden Jahre geboren:

羊

1931	Metall-Ziege	(17.02.1931-05.02.1932)
1943	Wasser-Ziege	(05.02.1943-24.01.1944)
1955	Holz-Ziege	(24.01.1955-11.02.1956)
1967	Feuer-Ziege	(09.02.1967-29.01.1968)
1979	Erd-Ziege	(28.01.1979-15.02.1980)
1991	Metall-Ziege	(15.02.1991-03.02.1992)
2003	Wasser-Ziege	(01.02.2003-21.01.2004)
2015	Holz-Ziege	(19.02.2015-07.02.2016)

Im vergangenen Jahr war es für die meisten Ziegen ganz besonders wichtig, Konflikte zu vermeiden und dafür zu sorgen, dass in allen Bereichen Harmonie herrscht. Dabei hat der damalige Jahresherrscher ihr Bestreben unterstützt und sie sicher auch so manches Mal belohnt.

Mit dem Holz-Drachen dürften nun für die Ziege etwas andere Zeiten anbrechen. Der neue Regent setzt nämlich voraus, dass seine Untertanen laut und deutlich sagen, was sie wollen. Dabei duldet er keine vagen Gefühlsäußerungen, sondern schafft lieber Tatsachen. Das bedeutet für die Ziege, dass sie sich in Situationen wiederfindet, die eine klare Aussage fordern, was ihr nicht immer behagt.

Sowohl auf der beruflichen als auch auf der privaten Ebene liebt es der Drache zu überraschen und etwas Trubel in das Leben allgemein zu bringen. Damit kann die Ziege erst einmal unter Umständen nicht viel anfangen - ihr ist es nämlich lieber, wenn sie sich auf neue Situationen vorbereiten und im Voraus planen kann. Aber vielleicht ist diese Spontanität auch eine Chance in den kommenden Monaten, eingefahrene Pfade zu verlassen und etwas Neues zu versuchen. Zeigt sich die Ziege flexibel, kann sie 2024 nutzen, um den eigenen Weg zu überdenken und die eine oder andere Richtungskorrektur vorzunehmen. Mit dem Drachen an ihrer Seite rücken Dinge in den Bereich des Möglichen, an die sie lange nicht zu denken wagte.

Das gilt auch für die Liebe, die mit Unterstützung des charismatischen Drachen nun vielleicht in einem vollkommen neuen Licht erscheint. In lange bestehenden Partnerschaften kann das für mehr Würze sorgen und das Zusammensein lebendiger gestalten. Bei neuen Beziehungen ist von Anfang an für mehr Abwechslung gesorgt.

Das bedeutet insgesamt, dass sich die Ziege im Jahr des Drachen vor allem flexibel zeigen muss, wenn sie sich in einem neuen sozialen Umfeld bewegen will.

Ihr Powertipp für 2024

Stemmen Sie sich nicht zu sehr gegen mögliche Veränderungen, sondern strecken sie ruhig vorsichtig die Fühler aus!

Die ZIEGE und ihre Emotionen

Die Ziege gehört in der Chinesischen Astrologie zu den Tierzeichen mit einem sehr mitfühlenden Herzen. Da ist es fast natürlich, dass sie sich ständig um die Menschen in ihrer Umgebung sorgt und sich ängstigt, dass ihnen etwas zustoßen könnte. Diese Emotionen teilt sie gern und unmittelbar mit ihrer Umgebung und dort im Besonderen mit den Menschen, denen die Sorge gilt. Für die Betroffenem mag sich das zuweilen etwas lästig anfühlen - vor allem, wenn es sich um den Nachwuchs oder den Partner handelt und man die Befürchtungen der fürsorglichen Ziege in keinster Weise teilt. Dann kann es schon einmal passieren, dass die Ziege nicht ernst genommen wird und ihre Bedenken in den Wind geschlagen werden. Das wird sie aber kaum davon abhalten, weiterhin ihre Gefühle zu teilen.

Bei offiziellen Gelegenheiten oder auch im Beruf ist die Ziege dagegen durchaus in der Lage, sich mit ihren Emotionen zurückzuhalten. So wird der Chef kaum ein lautes Wort von ihr hören, obwohl sie vielleicht innerlich kocht. Sie bleibt äußerlich ruhig und merkt sich einfach ganz genau, wer sie auf die Palme gebracht hat. Zu einem späteren Zeitpunkt kann sie auf das Thema zurückkommen und dann durchaus auch emotional werden. Hört man ihr dann nicht ernsthaft zu, zieht sie sich verletzt zurück und straft den Übeltäter mit Nichtachtung.

Hängt der Himmel für die Ziege voller Geigen, kann sie das nicht nur dem Partner, sondern auch ihrer restlichen Umgebung aus vollem Herzen zeigen. Ihre Gefühle teilt sie dann bereitwillig mit der ganzen Welt - auf dass sich alle anderen mit ihr freuen können.

Wie die Ziege mit ihren Ängsten umgeht

Bei dem Gedanken, ihre Ängste in schwierigen Zeiten allein durchzustehen, fühlt sich die sanfte Ziege absolut unwohl. So sucht sie in einem solchen Fall meist erst einmal die Sicherheit im Schoße von Familie und engen Freunden. Es ist dabei sehr wichtig für die Ziege, dass sie ihre Furcht ausdrücken kann. Oft erscheint ihr diese in einem viel sanfteren Licht, wenn sie erst einmal mit einem engen Vertrauten darüber gesprochen hat. Im Gegensatz zu anderen Tierzeichen zieht sich die Ziege in bedrohlichen Situationen deshalb nicht komplett zurück in ihr Schneckenhaus, sondern sucht erst einmal den Austausch. Gemeinsam kann man den Sturm besser meistern und sich gegenseitig beschützen, wenn die Angst zu groß wird.

Da die meisten Ziegen eher die Neigung haben, sich zu viele Sorgen zu machen, sind sie auch anfällig dafür, Situationen als bedrohlich zu empfinden, die sie vielleicht zunächst einmal gar nicht unmittelbar betreffen. So jagt ihnen ein Vulkanausbruch am anderen Ende der Welt Furcht ein oder sie entsetzen sich über Gewalttaten auf dem afrikanischen Kontinent. Ihr großes Herz lässt sie an den Krisen der Welt manchmal mehr Anteil nehmen, als es ihrem emotionalen Gleichgewicht guttut.

Der Tipp für die Ziege:

Bei aller Sorge um Ihre Mitmenschen ist es wichtig, dass Sie sich erst einmal um Ihre persönliche Balance kümmern. Wenn die Emotionen verrücktspielen, kann sich das auch auf körperlicher Ebene bemerkbar machen.

Bekannte Ziegen-Persönlichkeiten:

• Ed Sheeran, Musiker • Julia Roberts, Schauspielerin • Boris Becker, Tennisspieler • Bill Gates, Unternehmer • Boris Gorbatschow, russischer Politiker

SUNG, dem AFFEN winken Anerkennung und Erfolg

Grund-Element
Metall Yang

Wenn Sie ein Affe sind, sind Sie in einem der folgenden Jahre geboren:

猴

1932	Wasser-Affe	(06.02.1932-25.01.1933)
1944	Holz-Affe	(25.01.1944-12.02.1945)
1956	Feuer-Affe	(12.02.1956-30.01.1957)
1968	Erd-Affe	(30.01.1968-16.02.1969)
1980	Metall-Affe	(16.02.1980-04.02.1981)
1992	Wasser-Affe	(04.02.1992-22.01.1993)
2004	Holz-Affe	(22.01.2004-08.02.2005)
2016	Feuer-Affe	(08.02.2016-28.01.2017)

Im vergangenen Jahr ist es dem Affen unter Umständen nicht immer schnell genug gegangen. Das etwas langsamere Tempo hat aber dazu geführt, dass er konzentrierter an die gestellten Aufgaben herangehen und mehr an seiner spirituellen Entwicklung arbeiten konnte.

Das Jahr des Drachen bringt nun ein völlig anderes Szenario mit sich. Der neue Regent wünscht sich lebhafte Untertanen wie den Affen, die bereit sind, spontan auf einen neuen Zug aufzuspringen und alte Konventionen hinter sich zu lassen. Wenn das persönliche Umfeld damit einverstanden ist, braucht sich der Affe nun wirklich nicht zurückhalten.

Vor allem auf der beruflichen Ebene darf sich die Konkurrenz anschnallen, wenn Affe und Drache gemeinsam unterwegs sind. Je unkonventioneller der Ansatz, desto begeisterter stürzt sich der Affe in die Arbeit. Allerdings sollte der Affe sich nicht zu weit aus dem Fenster lehnen - schließlich teilen die anderen Tierzeichen seinen Enthusiasmus jetzt nur bedingt.

Finanziell kann sich der Einsatz des Affen nun auch noch einmal besser auszahlen als in den Jahren zuvor. Das bedeutet allerdings nicht, dass man deshalb leichtfertig mit den eigenen Ressourcen umgehen darf. Ein großzügiger Reservegroschen ist im Jahr des Holz-Drachen eine wirklich gute Idee.

In der Freizeit gilt es nun, nicht zu forsch vorzugehen. Ansonsten können sich kleinere gesundheitliche Stolpersteine ergeben, die sich aber in der Regel schnell wieder ausmerzen lassen.

Einsame Affen können in den kommenden Monaten auf Schmetterlinge im Bauch hoffen und sich frisch verlieben. Das darf durchaus der Beginn einer langfristigen Partnerschaft sein, wenn der Affe bereit dafür ist. In bestehenden Partnerschaften herrscht immer dann eitel Sonnenschein, wenn man zu gemeinsamen neuen Abenteuern aufbricht und sicherstellt, dass der Spaß nicht zu kurz kommt.

Ihr Powertipp für 2024

Sie müssen sich gar nicht verausgaben, um in den kommenden Monaten Erfolg zu haben. Gehen Sie es etwas entspannter an!

Der AFFE und seine Emotionen

Die meisten Affen haben ein sehr sonniges Gemüt und wirken auf ihre Umgebung immer so, als könnte sie emotional kaum etwas aus der Bahn werfen. Das liegt sicher auch daran, dass sie eine positive Sichtweise auf das Leben an sich haben und sich in schwierigen Situationen in der Regel einfach auf ihre Instinkte verlassen.

Positive Emotionen wie Freude, Zuversicht oder Mut teilt der Affe deshalb sehr offen mit seiner Umgebung - vor allem, wenn er damit sein Gegenüber aufbauen und seine eigene Stärke demonstrieren kann. Geht es allerdings um dunklere Gefühle ist der Affe deutlich zurückhaltender. Zum einen behagt es ihm nicht wirklich, sich mit seinen Sorgen, seiner Traurigkeit oder seinen Ängsten auseinanderzusetzen. Er lenkt sich lieber mit zahlreichen Aktivitäten ab, anstatt sich intensiv damit zu beschäftigen und tiefer in sein Seelenleben einzutauchen.

Zum anderen möchte er nach außen nicht den Eindruck erwecken, dass er sich von seinen Emotionen überwältigen lässt. Damit würde er sich verletzbar und angreifbar machen, was er vor allem auf der beruflichen Ebene zu vermeiden versucht. Deshalb strahlt der Affe auch dann noch nach außen hin Optimismus und gute Laune aus, wenn es in seinem Inneren ganz anders aussieht.

So mancher Zeitgenosse mag dem Affen Gefühlskälte vorwerfen, weil er emotional nicht "angemessen" auf seine Umgebung reagiert. Damit tut man ihm aber unrecht, denn wenn ihm ein Mensch wichtig ist, setzt er sich mit ganzem Herzen für ihn ein und kann dabei sehr emotional werden. Geht es um seine Gefühle, ist der Affe sehr ehrlich - er spielt niemandem etwas vor

Wie der Affe mit seinen Ängsten umgeht

Der Affe gehört sicher nicht zu den ängstlichen Tierzeichen im Chinesischen Horoskop. Seine positive Grundeinstellung hilft ihm dabei, auch dann noch zuversichtlich zu bleiben, wenn andere schon lange verzagen. Furchteinflößende Situationen lässt er in der Regel einfach nicht noch genug an sich heran, als dass sie sich für

ihn wirklich bedrohlich anfühlen. Betrachtet man die Sache eher oberflächlich und denkt nicht groß darüber nach, ist man schneller davon überzeugt, dass am Ende schon alles gut gehen wird.

Das gilt vor allem für globale Themen wie Klimawandel, Krieg oder Umweltzerstörung. Entweder ist das Ganze weit genug weg oder im eigenen Umfeld noch nicht wirklich angekommen. Wenn es noch keinen konkreten Anlass oder unmittelbare Betroffenheit gibt, macht sich der Affe nicht allzu viele Sorgen. Und selbst wenn die Einschläge näherkommen, verfällt er nicht in Panik, sondern überlegt sich, wie er dem Schicksal ein Schnippchen schlagen kann. Die Unbekümmertheit, mit der er durch sein Leben geht, sorgt in den meisten Fällen wirklich dafür, dass er am Ende unbeschadet davonkommt und auch die Ängste der Menschen in seiner Umgebung zerstreuen kann.

Der Tipp für den Affen:

Manchmal dürfen Sie ruhig ein bisschen sensibler auf die Emotionen Ihrer Mitmenschen reagieren. Es hat nicht jeder so ein robustes Wesen wie Sie, lieber Affe!

Berühmte Affen-Persönlichkeiten:

• Herbert von Karajan, Dirigent • Gunter Sachs, Unternehmer • Celine Dion, Sängerin • Annalena Baerbock, Politikerin

YU, der HAHN darf sich vom Drachen inspirieren lassen

Grund-Element
Metall Yin

Wenn Sie ein Hahn sind, sind Sie in einem der folgenden Jahre geboren:

雞

1933	Wasser-Hahn	(26.01.1933-13.02.1934)
1945	Holz-Hahn	(13.02.1945-01.02.1946)
1957	Feuer-Hahn	(31.01.1957-17.02.1958)
1969	Erd-Hahn	(17.02.1969-05.02.1970)
1981	Metall-Hahn	(05.02.1981-24.01.1982)
1993	Wasser-Hahn	(23.01.1993-09.02.1994)
2005	Holz-Hahn	(09.02.2005-28.01.2006)
2017	Feuer-Hahn	(29.01.2017-15.02.2018)

Ist es dem Hahn im vergangenen Jahr gelungen, mehr auf den emotionalen Zustand seiner Umgebung einzugehen, so konnte er sicher so manche Klippe umschiffen und hat unter Umständen gelernt, mehr auf sein eigenes Gefühl zu vertrauen.
Mit dem Holz-Drachen an seiner Seite sind die Samthandschuhe für den Hahn nicht mehr unbedingt nötig. Es wird aber sicher weiterhin wohlwollend zur Kenntnis genommen, wenn er seine Direktheit auch 2024 etwas diplomatischer verpackt.
Das Leben des Hahns gleicht im Jahr des Drachen vielleicht ein wenig einer Achterbahnfahrt mit großartigen Höhen und ein paar wenigen Tiefen. Einen Großteil seiner Zeit darf der Hahn jetzt damit verbringen, Erfolge zu sammeln und diese auch gebührend zu feiern. Dem neuen Jahresregenten gefällt es nämlich gut, wenn sich seine Untertanen mehr in den Vordergrund trauen und zeigen, was sie können.
Für den Hahn bedeutet das vor allem auf der beruflichen Ebene konstruktives Schaffen, welches immer dann besonders erfolgreich sein kann, wenn er nicht zu perfektionistisch an die Sache herangeht. Bei der Auswahl seiner Projekte sollte er dennoch nicht zu abenteuerlustig sein - langfristig bringt ein traditionellerer Ansatz vor allem finanziell ein besseres Ergebnis.
Geht es um die Liebe, muss der Hahn nun vielleicht erst einmal den einen oder anderen Frosch küssen, bevor er einen Volltreffer landen kann. Davon sollte er sich allerdings nicht entmutigen lassen - der richtige Partner wartet irgendwo da draußen und wird sich im Jahr des Drachen sicher früher oder später zeigen.
Generell dürfen sich die persönlichen Beziehungen des Hahns sehr positiv entwickeln. Je großzügiger er sich zeigt, desto mehr bekommt der zurück. Da der Drache dazu neigt, ein wenig verschwenderisch mit seinen Ressourcen umzugehen, ist in finanzieller Hinsicht eine gewisse Kontrolle der Ausgaben erforderlich.

Ihr Powertipp für 2024
Schauen Sie zuversichtlich und mutig in die Zukunft. Sie befinden sich im Aufwind!

Der HAHN und seine Emotionen

Der Hahn ist ein echter Problemlöser, der sich schnell und effektiv an die Arbeit macht, wenn es nötig ist. Zu viele Emotionen sind dabei nur hinderlich, weshalb dieses Tierzeichen ein wahrer Meister im Verstecken seiner Gefühle ist. Vor allem am Arbeitsplatz mag der Hahn zuweilen kühl wirken im Umgang mit seinen Kollegen oder Vorgesetzten. Das ist in der Regel aber überhaupt keine böse Absicht! Er konzentriert sich einfach lieber hundertprozentig auf seine Aufgaben und will sich nicht ablenken lassen. Wenn seine Abläufe allerdings gestört werden, kann er sehr gereizt reagieren und macht seinem Ärger dann auch durchaus einmal Luft. Das ist allemal besser, als wenn er seine Wut herunterschluckt und ihm das Ganze auf die Leber schlägt.
Auch im privaten Umgang ist der Hahn erst einmal eher zurückhaltend was seine Gefühle angeht. Es ist ihm einfach wichtig, die Kontrolle zu behalten und sich in dem Licht zu zeigen, das er für angemessen hält. So bekommen vielleicht selbst Partner und Familie seine emotionale Seite nur sporadisch zu sehen und auch nur dann, wenn es der Hahn will. Die Spontanität mag dabei zuweilen etwas auf der Strecke bleiben, dafür ist man jedoch auch auf jeden Fall vor unangenehmen Überraschungen gefeit und gibt sich außerdem auch keine Blöße.
Für Außenstehende mag der Hahn auf den ersten Blick manchmal etwas verschlossen wirken. Er ist freundlich, geht aber niemals mit seinen Emotionen hausieren. Auf der anderen Seite weiß er durchaus mit den Gefühlen seiner Mitmenschen umzugehen. Er ist ein guter Zuhörer und bietet bei Bedarf eine starke Schulter zum Anlehnen

Wie der Hahn mit seinen Ängsten umgeht
Der Hahn rühmt sich, niemals unvorbereitet zu sein. Er ist in der Regel gut informiert und plant im Voraus für eventuelle Ernstfälle. Das hilft ihm enorm dabei, seine Ängste in den Griff zu bekommen. Wenn er aktiv etwas tun kann, um Bedrohliches von sich abzuwenden, hat er einfach keine Zeit, sich zu viel Sorgen zu machen. Er behält einen klaren Kopf und schätzt die Lage

pragmatisch ein. Dann spricht er klar und deutlich aus, was ihm Sorgen macht und wer dafür seiner Meinung nach verantwortlich ist. Da gibt es dann keinen Grund, sich zu fürchten.
Etwas anders sieht es aus, wenn sich der Hahn Situationen ausgesetzt fühlt, die er selbst nicht beeinflussen kann. Dann kann sich durchaus Angst in seinem Inneren breitmachen und ihn gar in seinem Handeln lähmen. Da es ihm aber meistens gut gelingt, sich von solchen potentiellen Gefahren in seinem persönlichen Umfeld fern zu halten, tritt dieser Fall eher selten ein.
In globalen Zusammenhängen sieht der Hahn durchaus bestehende Bedrohungen und ist in der Lage, den Finger in die Wunde zu legen. Dabei baut er durchaus auch schon einmal angsteinflößende Szenarien auf, damit die Umgebung seiner Argumentation folgt. Er selbst bleibt in der Situation aber meist recht unerschrocken.

Der Tipp für den Hahn:
Es macht Sie noch sympathischer, wenn Sie mehr Emotionen zeigen und nicht ständig versuchen, sich hinter einer perfekten Fassade zu verstecken.

Berühmte Hahn-Persönlichkeiten:
• Roger Federer, Tennisspieler • Sahra Wagenknecht, Politikerin • Beyoncè, amerikanische Sängerin • Osama bin Laden, Anführer der Al-Qaida • Michael Caine, Schauspieler

SHIH, der HUND darf über seinen Schatten springen

Grund-Element
Erde Yang

Wenn Sie ein Hund sind, sind Sie in einem der folgenden Jahre geboren:

犬

1934	Holz-Hund	(14.02.1934-03.02.1935)
1946	Feuer-Hund	(02.02.1946-21.01.1947)
1958	Erd-Hund	(18.02.1958-07.02.1959)
1970	Metall-Hund	(06.02.1970-26.01.1971)
1982	Wasser-Hund	(25.01.1982-12.02.1983)
1994	Holz-Hund	(10.02.1994-30.01.1995)
2006	Feuer-Hund	(29.01.2006-17.02.2007)
2018	Erd-Hund	(16.02.2018-04.02.2019)

Mit dem Wasser-Hasen hat der Hund sich im vergangenen Jahr vor allem um seine sozialen Kontakte kümmern dürfen. Dadurch konnten bestehende Bande verstärkt werden und vielleicht auch neue geknüpft werden, die sich jetzt im Jahr des Holz-Drachens durchaus als wertvoll und hilfreich erweisen können.

Drache und Hund haben eine recht unterschiedliche Weltanschauung. Im chinesischen Tierkreis stehen sie sich genau gegenüber. Während der Hund sich pragmatisch an der Realität orientiert, schwebt der Drache zuweilen in ganz anderen Gefilden, regt die Phantasie seiner Untertanen an und wünscht sich mehr Abenteuer. Damit mag der auf Sicherheit bedachte Hund nicht wirklich etwas anfangen können. So kann es in den kommenden Monaten passieren, dass er sich lieber aus dem aktiven Geschehen zurückzieht und anderen die Führung überlässt.

Gerade in beruflichen und finanziellen Angelegenheiten tut der Hund wirklich gut daran, 2024 besonders vorsichtig zu agieren. Wenn er genau hinschaut und den eigenen Instinkten traut, sollte es gelingen, die Spreu vom Weizen zu trennen. Wer sich dagegen nun zu sehr auf das Urteil Anderer verlässt, könnte das eine oder andere Mal enttäuscht werden und sich auf eine falsche Fährte führen lassen.

Der aktuelle Jahresregent gibt gerne und großzügig. Das freut seine Untertanen, kann aber in den kommenden Monaten schnell dazu führen, dass die eigenen Taschen sich leeren. Für den Hund ist es deshalb wichtig, seinen Geldbeutel gut im Auge zu behalten.

In der Liebe kann der Hund dagegen vom Drachen durchaus etwas lernen. Gerade wenn er sich bislang nicht so recht getraut hat, seinen Gefühlen Ausdruck zu verleihen, gibt der aktuelle Herrscher ihm nun eine Bühne, auf dass er sich zeigen kann. Um 2024 ein Herz zu gewinnen, muss sich der Hund wahrscheinlich aus seiner Komfortzone herauswagen.

Ihr Powertipp für 2024
Eine gewisse Vorsicht ist zwar gut, aber Sie können im Jahr des Drachen trotzdem gut auf Ihre Fähigkeiten aufmerksam machen.

Der HUND und seine Emotionent

Der Hund gehört nicht unbedingt zu den Tierzeichen, die mit ihren Gefühlen. hausieren gehen. Vor allem im öffentlichen Leben wird man es deshalb wohl kaum erleben, dass ihm der Kragen platzt oder er seine Sorgen unmittelbar teilt. Auch Gefühle von Melancholie und Traurigkeit hält er oft lange in seinem Inneren fest und möchte andere Menschen lieber nicht damit belasten. Mal ganz abgesehen davon, dass es ihm generell schwerfällt die eigenen Schwächen einzugestehen und sich so verwundbar zu machen.
Das kann dazu führen, dass er Emotionen wie Wut oder Frust so lange in sich rumoren lässt, bis sich das Ganze explosiv entladen muss. Das geschieht dann meistens unter Ausschluss der Öffentlichkeit im Kreise vertrauter Menschen, die von dem Ausbruch in der Regel völlig überrascht werden. Der Hund ist nämlich auch in seinem privaten Umfeld ein wahrer Meister darin, nach außen so zu wirken, als ob alles in Ordnung wäre. Partner und Freunde tun deshalb gut daran, ruhig etwas tiefer nachzuhaken, wenn sie spüren, dass mit dem Hund etwas nicht in Ordnung ist und sollten sich keinesfalls mit einem unverbindlichen „ist schon alles gut" abspeisen lassen.
Im Grunde seines Herzens wünscht sich der Hund Gefährten, denen er sich auch auf der emotionalen Ebene voll und ganz offenbaren kann. Das ist sicher auch einer der Gründe, warum er selbst so loyal und hilfsbereit ist, wenn es um seine Freunde geht. Hier steht er immer ohne Wenn und Aber zur Verfügung, wenn eine Schulter zum Anlehnen gebraucht wird oder die Gefühle verrücktspielen

Wie der Hund mit seinen Ängsten umgeht
Für die meisten Hunde ist das Glas immer eher halb leer als halb voll. Das führt leider dazu, dass er seine aktuelle Lage oft schlechter einschätzt, als sie eigentlich ist und die allgemeine schlechte Stimmung auf sich selbst überträgt. Schon die ersten Anzeichen einer Wirtschafts- oder Energiekrise zum Beispiel können deshalb im Hund unbestimmte Ängste auslösen, auch wenn er selbst von den Auswirkungen zunächst

einmal gar nicht unmittelbar betroffen ist. Er lässt sich emotional recht schnell von seiner Außenwelt stressen und fürchtet sich dann mehr, als es eigentlich nötig wäre.
Glücklicherweise lähmt ihn dieses Angstgefühl in den meisten Fällen nicht sehr lange, sondern wird von einer pragmatischen Einstellung zur Situation abgelöst. Kommt der Hund dann ins aktive Tun weicht die Beklemmung von ganz alleine.
In der Chinesischen Astrologie gilt der Hund unter anderem als Wächter von Heim und Familie. Da ist es ganz normal, dass er sich um das Wohlergehen seiner Lieben ängstigt. Gerade wenn es um den eigenen Nachwuchs geht, kann das dazu führen, dass er übervorsichtig reagiert und vielleicht Dinge verbietet aus Angst, dass seine Kinder Schaden nehmen könnten, was nicht immer gut ankommt.

Der Tipp für den Hund:
Wenn Sie mehr Gefühle zeigen, machen Sie sich nahbarer für Ihre Umgebung. Es ist auf Dauer nicht gesund, die eigenen Emotionen unter Verschluss zu halten.

Berühmte Hunde-Persönlichkeiten:
• Giorgio Armani, Modedesigner • Leonard Cohen, Musiker • Olaf Scholz, Bundeskanzler • Claudia Schiffer, Model • William, Prince of Wales

HAN, das SCHWEIN findet viel Anerkennung

Wenn Sie ein Schwein sind, sind Sie in einem der folgenden Jahre geboren:

猪

1935	Holz-Schwein	(04.02.1935-23.01.1936)
1947	Feuer-Schwein	(22.01.1947-09.02.1948)
1959	Erd-Schwein	(08.02.1959-27.01.1960)
1971	Metall-Schwein	(27.01.1971-14.02.1972)
1983	Wasser-Schwein	(13.02.1983-01.02.1984)
1995	Holz-Schwein	(31.01.1995-18.02.1996)
2007	Feuer-Schwein	(18.02.2007-06.02.2008)
2019	Erd-Schwein	(05.02.2019-24.02.2020)

In den vergangenen zwölf Monaten hat das Schwein in allen Bereichen seines Lebens von der wohlwollenden Energie des Hasen profitieren können. Harmonie und das Wohl seiner Mitmenschen wurden dabei großgeschrieben. Bei alldem war das Schwein meist mittendrin im Geschehen.

Im Jahr des Holz-Drachens ist nun eher ein Beobachtungsposten angesagt, denn für das Schwein stehen in den kommenden zwölf Monaten wahrscheinlich nicht allzu viele Veränderungen an. Selbst wenn sich Dinge in eine neue Richtung entwickeln sollten, dürfte das in diesem Jahr kaum einen dauerhaften Effekt haben. So kann sich das Schwein gemütlich zurücklehnen und sich den Trubel in seiner Umgebung ruhig und gelassen anschauen.

Das bedeutet allerdings auch, dass beruflich und finanziell keine allzu großen Sprünge zu erwarten sind. Auch wenn der Drache dafür bekannt ist, seine Untertanen ins rechte Licht zu rücken, muss das nicht immer bedeuten, dass man auch mehr gesehen wird… So manches Schwein darf sich nun vielleicht darüber freuen, dass es mehr Ruhe für seine Aufgaben hat und sich seinen Angelegenheiten widmen kann, ohne ambitionierten Zielen hinterher zu rennen.

Auf der privaten Ebene kann das Schwein 2024 sicher oft die nötige Schulter zum Anlehnen sein oder der Fels in der Brandung, wenn die Dinge für die ihm wichtigen Menschen nicht ganz so rund laufen. Auch in der Liebe darf man sich besonders glücklich schätzen, wenn man im Jahr des Drachen ein besonnenes Schwein an seiner Seite hat, das für Stabilität sorgt und sich nicht von großen, aber oftmals leeren Gesten ablenken lässt.

Auf dem gesellschaftlichen Parkett kann das Schwein wunderbar glänzen, wenn ihm danach der Sinn steht. Wer sich jetzt kulturell oder sozial engagieren will, findet sicher das passende Betätigungsfeld.

Ihr Powertipp für 2024

Nichts wird so heiß gegessen, wie es gekocht wird. Mit Gelassenheit und Ruhe kommen Sie ganz hervorragend durch das Jahr.

Das SCHWEIN und seine Emotionen

Das Schwein gehört gemeinsam mit Hase und Ziege zum Haus der Familie und teilt mit diesen beiden Tierzeichen auch die Offenheit, wenn es um die eigenen Emotionen geht. Das macht es ihm relativ leicht, seine Gefühle zu zeigen und gleichzeitig auch genug Mitgefühl für den emotionalen Zustand seiner Mitmenschen aufzubringen. Damit besteht allerdings auch die Gefahr, dass es sich zu sehr von den Gefühlen anderer beeinflussen lässt und die eigenen Bedürfnisse außer Acht lässt. Dann kann es passieren, dass seine Liebenswürdigkeit ausgenutzt wird.

In einer Partnerschaft spielt das Schwein mit offenen Karten und baut so schnell ein Vertrauensverhältnis auf. Dieses basiert in der Regel darauf, dass es bereit ist, seine eigene Verletzlichkeit zu zeigen und dem Gegenüber zu signalisieren, dass seine Gefühle gut bei ihm aufgehoben sind. Um sich spätere Enttäuschungen zu ersparen, tut es allerdings gut daran, nicht immer gleich alles von sich preiszugeben. Bestimmte Emotionen gehören einfach erst einmal nur ihm selbst und wollen nicht sofort geteilt werden. Steht die Beziehung erst einmal auf etwas sichereren Beinen, ist immer noch genug Zeit, um Wut, Traurigkeit oder Ängste mit der besseren Hälfte zu teilen.

Auf der beruflichen Ebene mag es für seine Mitstreiter zuweilen zu emotional zugehen, wenn das Schwein involviert ist. Man wünscht sich dann vielleicht mehr Fokus auf die Fakten, damit die Sache wirklich auf den Weg gebracht werden kann. Auf der anderen Seite kann das Schwein Kollegen, Chefs oder potentielle Investoren sicher zuweilen gut motivieren, wenn es an die Emotionen appelliert und nicht nur pragmatisch die Fakten auflistet

Wie das Schwein mit seinen Ängsten umgeht

Im Grunde ist das Schwein keines der besonders ängstlichen Tierzeichen. Das liegt daran, dass es ein sehr großes Vertrauen in die Welt im Allgemeinen und seine Mitmenschen im Speziellen hat. So kann es recht gut damit umgehen, wenn die Nachrichten wieder einmal voll mit erschreckenden Berichten sind. Es weiß sehr wohl

zu unterscheiden, welche Meldungen nur Panikmache sind und welche konkretes Handeln erfordern.

Hegt es in bestimmten Bereichen seine Befürchtungen, werden diese mit seiner Umwelt geteilt, auf dass man gemeinsam nach einer Lösung suchen kann. Dabei kann es allerdings passieren, dass das Schwein mit seinen Ängsten nicht ernst genommen wird und am Ende nicht die Unterstützung bekommt, die es bräuchte, um seine Furcht zu zerstreuen.

Oft fühlt sich das Schwein verpflichtet, Zuversicht auszustrahlen, auch wenn ihm vielleicht nicht danach zumute ist. Dann muss es seine eigenen Ängste im Inneren vergraben und sich darauf konzentrieren, im Außen die richtigen Worte zu finden, um seine Umgebung aufzubauen. Seine positive Grundeinstellung wird ihm dabei helfen, nicht nur sich selbst, sondern auch seine Mitmenschen aus der Talsohle heraus zu führen.

Der Tipp für das Schwein:

Es ist gut, dass Sie aus Ihrem Herzen keine Mördergrube machen. Trotzdem sollten Sie sich gut überlegen, mit wem Sie Ihre Emotionen teilen.

Berühmte Schwein-Persönlichkeiten:

• Tenzin Gyatso, 14. Dalai Lama • Edward Snowden, Whistleblower • Elon Musk, Unternehmer • Emma Thompson, Schauspielerin • Carlos Santana, Musiker

Die wertvollen Entscheidungshilfen für jeden Tag

Egal, ob Sie einen wichtigen Termin wie eine Geschäftseröffnung oder eine Hochzeit planen oder einfach nur wissen wollen, unter welchen Vorzeichen ein bestimmter Tag in der Woche für Ihr Tierzeichen steht – schlagen Sie das entsprechende Datum einfach in unseren praktischen Tabellen nach, die Sie immer im Anschluss des jeweiligen Monats finden können. Ab Seite 42.

Wie schon in den letzten Jahren finden Sie auch im aktuellen Kalender wieder nach jedem Monat eine zusätzliche Doppelseite, auf der wir übersichtlich in Tabellenform wichtige Informationen zu jedem einzelnen Tag des Jahres des **Holz-Drachen** zusammengefasst haben.

Sie können so nicht nur sofort erkennen, welche Tage für Sie persönlich besonders günstig sind, sondern auch, welches Tierzeichen den jeweiligen Tag eines Monats regiert. Darüber hinaus finden Sie oberhalb der Tabelle noch Angaben zum Tierzeichen des Jahres und des jeweiligen Monats.

Komprimiert auf zwei Zeilen für jeden Tag haben wir in der Tabelle farblich die günstigen und ungünstigen Aktivitäten gekennzeichnet. Außerdem können Sie in einer weiteren Zeile farblich ablesen, wie sich der jeweilige Tag für Ihr Tierzeichen im Allgemeinen gestaltet.

So kann Ihnen dieses Horoskop-Jahrbuch noch mehr zum unentbehrlichen Begleiter durch das Jahr des **Holz-Drachen** werden.

Die große Monatsvorschau für jedes der zwölf chinesischen Tierzeichen im Jahr 2024

TZE
Ratte

Grundtendenz des Monats: Bereits im nächsten Monat übernimmt der Drache das Zepter vom Hasen. Damit wird sich für die Ratte einiges ändern, denn mit dem neuen Regenten lassen sich Visionen deutlich einfacher und fantasievoller umsetzen. Bis es allerdings soweit ist, ist noch einmal Geduld angesagt. Schließlich wird der Januar von einem Holz-Büffel begleitet, der nicht gerade zu Innovationen neigt, sondern sich lieber auf bewährte und für ihn greifbare Dinge verlässt. Gleichzeitig bringt er aber auch eine recht solide Durchsetzungskraft mit in den Monat. Vielleicht mag die Ratte diese nutzen, um sich jetzt klar und deutlich zu positionieren.

Liebe, Familie, Freundschaft: Behalten Sie auf jeden Fall den engen Draht zu Partner und Familie, den Sie im Jahr des Hasen aufbauen konnten. Wenn es in den kommenden Monaten stürmischer zu geht, haben Sie so einen sicheren Hafen, in dem Sie Energie tanken können.

Mit dem Hasen als Jahresherrscher standen private Themen sicher ganz weit vorne auf der Liste. Wenn es Ihnen gelungen ist, hier in allen Bereichen für Harmonie zu sorgen, haben Sie mehr freie Kapazitäten für die spannenden Projekte, mit denen der neue Herrscher Sie ab nächsten Monat beschäftigen möchte.

Die Zeichen für eine neue Liebe standen in den letzten Monaten wirklich nicht schlecht. Haben Sie die Gelegenheit genutzt?

Beruf, Finanzen: Wer auf den letzten Metern noch etwas erreichen will, muss nun wahrscheinlich einiges an Durchsetzungskraft aufbringen. Wenn Ihnen das zu anstrengend ist, können Sie aber auch einfach bis zum nächsten Monat warten. Dann wird es mit dem Drachen sicher einfacher für die Ratte.

Hüten Sie sich im Januar davor, zu sehr mit Ihren Erfolgen hausieren zu gehen. Das könnte jetzt einige Neider auf den Plan rufen und Ihnen das Leben unnötig erschweren.

Tipp des Monats:

Manchmal ist es am besten, sich abwartend zu verhalten.

KIU
Büffel

Grundtendenz des Monats: Wenn der Büffel im Januar von einem Artgenossen begleitet wird, kann das dazu führen, dass er in alte Gewohnheiten zurückfällt. Es ist ja auch viel weniger anstrengend, wenn einfach alles so bleibt, wie es ist. Die Frage ist allerdings, ob sich die Veränderung am Ende des Tages nicht doch viel besser anfühlt.

Ein letztes Mal wird das Yin-Holz in der Monatskonstellation stark betont. Das spricht für Wachstum, Weiterentwicklung und einen besseren Zugang zu den eigenen Gefühlen. In diesem Bereich konnte der Büffel in den vergangenen Monaten sicher sehr viel lernen, wenn er sich offen und bereit gezeigt hat.

Liebe, Familie, Freundschaft: Wenn es Ihnen so kurz vor der neuen Regentschaft ein wenig an Energie fehlt, dürfen Sie sich ruhig einmal zurücklehnen und Ihre Lieben machen lassen. Partner und Nachwuchs springen jetzt gerne in die Bresche, wenn der Büffel eine Pause braucht. Sollte das Feuer der Leidenschaft in den letzten 12 Monaten nicht so gebrannt haben, wie Sie es sich gewünscht hätten, sollten Sie sich nicht grämen. Mit dem Hasen ging es eben mehr darum, füreinander da zu sein. Wenn Sie verstanden haben, dass Sie nicht immer der Fels in der Brandung sein müssen, hat das die Liebe sicher vertiefen können.

Beruf, Finanzen: Wenn Sie wissen was Sie wollen, kann Sie so leicht niemand aufhalten. Es ist Ihnen zu wünschen, dass Sie sich im Jahr des Hasen Zeit genommen haben, um in Ihrem Inneren nach der richtigen Richtung zu suchen. Dann können Sie nun nämlich den Kurs setzen und entschlossen Ihre Pläne in die Tat umsetzen. Mit dem Holz-Drachen als neuen Herrscher geht es ab Februar sicher weiter darum, eigene Visionen zu entwickeln und der Außenwelt zu präsentieren. Da kann es nur von Vorteil sein, wenn der Büffel sich jetzt schon entsprechend positioniert.

Tipp des Monats:

Nichts ist so beständig wie der Wandel. Stellen Sie sich darauf ein!

YING
Tiger

Grundtendenz des Monats:
Mit dem Hasen an Ihrer Seite ging es 2023 darum, die eigene innere Entwicklung voranzutreiben. Setzen Sie im letzten Monat vor dem Regierungswechsel noch einmal alles daran, diesem Ziel näher zu kommen. Ab dem nächsten Monat wird es nicht mehr so leicht sein, sich dafür die nötige Zeit zu nehmen. Der letzte Monat des Jahres wird von einem Büffel begleitet. Stimmt dessen Richtung mit Ihrer überein, können Sie im Januar noch einmal gut vorankommen. In allen anderen Fällen dürfen Sie im besten Fall nur zähen Fortschritt erwarten. Abhängig davon, wie weit Sie bislang gekommen sind, könnte eine Pause ratsam sein.

Liebe, Familie, Freundschaft: Gerade im familiären Bereich beisst sich das traditionelle Bild des Büffels oft mit den Ansichten des nach mehr Unabhängigkeit strebenden Tigers. Vielleicht kann der Hase in diesen Wochen vermitteln; und ein Kompromiss kann erreicht werden.

Wer immer noch auf der Suche nach einer neuen Liebe ist, sieht sich nun unter Umständen einer gewissen Konkurrenz ausgesetzt. Dabei geht es vor allem um die generelle Lebensauffassung. Was sind Sie bereit zu geben und welche Einschränkungen würden Sie für den geliebten Menschen hinnehmen?

Beruf, Finanzen: Wenn Sie die vergangenen 12 Monate Revue passieren lassen, werden Sie vielleicht feststellen, dass Sie nicht ganz am gewünschten Ort gelandet sind. Woran hat es gelegen? Waren Sie nicht entschlossen genug? Gab es zu viel Ablenkung aus dem privaten Bereich oder hat Ihnen die Konkurrenz einen Strich durch die Rechnung gemacht? Was immer es war, sollte nun gut analysiert werden, damit Ihnen das Gleiche nicht noch einmal passiert.

Wenn der Tiger weiß, was er will, ist er ein hervorragender Verhandler und setzt seine Wünsche in der Regel problemlos durch.

Tipp des Monats:
Bevor Sie in das Jahr des Holz-Drachen starten, sollten Sie sich noch einmal zurückziehen und die Batterien auffüllen.

MAO
Hase

Grundtendenz des Monats:
2023 konnte der Hase sich in vielen Bereichen positiv entwickeln, wenn er auch einmal an sich gedacht hat. Unter Umständen hat Ihnen aber Ihr großes Herz zuweilen bei der Selbstverwirklichung einen Strich durch die Rechnung gemacht. Wenn der Drache im nächsten Monat das Zepter vom Hasen übernimmt, werden die Anforderungen an Sie sicher nicht geringer werden. Lenken Sie also lieber jetzt noch einmal Ihre Aktivitäten in Bahnen, die für Sie selbst langfristig von Vorteil sind.

Einmal mehr wird in diesen Wochen das Yin-Holz und damit die Intuition gestärkt. Das sind gute Voraussetzungen, um dem Gefühl zu folgen.

Liebe, Familie, Freundschaft: Für so manchen Hasen hat die Familie in den letzten zwölf Monaten klar im Vordergrund gestanden. Es bleibt Ihnen zu wünschen, dass Sie diese Zeit genauso genießen konnten wie Ihre Lieben. Ab dem kommenden Monat wird der Schwerpunkt definitiv ein anderer sein. Vielleicht möchten Sie nun schon mal alle darauf einstimmen?

Mit Eifersucht kommen Sie in Ihrer Beziehung nicht weiter, denn dadurch kann die gemeinsame Vertrauensbasis gestört werden. Sicher müssen Zweifel ausgesprochen werden - aber nicht in Form von Anschuldigungen, die Sie in den meisten Fällen kaum belegen können.

Beruf, Finanzen: Wie Sie sich in den vergangenen Monaten platziert haben, hatte sicher auch etwas mit Ihrem Selbstbewusstsein zu tun. Wer sich seiner Fähigkeiten nicht ganz so sicher ist oder nicht genau weiß, wo die eigenen Talente liegen, kann nur schwer für sich selbst werben. Nutzen Sie die letzten Wochen noch einmal für eine Bestandsaufnahme und arbeiten Sie konkret daran, den richtigen Platz zu finden.

Übernimmt der Drache das Zepter, geht es verstärkt darum, die eigenen Qualitäten im richtigen Licht zu präsentieren. Das geht jedoch nur, wenn Sie wissen, wo Ihre Stärken liegen.

Tipp des Monats:
Sorgen Sie auch weiterhin gut für sich selbst, anstatt sich immer nur um Andere zu kümmern!

SHENG
Drache

Grundtendenz des Monats:
Auf den letzten Metern im Jahr des Hasen schleichen sich vielleicht bei so manchem Drache leise Selbstzweifel ein. Bin ich mir treu geblieben oder habe ich mich zuweilen zu sehr verbogen, um meine Ziele zu erreichen? 2023 konnten Sie lernen, dass man auch mit Nachgiebigkeit ans Ziel gelangen kann. Das mag unter Umständen nicht immer Ihrem inneren Wesen entsprochen haben, hat Ihnen aber doch die eine oder andere Tür öffnen können.
Sicher mögen die Lebenskonzepte von Hase und Drache in vielen Bereichen recht weit auseinander klaffen. Aber das heißt ja nicht, dass man nicht voneinander lernen kann.
Liebe, Familie, Freundschaft: Wenn es in der Partnerschaft gelungen ist, gemeinsame Ziele zu finden und zu verfolgen, wird das Jahr sicher auf einer harmonischen Note enden. Schließlich war und ist das persönliche Wachstum eines der Hauptanliegen des scheidenden Jahresregenten. Mit dem Büffel an Ihrer Seite können Sie sich für das kommende Jahr stabil aufstellen.
Auch in den kommenden zwölf Monaten stehen die Zeichen für einsame Drachen nicht schlecht. In Ihrem eigenen Jahr stehen Ihnen sicher mehr aufregende Begegnungen bevor, die sich in jede Richtung entwickeln können.
Beruf, Finanzen: Bevor ab dem nächsten Monat der Holz-Drache das Zepter vom Hasen übernimmt, geht es jetzt noch einmal darum, gewisse Dinge vernünftig zum Abschluss zu bringen, was mit dem Büffel gut gelingen sollte. Vermeiden Sie unnötige Diskussionen und halten Sie sich an die Vorgaben, dann geht das Ganze deutlich schneller.
Von Neidern sollten Sie sich nun nicht die Laune verderben lassen. Genießen Sie lieber das Erreichte und freuen Sie sich auf die kommenden zwölf Monate, wo Sie gerade Ihre beruflichen Ambitionen wieder freier gestalten können.
Tipp des Monats:
Bleiben Sie aufmerksam, wenn es um die Gefühle Ihrer Mitmenschen geht. Das kann Ihnen in den kommenden Monaten sehr helfen.

SZE
Schlange

Grundtendenz des Monats:
Ab dem nächsten Monat übernimmt mit dem Holz-Drachen ein Tierzeichen die Regentschaft, das sich mit der Schlange mindestens genauso gut ergänzt wie der scheidende Hase. Das allein sollte Ihnen jetzt schon ein gutes Gefühl geben, so dass Sie dem Wechsel mit Spannung und Freude entgegen sehen können. Lassen Sie sich bitte nun nicht verunsichern! Auch 2024 hat viele gute Gelegenheiten für die Schlange im Gepäck.
In den vergangenen Monaten konnten Sie viel von Ihrer sanfteren Seite zeigen und Ihr Wachstum vor allem auf der spirituellen Ebene vorantreiben. Behalten Sie den eingeschlagenen Kurs ruhig auch weiterhin bei.
Liebe, Familie, Freundschaft: Bestehende Beziehungen haben von der yinigen Energie des Wasser-Hasen sicher enorm profitieren können. Damit die Harmonie weiterhin gesichert ist, sollten Sie ab dem nächsten Monat noch mehr darauf achten, gemeinsame Ziele zu verfolgen.
Mit dem stoischen Büffel an Ihrer Seite haben Sie sicher ganz klare Vorstellungen, wenn es um die Planung der nächsten Monate geht. Vergessen Sie aber nicht, dass auch der Rest von der Familie vom Büffel beeinflusst wird. Da sollten Sie sich lieber auf einige Diskussionen einstellen.
Beruf, Finanzen: Wer immer nur abwartet, wann die andere Seite den nächsten Zug tut, musste sich in den letzten Monaten sicher nicht allzu sehr anstrengen und hat doch passable Ergebnisse hinlegen können. Allerdings konnten Sie Ihr kreatives Potential sicher besser entfalten, wenn Sie selbst aktiv geworden sind. Das bleibt auch in den kommenden Monaten so, denn dem Drache fehlt es in der Regel an Geduld und er wünscht sich schnelle Resultate.
Wer vorsichtig mit seinem Geld umgegangen ist, war 2023 sicher gut beraten. Machen Sie jetzt einen Kassensturz und denken Sie schon mal über Strategien für die nächsten Monate nach.
Tipp des Monats:
Lassen Sie sich auf der Zielgerade nicht die Butter vom Brot nehmen.

> Kleine Kälte / Große Kälte < Januar

WU
Pferd

Grundtendenz des Monats:
Im letzten Monat des Hasen-Jahres wird harte Arbeit noch einmal ganz besonders belohnt. Mit dem Büffel begleitet nun ein Tierzeichen den Januar, das für seinen unermüdlichen Einsatz und Durchhaltewillen bekannt ist. In diesem Jahr paart sich das mit dem kreativen Holz-Element, so dass sich originelle Ideen nun besonders gut umsetzen lassen.
Für das impulsive Pferd war es sicher nicht immer einfach, in den letzten 12 Monaten Geduld zu zeigen. Am Ende des Tages konnten Sie aber sicher feststellen, dass es sich gelohnt hat.
Liebe, Familie, Freundschaft: Die sanfte Ader des Hasen hat das Pferd sicher so manches Mal dazu angehalten, mehr Gefühle zuzulassen. Wenn es sich für Sie richtig angefühlt hat, spricht nichts dagegen, auch im Jahr des Drachen weiter Ihre yinige Ader zu zeigen. Ihren Partner wird es sicher freuen!
Machen Sie sich nun nicht zu viele Gedanken darüber, was das nächste Jahr auf der privaten Ebene bringen wird. Sicher stellt der Drache Familie und Partnerschaft nicht ganz so in den Mittelpunkt wie der scheidende Hase. Am Ende des Tages bleibt es aber Ihnen überlassen, welchen Stellenwert Sie Ihren Lieben in den nächsten Monaten geben möchten.
Beruf, Finanzen: Viele Pläne haben sich 2023 nicht so recht umsetzen lassen oder kamen nur sehr langsam voran. Das lag sicher nicht zuletzt daran, dass der Wasser-Hase zum einem mehr für die innere Entwicklung getan hat. Zum anderen musste deutlich mehr Rücksicht auf die Befindlichkeiten aller Beteiligten genommen werden. Mit dem Drachen sollte sich das 2024 sicher etwas anders für das Pferd gestalten.
Wenn Sie sich nun entschlossen zeigen, können Sie sicher noch einmal in verschiedenen Bereichen punkten. Vielleicht lassen sich so noch einige Dinge zum Abschluss bringen.
Tipp des Monats:
Stellen Sie Ihr Glück jetzt noch nicht auf die Probe! Dafür ist in den nächsten 12 Monaten genug Zeit.

WEI
Ziege

Grundtendenz des Monats:
Die höchsten Ziele mag die Ziege 2023 nicht erreicht haben, aber vielleicht ging es darum ja auch gar nicht. Der scheidende Regent hat bei seinen Untertanen oft eher auf der emotionalen Ebene wirken dürfen. Da macht sich die Weiterentwicklung unter Umständen erst nach und nach bemerkbar.
Dies ist nun definitiv der letzte Monat im Jahr des Wasser-Hasen, der der Ziege im Grunde immer gut gesonnen war. Vielleicht hat er Ihnen nicht immer den nötigen Biss geben können, aber dafür hat es sicher nicht an moralischer Unterstützung gefehlt.
Liebe, Familie, Freundschaft: An Empathie dürfte es der Ziege im Jahr des Hasen sicher nicht gefehlt haben. Die Frage ist jetzt nur, ob Ihnen selbst auch soviel Mitgefühl entgegengebracht wurde, wie Sie gezeigt haben. Haben Sie das Gefühl, dass Sie hier zu kurz gekommen sind, sollten Sie sich vielleicht doch noch einmal mit Ihren Lieben zusammensetzen. Unter Umständen ist man sich nicht bewusst, was Sie brauchen.
Mit der Brechstange lässt sich keine neue Beziehung aufbauen. Da dürfte Ihnen der Büffel mit seiner Durchsetzungskraft also jetzt keine große Hilfe sein. Vielleicht kann er Ihnen nun aber noch einmal frische Energie geben, damit Sie einen längeren Atem bekommen. So kann dann doch noch längerfristig etwas Schönes entstehen.
Beruf, Finanzen: Gibt es noch Baustellen, die mit ein bisschen zusätzlichem Einsatz nun zum Abschluss gebracht werden können? Dann sollten Sie das besser nun tun und das Ganze nicht bis ins Drachenjahr verschleppen. Ein frischer Start garantiert im nächsten Monat eine deutlich bessere Ausgangsposition.
Die Konkurrenz hat auch im Jahr des freundlichen Hasen nicht geschlafen, liebe Ziege. Wenn Ihnen das jetzt auffällt, ist das kein Grund zur Sorge, sondern sollte eher ein Ansporn sein, es in den nächsten Monaten noch besser zu machen.
Tipp des Monats:
Bereiten Sie sich darauf vor, ab dem nächsten Monat noch sichtbarer zu werden!

> Kleine Kälte / Große Kälte < Januar

SUNG
Affe

Grundtendenz des Monats:
Der Affe darf sich auf den kommenden Monat freuen, wenn mit dem Drachen ein Tierzeichen das Zepter vom Hasen übernimmt, das ihn voll und ganz versteht. Bis es soweit ist, ist erst noch einmal Ihr Langmut gefragt. Ein stoischer Büffel begleitet den Januar und hat es in allen Bereichen des Lebens überhaupt nicht eilig. Lassen Sie sich davon nicht beirren und bleiben Sie in Ihrer Mitte.
Vom Wasser-Hasen konnte der Affe sicher lernen, wie man Kompromisse schließen kann, die für alle Beteiligten von Vorteil sind. Die Bereitschaft, sich für die Gemeinschaft einzusetzen, dürfen Sie mit ins nächste Jahr nehmen.

Liebe, Familie, Freundschaft: Vielleicht war es für den Affen nicht immer einfach, die emotionalen Achterbahnfahrten im Privatleben auszugleichen. Auf jeden Fall sollten Sie aus 2023 mitnehmen, dass es am Ende des Tages immer besser ist, wenn man seine Gefühle so äußert, dass man niemandem damit weh tut.
Sie haben sich in diesem Jahr wahrscheinlich mehr um Ihre Lieben gekümmert als in den Jahren zuvor. Wie hat es sich angefühlt, näher dabei zu sein und die Bindung vertiefen zu dürfen? Vielleicht verschieben Sie Ihre Prioritäten in Zukunft mehr in diese Richtung?

Beruf, Finanzen: Es war unter Umständen 2023 nicht ganz so einfach, klar seine Meinung zu sagen. Auf der anderen Seite haben Sie so sicher Ihr diplomatisches Geschick verbessern können. Das kann in den kommenden Monaten immer dann hilfreich sein, wenn Sie sich auf Verhandlungsebene begeben.
Was haben Sie in den letzten zwölf Monaten für Ihre wirkliche Berufung getan? Wer sich die Zeit genommen hat, auf sein Inneres zu hören, hat sicher einige Antworten bekommen, auf die man nun aufbauen kann. Mit dem Drachen an Ihrer Seite können Sie Ihre Fähigkeiten auf jeden Fall gut sichtbar machen.

Tipp des Monats:
Lassen Sie sich nicht von Kritikern beirren, sondern glauben Sie ganz fest an Ihre Fähigkeiten.

YU
Hahn

Grundtendenz des Monats:
Der letzte Monat im Jahr des Wasser-Hasen bringt wahrscheinlich keine großen Überraschungen mehr. Nun begleitet Sie ein Büffel und sorgt dafür, dass wieder mehr Routine in alle Bereiche des Lebens einkehrt. Das kann Ihnen die nötige Atempause verschaffen, bevor ab dem nächsten Monat ein charismatischer Drache das Zepter übernimmt.
Lassen Sie das vergangene Jahr Revue passieren, werden Sie vielleicht feststellen, dass Sie einige neue Erkenntnisse gewinnen konnten. Wer sich offen für Veränderungen gezeigt hat, konnte sicher deutlich entspannter mit den Menschen in seiner Umgebung umgehen.

Liebe, Familie, Freundschaft: Der Hase ist 2023 gerade auf der privaten Ebene sehr ungern auf Konfrontationskurs gegangen. Das hat auch auf den Hahn abgefärbt, der mit diplomatischem Geschick so manchen Konflikt mit seinen Lieben vermeiden konnte. Eine größere Kompromissbereitschaft erleichtert Ihnen auch in Zukunft das Zusammenleben enorm.
Sorgen Sie jetzt noch einmal für stabile Verhältnisse in Ihrer Beziehung. Dafür sind auf beiden Seiten gewisse Zugeständnisse nötig, die Ihnen aber leicht fallen sollten, wenn Sie sich wirklich lieben und Ihr Leben miteinander teilen möchten.

Beruf, Finanzen: Der Büffel unterstützt den Hahn auf der beruflichen Ebene immer dann besonders gut, wenn es Hindernisse zu überwinden gilt. Sollte der Weg nun also noch einmal ein wenig steinig sein, brauchen Sie sich keine großen Sorgen zu machen.
Zum Ende des Hasen-Jahres gibt es noch einmal gute Gelegenheiten, das Verhältnis zu Kollegen und Vorgesetzten weiter zu verbessern. Gemeinsame Aktivitäten können das Team so eng zusammenschweißen, dass im nächsten Jahr wirklich fast alles möglich ist. Wenn der Drache ans Ruder kommt, können Sie sicher sein, dass alle von Anfang an an einem Strang ziehen.

Tipp des Monats:
Belasten Sie Ihre Lieben nun nicht mit Problemen, die Sie im Augenblick nicht lösen können.

SHIH
Hund

Grundtendenz des Monats:

Die konservativen Kräfte könnten im Januar seit längerem einmal wieder die Oberhand in Ihrem Leben gewinnen. Mit dem Büffel kommt im Januar ein Tierzeichen ins Spiel, das wie der Hund eher für Beständigkeit als für Veränderung steht. Im letzten Monat unter der Herrschaft des Wasser-Hasen dürfen Sie sich nun entscheiden, ob Sie doch etwas mehr in Richtung Veränderung gehen wollen oder ob am Ende lieber alles beim Alten bleiben soll.
Im nächsten Monat kommt mit dem Drachen ein weiteres Zeichen an die Macht, das mit einem munteren „weiter so" nicht viel anfangen kann. Wer sich darauf einstellt, hat 2024 deutlich bessere Karten.

Liebe, Familie, Freundschaft: In der Partnerschaft wird Ihre Loyalität und Beständigkeit durchaus geschätzt. Trotzdem wünscht man sich vielleicht doch ein bisschen mehr Abenteuer mit dem Hund. Das Ganze kann in einem sicheren Rahmen ablaufen, bringt aber unter Umständen mehr Schwung in die Beziehung.
Auch bei Diskussionen im Familienkreis wünscht man sich nun vielleicht ein bisschen mehr Flexibilität von Ihnen. Sie mögen zu allen Themen eine feste Meinung haben, lieber Hund. Trotzdem sollten Sie sich die Argumente der anderen Seite anhören und Bereitschaft zeigen zuzugeben, wenn Sie einmal falsch liegen.

Beruf, Finanzen: Vielleicht ist es nicht ganz gelungen, die angestrebten Ziele im Jahr des Wasser-Hasen zu erreichen. Wer sich jedoch auf seine diplomatische Art eingelassen hat, konnte sicher wichtige Kontakte knüpfen und den Weg für zukünftige Unternehmungen ebnen.
Wenn im Februar der phantasievolle Drache die Regentschaft vom Hasen übernimmt, ist weiterhin Kreativität gefragt. Da müssen Sie sich gar nicht so viel umstellen, wenn Sie sich 2023 auf das Wesen des Herrschers eingelassen haben.

Tipp des Monats:

Verabschieden Sie sich endgültig von alten Konventionen, dann sind Sie für den Start ins Drachen-Jahr bestens gewappnet.

HAN
Schwein

Grundtendenz des Monats:

Zum Ende des Hasen-Jahres kann das Schwein noch einmal einiges auf die Beine stellen. Dafür müssen Sie nun eine gute Mischung aus Flexibilität und Durchsetzungsvermögen an den Tag legen. Der Büffel, der den Januar begleitet, kann Sie sicher dabei unterstützen, für Ihre Ziele am Ball zu bleiben.
Ein letztes Mal noch ist das Yin-Holz stark ausgeprägt und Ihre Intuition wird geschärft. Da sollte Ihnen nun so leicht niemand etwas vormachen können, liebes Schwein! Vertrauen Sie weiterhin auf Ihr Gefühl, dann wird auch das Jahr des Holz-Drachen zu einem Erfolg für Sie.

Liebe, Familie, Freundschaft: Mit einer guten Organisation lässt sich der Familienalltag einfach viel besser bewältigen! Damit alle sich wirklich Mühe geben, sollten Sie die Zügel jetzt ruhig ein wenig anziehen. Mit reiner Nettigkeit kann man Partner und Nachwuchs wahrscheinlich nicht zur Mithilfe motivieren.
Im letzten Monat unter der Herrschaft des Hasen darf die Liebe noch einmal eine wichtige Rolle in Ihrem Leben spielen. Tun Sie sich gegenseitig gut, wenn Sie einen langjährigen Partner haben! Wagen Sie den nächsten Schritt, wenn Sie sich frisch kennengelernt haben! Kommt ab dem nächsten Monat der Drache an die Macht, ist für große Gefühle vielleicht nicht mehr so viel Zeit.

Beruf, Finanzen: Mit freundlichen Worten kann im Januar noch einmal recht viel erreicht werden. Wenn dann noch die Argumentation schlüssig ist, bringen Sie alle wichtigen Personen mit ins Boot. So können Sie vielleicht schon die Weichen für das nächste Jahr stellen.
Wenn Sie noch nicht zufrieden mit dem Erreichten sind, sollten Sie analysieren, woran das liegen mag. Haben Sie nicht genug Einsatz gezeigt? Oder war die Aufgabe vielleicht am Ende gar nicht so gut für Sie geeignet? Was immer es war, lässt sich sicher 2024 korrigieren.

Tipp des Monats:

Ein starkes Selbstbewusstsein sollte das Schwein aus dem Jahr mitnehmen. Wer seinen Wert kennt, kann ihn schon ab nächsten Monat einfordern.

Januar 2024

Jahreskonstellation – Wasser Hase
Monatskonstellation – Holz Büffel

1. Holz Ratte	Ratte Büffel Tiger Hase Drache Schlange Pferd Ziege Affe Hahn Hund Schwein **Günstig:** Kleidung schneidern, Handel, Buchhaltung, Ausflüge, neue Dinge beginnen. **Ungünstig:** Geschäfte eröffnen, Kraftanstrengungen, Reisen, Ersparnisse ausgeben.
2. Holz Büffel	Ratte Büffel Tiger Hase Drache Schlange Pferd Ziege Affe Hahn Hund Schwein **Günstig:** Putzen, waschen, fasten, seelische und körperliche Pflege, Arztbesuche. **Ungünstig:** Ausdauersport, Reisen, Hochzeit.
3. Feuer Tiger	Ratte Büffel Tiger Hase Drache Schlange Pferd Ziege Affe Hahn Hund Schwein **Günstig:** Umziehen, Reisen, Hochzeiten, Empfänge, wichtige Konferenzen. **Ungünstig:** geistige Arbeiten, Gartenarbeit, häusliche Tätigkeiten.
4. Feuer Hase	Ratte Büffel Tiger Hase Drache Schlange Pferd Ziege Affe Hahn Hund Schwein **Günstig:** Versammlungen, gerechte Verteilungen, Hochzeit, Konferenzen, Umzug. **Ungünstig:** Gartenarbeit, Dinge zum Abschluss bringen.
5. Erd Drache	Ratte Büffel Tiger Hase Drache Schlange Pferd Ziege Affe Hahn Hund Schwein **Günstig:** Gartenarbeit, Feiern, Hochzeit, Dinge zum Abschluss bringen. **Ungünstig:** keine Anschuldigungen gegen Dritte erheben.
6. Erd Schlange	Ratte Büffel Tiger Hase Drache Schlange Pferd Ziege Affe Hahn Hund Schwein **Günstig:** Gartenarbeit, Feiern, Hochzeit, Dinge zum Abschluss bringen. **Ungünstig:** keine Anschuldigungen gegen Dritte erheben.
7. Metall Pferd	Ratte Büffel Tiger Hase Drache Schlange Pferd Ziege Affe Hahn Hund Schwein **Günstig:** Gartenarbeit, Hochzeit, Dinge zum Abschluss bringen. **Ungünstig:** Umzug, Reisen, Geschäftseröffnung.
8. Metall Ziege	Ratte Büffel Tiger Hase Drache Schlange Pferd Ziege Affe Hahn Hund Schwein **Günstig:** Ausruhen, Meditation, seinen Hobbys nachgehen. **Ungünstig:** wichtige Unternehmungen.
9. Wasser Affe	Ratte Büffel Tiger Hase Drache Schlange Pferd Ziege Affe Hahn Hund Schwein **Günstig:** Amüsieren, mit Freunden ausgehen, Freizeitaktivitäten. **Ungünstig:** geschäftliche Aktivitäten, neue Dinge anfangen.
10. Wasser Hahn	Ratte Büffel Tiger Hase Drache Schlange Pferd Ziege Affe Hahn Hund Schwein **Günstig:** für die meisten Aktivitäten, Geschäftsabschlüsse, Partnerschaft. **Ungünstig:** negative Bemerkungen über andere Menschen.
11. Holz Hund	Ratte Büffel Tiger Hase Drache Schlange Pferd Ziege Affe Hahn Hund Schwein **Günstig:** Handel, Geschäftseröffnungen, Hochzeiten und andere Feste planen. **Ungünstig:** Beerdigungen, Reisen, Arztbesuche.
12. Holz Schwein	Ratte Büffel Tiger Hase Drache Schlange Pferd Ziege Affe Hahn Hund Schwein **Günstig:** Handwerkliche Aktivitäten, Handel, Hochzeiten, Reisen. **Ungünstig:** Trauerfeiern und Beerdigungen, schwere körperliche Arbeit.
13. Feuer Ratte	Ratte Büffel Tiger Hase Drache Schlange Pferd Ziege Affe Hahn Hund Schwein **Günstig:** Ankündigungen machen, Beerdigungen, Trauerfeiern. **Ungünstig:** Handel, Vergnügungen, Freizeitaktivitäten.
14. Feuer Büffel	Ratte Büffel Tiger Hase Drache Schlange Pferd Ziege Affe Hahn Hund Schwein **Günstig:** Kleidung schneidern, Handel, Buchhaltung, Ausflüge, neue Dinge beginnen. **Ungünstig:** Geschäfte eröffnen, Kraftanstrengungen, Reisen, Ersparnisse ausgeben.
15. Erd Tiger	Ratte Büffel Tiger Hase Drache Schlange Pferd Ziege Affe Hahn Hund Schwein **Günstig:** Putzen, waschen, fasten, seelische und körperliche Pflege, Arztbesuche. **Ungünstig:** Ausdauersport, Reisen, Hochzeit.

Ob ein Tag besonders günstig für Ihr Tierzeichen ist, sehen Sie an folgenden Farben:
Rot = sehr günstig, Grau = günstig, Schwarz = nicht günstig

Jahreskonstellation – Wasser Hase Monatskonstellation – Holz Büffel	Januar 2024

16. Erd Hase	Ratte Büffel Tiger Hase Drache Schlange Pferd Ziege Affe Hahn Hund Schwein **Günstig:** Umziehen, Reisen, Hochzeiten, Empfänge, wichtige Konferenzen. **Ungünstig:** geistige Arbeiten, Gartenarbeit, häusliche Tätigkeiten.
17. Metall Drache	Ratte Büffel Tiger Hase Drache Schlange Pferd Ziege Affe Hahn Hund Schwein **Günstig**: Versammlungen, gerechte Verteilungen, Hochzeit, Konferenzen, Umzug. **Ungünstig**: Gartenarbeit, Dinge zum Abschluss bringen.
18. Metall Schlange	Ratte Büffel Tiger Hase Drache Schlange Pferd Ziege Affe Hahn Hund Schwein **Günstig**: Gartenarbeit, Feiern, Hochzeit, Dinge zum Abschluss bringen. **Ungünstig**: keine Anschuldigungen gegen Dritte erheben.
19. Wasser Pferd	Ratte Büffel Tiger Hase Drache Schlange Pferd Ziege Affe Hahn Hund Schwein **Günstig**: Gartenarbeit, Hochzeit, Dinge zum Abschluss bringen. **Ungünstig**: Umzug, Reisen, Geschäftseröffnung.
20. Wasser Ziege	Ratte Büffel Tiger Hase Drache Schlange Pferd Ziege Affe Hahn Hund Schwein **Günstig**: Ausruhen, Meditation, seinen Hobbys nachgehen. **Ungünstig**: wichtige Unternehmungen.
21. Holz Affe	Ratte Büffel Tiger Hase Drache Schlange Pferd Ziege Affe Hahn Hund Schwein **Günstig**: Amüsieren, mit Freunden ausgehen, Freizeitaktivitäten. **Ungünstig**: geschäftliche Aktivitäten, neue Dinge anfangen.
22. Holz Hahn	Ratte Büffel Tiger Hase Drache Schlange Pferd Ziege Affe Hahn Hund Schwein **Günstig**: für die meisten Aktivitäten, Geschäftsabschlüsse, Partnerschaft. **Ungünstig**: negative Bemerkungen über andere Menschen.
23. Feuer Hund	Ratte Büffel Tiger Hase Drache Schlange Pferd Ziege Affe Hahn Hund Schwein **Günstig**: Handel, Geschäftseröffnungen, Hochzeiten und andere Feste planen. **Ungünstig**: Beerdigungen, Reisen, Arztbesuche.
24. Feuer Schwein	Ratte Büffel Tiger Hase Drache Schlange Pferd Ziege Affe Hahn Hund Schwein **Günstig**: Handwerkliche Aktivitäten, Handel, Hochzeiten, Reisen. **Ungünstig**: Trauerfeiern und Beerdigungen, schwere körperliche Arbeit.
25. Erd Ratte	Ratte Büffel Tiger Hase Drache Schlange Pferd Ziege Affe Hahn Hund Schwein **Günstig**: Ankündigungen machen, Beerdigungen, Trauerfeiern. **Ungünstig**: Handel, Vergnügungen, Freizeitaktivitäten.
26. Erd Büffel	Ratte Büffel Tiger Hase Drache Schlange Pferd Ziege Affe Hahn Hund Schwein **Günstig**: Kleidung schneidern, Handel, Buchhaltung, Ausflüge, neue Dinge beginnen. **Ungünstig**: Geschäfte eröffnen, Kraftanstrengungen, Reisen, Ersparnisse ausgeben.
27. Metall Tiger	Ratte Büffel Tiger Hase Drache Schlange Pferd Ziege Affe Hahn Hund Schwein **Günstig**: Putzen, waschen, fasten, seelische und körperliche Pflege, Arztbesuche. **Ungünstig**: Ausdauersport, Reisen, Hochzeit.
28. Metall Hase	Ratte Büffel Tiger Hase Drache Schlange Pferd Ziege Affe Hahn Hund Schwein **Günstig**: Umziehen, Reisen, Hochzeiten, Empfänge, wichtige Konferenzen. **Ungünstig**: geistige Arbeiten, Gartenarbeit, häusliche Tätigkeiten.
29. Wasser Drache	Ratte Büffel Tiger Hase Drache Schlange Pferd Ziege Affe Hahn Hund Schwein **Günstig**: Versammlungen, gerechte Verteilungen, Hochzeit, Konferenzen, Umzug. **Ungünstig**: Gartenarbeit, Dinge zum Abschluss bringen.
30. Wasser Schlange	Ratte Büffel Tiger Hase Drache Schlange Pferd Ziege Affe Hahn Hund Schwein **Günstig**: Gartenarbeit, Feiern, Hochzeit, Dinge zum Abschluss bringen. **Ungünstig**: keine Anschuldigungen gegen Dritte erheben.
31. Holz Pferd	Ratte Büffel Tiger Hase Drache Schlange Pferd Ziege Affe Hahn Hund Schwein **Günstig**: Gartenarbeit, Hochzeit, Dinge zum Abschluss bringen. **Ungünstig:** Umzug, Reisen, Geschäftseröffnung.

TZE Ratte

Grundtendenz des Monats: Zum Start in die neue Regentschaft kann es für die Ratte gleich einige Entscheidungen zu treffen geben. Dabei geht es nun vor allem darum, nicht in den eigenen Gedanken stecken zu bleiben, sondern gleich ins Tun zu kommen. Ein energischer Feuer-Tiger begleitet den Monat und spornt die Ratte dazu an, entschlossen zu handeln. So können Sie nun am besten Ihre Umgebung begeistern und eifrige Mitstreiter für den Rest des Jahres gewinnen.

Achten Sie darauf, dass nun die Struktur nicht zu kurz kommt und stärken Sie beizeiten Ihr Metall-Element. Wenn es Ihnen schwer fällt, Ihre Gedanken zu ordnen, sollten Sie sich Unterstützung von außen suchen.

Liebe, Familie, Freundschaft: Wer auf der partnerschaftlichen Ebene 2024 einen neuen Anfang wagen will, bekommt nun die nötige Unterstützung. Allerdings sollten Sie gut überlegen, ob Sie ein altes Kapitel wirklich endgültig abschließen wollen. Wenn Sie sich nicht wirklich sicher sind, wäre es besser, erst einmal abzuwarten.

Ehrgeizige Pläne sollten auf jeden Fall mit Ihren Lieben besprochen werden. Nur so stellen Sie sicher, dass man Sie auf dem kompletten Weg auch wirklich unterstützt. Achten Sie darauf, dass Sie im Gegenzug auch Ihrem Partner genug Entwicklungsspielraum geben.

Beruf, Finanzen: Manchmal ist es besser, wenn man nicht gleich alle Karten auf den Tisch legt. Geht es jetzt um die Karriere, dürfen Sie sich ruhig noch ein bisschen bedeckt halten. Entwickeln Sie Ihre Strategie im Verborgenen und warten Sie auf den richtigen Augenblick, um Sie zu präsentieren.

Finanziell sollten Sie im Jahr des Drachen generell nicht alles auf eine Karte setzen. Auch wenn die Dinge nun noch so verlockend aussehen, sollten Sie wirklich eine Reserve zurückhalten. Wer weiß, was sich in den kommenden Monaten noch für weitere Gelegenheiten bieten.

Tipp des Monats:

Gute Gelegenheiten gibt es nun zuhauf. Entscheiden Sie, welche Sie ergreifen wollen.

KIU Büffel

Grundtendenz des Monats: Zu Beginn der neuen Regentschaft wird von vielen Büffeln erwartet, dass sie offensiver auftreten. Dies könnte bedeuten, dass Sie bereits im Februar vertrautes Terrain verlassen müssen. Bereiten Sie sich gewissenhaft auf diesen Schritt vor, dann wird alles reibungslos verlaufen. Der Feuer-Tiger, der Sie nun begleitet, wird Ihnen sicher den nötigen Mut verleihen, sich mehr auf ungewohnten Pfaden zu bewegen.

Mit einer guten Strategie lassen sich gleich zu Beginn des neuen Jahres die Weichen in die gewünschte Richtung stellen. Verlassen Sie sich dabei nicht zu sehr auf die Anderen, sondern werden Sie lieber selbst aktiv.

Liebe, Familie, Freundschaft: Wenn in der Familie starke Persönlichkeiten aufeinandertreffen, sollte der Büffel nicht immer auf sein Recht beharren. Sie müssen sich nicht immer mit aller Macht durchsetzen! Solange man Ihnen den nötigen Respekt entgegenbringt, können Sie also ruhig nachsichtiger und verständnisvoller sein.

In der Liebe kann der neue Herrscher dem Büffel sicher mehr Glanz verleihen. Dieses Geschenk dürfen Sie gerne annehmen und in diesen Wochen selbstbewusst auftreten. Sollten Sie sich im Rampenlicht nicht wohl fühlen, ist es aber auch überhaupt kein Problem, wenn Sie nach wie vor Zurückhaltung zeigen.

Beruf, Finanzen: Mut braucht es nun auch, wenn Sie sich beruflich verändern wollen. Der Zeitpunkt ist mit dem Jahr des Drachen dafür sicher nicht schlecht gewählt. Mit seiner Hilfe kann der Büffel sich in den kommenden Monaten flexibler zeigen. Damit eröffnen sich Gelegenheiten, die Sie im vergangenen Jahr noch gar nicht auf dem Schirm hatten. Sie sollten nicht zu lange zögern, sondern ruhig beherzt zugreifen.

Spielen Sie nun nicht gleich alle Karten aus, die Sie in der Hand halten. Wer zunächst einmal gut kalibriert und zuhört, braucht sich wahrscheinlich gar nicht so weit aus dem Fenster zu lehnen.

Tipp des Monats:

Sie können sich nun wunderbar weiter entwickeln. Lassen Sie sich inspirieren!

YING
Tiger

Grundtendenz des Monats: Das neue Jahr startet für den Tiger mit viel Dynamik - schließlich begleitet Sie nun ein Artgenosse und stärkt Ihnen in allen Bereichen den Rücken. So können Sie nun gleich von Beginn an selbstbewusst an die Umsetzung Ihrer Pläne gehen und brauchen sich keinesfalls verstecken. Das Feuer-Element wird nun ordentlich angefacht, was unter Umständen zu hitzigen Diskussionen führen kann. Es liegt an Ihnen, wie weit Sie sich auf die Auseinandersetzung einlassen. Sie sollten sich allerdings klar darüber sein, dass im Jahr des Drachen alle Augen auf Sie gerichtet sind. Wegducken ist da kaum noch möglich, wenn Sie erst einmal in den Ring getreten sind.

Liebe, Familie, Freundschaft: Mit dem die Öffentlichkeit liebenden Drachen an seiner Seite kann der Tiger seine Schokoladenseite sicher besser zur Geltung bringen. Das kann nun vor allem bei der Suche nach einem neuen Partner hilfreich sein. Trotzdem sollten Sie sich nicht zu unnahbar zeigen - das könnte nicht ganz so selbstbewusste Zeitgenossen unter Umständen verschrecken.

In bestehenden Beziehungen geht es 2024 sicher auch darum, ob und wie man sich nach außen präsentiert. Machen Sie jetzt bitte nicht den Fehler, etwas darstellen zu wollen, was Ihnen nicht wirklich entspricht.

Beruf, Finanzen: Es ist gar nicht nötig, dass Sie zu Beginn des Drachen-Jahres alle Trümpfe auf einmal ausspielen. Vielmehr geht es in diesen Wochen eher darum, sich in die richtige Position zu bringen und die bestehende Situation richtig einzuschätzen. Es wird in den kommenden Monaten noch genug Gelegenheiten für Sie geben, Ihre eigenen Stärken auszuspielen.

Sie sind sicher nicht die einzige Person mit Ambitionen in Ihrem Arbeitsumfeld, lieber Tiger. Das starke Feuer mag nun dazu verführen, gleich die Krallen auszufahren. Besser wäre es allerdings, erst einmal einfach nur zu beobachten.

Tipp des Monats:

Gehen Sie nun nicht mit Ihrer eigenen Stärke hausieren. Das kommt nicht gut an!

MAO
Hase

Grundtendenz des Monats: Mit dem Beginn der neuen Regentschaft haben Hasen die Möglichkeit, ihr kreatives Potenzial gleich voll auszuschöpfen. Das liegt daran, dass das Holz-Element im Augenblick besonders stark ausgeprägt ist. Nun wird nicht nur Ihre Kreativität angestoßen, sondern Sie können mit Hilfe des Feuer-Tigers auch wunderbar Ihr Terrain erweitern.

Am besten nimmt der Hase nun gleich im Februar all seinen Mut zusammen und fordert die Dinge ein, die er für die Umsetzung seiner Pläne braucht. Je klarer Sie Stellung beziehen, desto weniger Widerstand müssen Sie befürchten. Machen Sie also ruhig den Mund auf!

Liebe, Familie, Freundschaft: Wenn Sie sich wünschen, dass sich Ihr Partner in eine bestimmte Richtung bewegt, wäre es wirklich das Einfachste, das Thema direkt anzusprechen. Manchmal braucht es den Wink mit Zaunpfahl, denn diplomatische Überzeugungsversuche werden nun wahrscheinlich ignoriert.

Wer auf der Suche nach einer neuen Beziehung ist, sollte das gewohnte Terrain nun verlassen und sich woanders umschauen. Der neue Jahresregent fördert Ihre Versuche immer dann, wenn Sie sich nicht auf Bewährtes verlassen, sondern sich aus Ihrer Komfortzone heraus wagen.

Beruf, Finanzen: Wer 2024 etwas neues anfangen möchte sollte nun am Besten gleich loslegen. Im weiteren Verlauf des Jahres gibt es wohl kaum noch einmal so günstige Startbedingungen. Die Kombination aus Hase und Tiger sorgt dafür, dass Ihre Pläne sich gut entwickeln können und der Drache hilft Ihnen dabei, dafür die nötige Zustimmung einzuholen.

Es besteht nun latent die Gefahr, dass man versucht, Sie subtil in eine ungewünschte Richtung zu drängen. Lassen Sie sich auf keinen Fall manipulieren, sondern machen Sie beizeiten den Mund auf.

Tipp des Monats:

Sie müssen nicht permanent Rücksicht auf alle anderen nehmen! Nun sind eindeutig Sie dran!

SHENG Drache

Grundtendenz des Monats:
Mit der Zurückhaltung dürfte zum Start in die neue Regentschaft erst einmal Schluss sein. Schließlich wandert das Zepter nun in die Hand eines Gleichgesinnten, der Sie nun dazu motivieren möchte, Ihrer Vorstellungskraft freien Lauf zu lassen. So können Sie gleich im Februar in der Öffentlichkeit glänzen.
Beachten Sie jedoch, dass Sie damit auch schneller Neider auf den Plan rufen, die Ihnen Ihr Glück vielleicht nicht so recht gönnen wollen. Wenn Sie das Gefühl haben, dass es solche Personen im persönlichen Umfeld gibt, sollten Sie den Start ins eigene Jahr vielleicht nicht ganz so enthusiastisch feiern.

Liebe, Familie, Freundschaft: Wenn Sie sich nun wünschen, dass man im Familien- und Freundeskreis mehr auf Ihre Wünsche eingeht, können Sie das natürlich einfach laut und deutlich einfordern. Ihre Erfolgsaussichten sind aber wahrscheinlich besser, wenn Sie subtiler vorgehen.
Bei der Partnersuche darf der Drache in seinem eigenen Jahr ruhig etwas offensiver zur Sache gehen. Zeigen Sie ohne Scheu, was Sie zu bieten haben! Dabei sollten Sie am besten gleich zu Beginn ehrlich sagen, wieviel Sie in eine neue Beziehung investieren wollen und keine falschen Erwartungen wecken.

Beruf, Finanzen: Ein energischer Feuer-Tiger begleitet Sie jetzt im Februar, was Ihren Ehrgeiz durchaus anstacheln kann. Bedenken Sie bitte, dass es deutlich mehr Arbeit bedeuten kann, wenn Sie Ihre Karriere voran bringen möchten. Dafür bekommen Sie im Jahr des Holz-Drachen sicher jede Menge gute Gelegenheiten, um die entsprechenden Schritte einzuleiten.
Manchmal ist es besser, erst einmal abzuwarten, wie sich die Situation entwickelt. Dafür ist es unter Umständen erforderlich, sich nicht gleich zu Beginn des Jahres in den Vordergrund zu drängen.

Tipp des Monats:
Planen Sie jetzt Ihr Vorgehen für die nächsten Monate. Mit der richtigen Strategie kann fast nichts schief gehen.

SZE Schlange

Grundtendenz des Monats:
Mit dem fantasievollen Drachen als neuen Herrscher dürfte es fast unmöglich für die Schlange sein, in allen Bereichen die Kontrolle zu behalten. Stellen Sie sich deshalb am besten gleich zu Beginn des Jahres darauf ein, dass Sie öfter improvisieren müssen. Das bedeutet nicht, dass Sie nicht weiterhin genau hinschauen dürfen. Es bleibt aber wahrscheinlich nicht immer die Zeit für eine akribische Überprüfung der Lage.
Zu Beginn des neuen Jahres gibt der Feuer-Tiger die strategische Richtung vor. Das dürfte den meisten Schlangen durchaus entgegen kommen.

Liebe, Familie, Freundschaft: Im vergangenen Jahr dürfte es für die meisten Schlangen vor allem darum gegangen sein, auf einer Ebene mit dem Partner zu schwingen. Das mag bedeutet haben, dass Sie sich stark auf die Bedürfnisse Ihrer besseren Hälfte eingelassen haben. Mit dem Drachen am Ruder mag es nun erst einmal die eine oder andere Diskussion darüber geben, was beide Seiten wirklich wollen. Ist das jedoch geklärt, steht der Harmonie nichts mehr im Wege.
Ein letztes Mal lassen sich nun aus dem Hintergrund die Fäden ziehen. Das können Sie vor allem dazu nutzen, langfristige Pläne mit Ihren Lieben in die für Sie richtige Richtung zu lenken.

Beruf, Finanzen: Es mag zwar eine Spezialität vieler Schlangen sein, im Verborgenen zu wirken, aber im Jahr des extrovertierten Holz-Drachens führt dies nicht unbedingt zum Erfolg. Es ist daher ratsam, gleich zu Beginn der neuen Regentschaft zu zeigen, was Sie können. Je früher Sie nun auf sich aufmerksam machen, desto größer sind die Erfolgschancen in den kommenden Monaten.
Das bedeutet allerdings nicht, dass Sie nun gleich alle Karten auf den Tisch legen müssen. Vor allem, wenn es um finanzielle Angelegenheiten geht, dürfen Sie ruhig noch einige Trümpfe im Ärmel behalten.

Tipp des Monats:
Sie müssen sich nicht gleich in allen Bereichen nach vorne drängen. Ein bisschen mehr Präsenz würde aber sicher nicht schaden.

WU Pferd

Grundtendenz des Monats:

Gleich zu Beginn der neuen Regentschaft kann das Pferd seine persönlichen Ambitionen in Angriff nehmen. Mit Unterstützung des Tigers sollte es im Februar gut gelingen, die eigenen Themen mehr in den Vordergrund zu stellen. Langeweile dürfte in den nächsten zwölf Monaten mit dem Holz-Drachen wahrhaftig nicht aufkommen. Sicher bekommen Sie in den kommenden Monaten die eine oder andere gute Idee präsentiert. Es liegt an Ihnen, ob Sie die Gelegenheit beim Schopfe ergreifen wollen. Lassen Sie sich nicht zu impulsiven Handeln verleiten, sondern prüfen Sie lieber erst einmal die Fakten.

Liebe, Familie, Freundschaft: Wer sich schon länger mehr Unabhängigkeit wünscht, wird diese zum Start in das neue Jahr sicher haben können. Die Frage ist allerdings, welchen Preis Sie dafür zahlen müssen. Überlegen Sie sich gut, in wie weit Sie sich jetzt von Ihren Lieben entfernen wollen.

Im Februar könnte es eine gute Taktik sein, sich bei Diskussionen im Hintergrund zu halten. Passen Sie gut auf, wie sich die verschiedenen Parteien positionieren. Je neutraler Sie sich verhalten, desto eher entwickelt sich alles in die richtige Richtung.

Bevor Sie sich nun auf die Suche nach einem neuen Partner begeben, sollten Sie sich erst einmal genau überlegen, was Sie eigentlich wollen.

Beruf, Finanzen: Nur weil der Drache das Glückstier der Chinesen ist, heißt das nicht, dass Ihnen die Dinge nun nur so in den Schoß fallen. Sie müssen sich schon selbst darum kümmern, dass sich alles in die richtige Richtung bewegt.

Manchmal muss man sich aus der Menge hervorheben und dafür sorgen, dass man gesehen wird. Mit dem Drachen an seiner Seite sollte das dem Pferd nun deutlich leichter fallen als noch im Jahr zuvor.

Tipp des Monats:

Ohne gute Vorbereitung läuft auch im Jahr des Drachen nichts. Sie sollten nun wirklich wissen, worum es Ihnen bei der ganzen Sache geht.

WEI Ziege

Grundtendenz des Monats:

Gleich im Februar kann die Ziege die Weichen für den Rest des Jahres stellen. Mit Hilfe des Feuer-Tigers bringen Sie sicher den Mut auf, in eine neue Richtung zu blicken.

Wer dagegen denkt, dass der Kurs des vergangenen Jahres in den kommenden Monaten einfach so fortgesetzt werden kann, wird nun wahrscheinlich sofort eines Besseren belehrt. Vermeiden Sie vage Aussagen und halbherzige Zugeständnisse. Sonst geraten Sie schnell in eine Sackgasse, aus der Sie später nur schwer wieder herausfinden. Es ist besser, von Anfang an klar Position zu beziehen, auch wenn dies bedeutet, dass man damit einige Menschen vor den Kopf stoßen kann.

Liebe, Familie, Freundschaft: Lassen Sie sich nun auf keinen Fall manipulieren, wenn es um gemeinsame Entscheidungen geht. Ihre Stimme ist genauso wertvoll wie die der anderen Familienmitglieder. Man mag sich vielleicht ein bisschen wundern, wenn Sie sich nun kämpferischer zeigen. Aber schließlich soll die Ziege 2024 ihre eigene Unabhängigkeit stärker ausleben können. Da dürfen sich Ihre Lieben nun ruhig schon mal an klarere Ansagen gewöhnen.

Wer im Februar ein neues Herz für sich gewinnen will, sollte mutig seine Gefühle offenbaren. So wissen Sie wenigstens gleich, woran Sie sind.

Beruf, Finanzen: Natürlich möchte der neue Jahresherrscher, dass sich seine Untertanen zeigen. In diesen Wochen kann es aber auf beruflicher Ebene für die Ziege unter Umständen besser sein, sich noch ein bisschen mehr im Hintergrund zu halten. Zu einem späteren Zeitpunkt können Sie Ihre Trümpfe deutlich besser ausspielen.

Der Tiger unterstützt in diesen Wochen all die Ziegen, die Ihren beruflichen Horizont erweitern wollen. Halten Sie also ruhig Ausschau nach neuen Herausforderungen und greifen Sie beherzt zu, wenn sie sich Ihnen bieten.

Tipp des Monats:

Es weht ein Wind der Veränderungen, wenn der Drache das Zepter ergreift. Nutzen Sie diese Energie für Ihre Weiterentwicklung!

SUNG
Affe

Grundtendenz des Monats:
Auf der einen Seite können Sie nun einen fulminanten Start ins Jahr des Holz-Drachen hinlegen, wenn Sie sich aus der Deckung wagen und Ihre Fähigkeiten offensiv präsentieren. Damit machen Sie sich allerdings auch angreifbarer und rufen vielleicht auch den einen oder anderen Neider auf den Plan.
Auf der anderen Seite hält der Tiger, der den Monat begleitet, Sie dazu an, nun nicht gleich alle Karten auf den Tisch zu legen und lieber aus dem Hintergrund die Fäden zu ziehen.
Da wird es dem Affen gleich zu Beginn der neuen Regentschaft nicht ganz leicht gemacht, die richtige Entscheidung zu treffen. Im Zweifelsfall verlassen Sie sich nun einfach auf Ihren Bauch.
Liebe, Familie, Freundschaft: 2024 dürfte so mancher Affe kaum zu halten sein. Das dürfte Partner und Familie gleich zu Beginn des Jahres auffallen und jetzt vielleicht dafür sorgen, dass der Haussegen zuweilen etwas schief hängt. Versetzen Sie sich bitte in die Lage Ihrer Lieben - es kann jetzt nicht jeder so vor Energie strotzen wie der agile Affe.
Auch im Jahr des abenteuerlustigen Drachen kann der Affe nicht einfach so alles stehen und liegen lassen. Wer jetzt seinen familiären Verpflichtungen nicht nachkommt, wird ziemlich schnell die Quittung dafür bekommen.
Beruf, Finanzen: Manche Dinge entziehen sich einfach Ihrer Kontrolle, lieber Affe. Das liegt vielleicht auch daran, dass Sie es mit dem Überprüfen generell nicht so genau nehmen und nicht genug nachhaken. Bevor sich jetzt unnötige Fehler einschleichen, wäre es gut, ein bisschen mehr Sorgfalt walten zu lassen.
Auf Auseinandersetzungen mit Vorgesetzten oder Kunden sollten Sie sich nun lieber nicht einlassen. Halten Sie sich lieber zurück, auch wenn Sie die besseren Argumente haben. Im nächsten Monat wird man viel offener auf Ihre Worte reagieren.
Tipp des Monats:
Jetzt ist es besser, erst einmal sorgfältig zu planen, anstatt einfach spontan zu agieren.

YU
Hahn

Grundtendenz des Monats:
Clevere Hähne planen ihren Auftritt im Jahr des charismatischen Holz-Drachen mit Bedacht. Dazu gehört nun auch, sich erst einmal im Hintergrund zu halten und die Situation genau einzuschätzen. Auch wenn der neue Regent gerne ohne Umschweife in die Vollen geht, dürfte das zumindest im Februar noch nicht die richtige Strategie für den Hahn sein.
Das Holzelement ist jetzt besonders präsent, was das Bedürfnis nach innerem und äußerem Wachstum verstärken kann. Überlegen Sie sich gut, in welche Richtung Sie Ihre Aufmerksamkeit lenken wollen. Im Jahr des Drachen sind die Optionen wirklich zahlreich.
Liebe, Familie, Freundschaft: Im Gegensatz zum letzten Jahr darf der Hahn bei der Suche nach einem neuen Partner nun ruhig etwas forscher auftreten. Mit einem extrovertierten Auftreten können Sie nun die Aufmerksamkeit potentieller Partner auf sich lenken. Bedenken Sie aber bitte, dass zu viel zur Schau gestelltes Selbstbewusstsein sensiblere Seelen durchaus auch verschrecken kann. Seien Sie deshalb immer aufmerksam und authentisch, wenn Sie jemanden kennenlernen.
Beruf, Finanzen: Mit dem forschen Feuer-Tiger, der den Monat begleitet, sollte es dem Hahn nun nicht allzu schwer fallen, seine Autorität auszuspielen - zumal der Drache Sie in diesem Bereich ebenfalls unterstützt. Dabei sollten Sie aber bitte nicht zu dominant auftreten. Gerade wer in einer Führungsposition tätig ist, tut gut daran, andere in wichtige Entscheidungen mit einzubeziehen. Schließlich wollen Sie ja nicht gleich zu Beginn des Jahres Widerstand hervorrufen, oder?
Beobachten Sie im Februar die Dynamik in Ihrem Team! So können Sie sicherstellen, dass in den kommenden Monaten alles so läuft, wie Sie es sich vorstellen und keine unnötigen Auseinandersetzungen das Ergebnis schmälern.
Tipp des Monats:
Eine gute Balance zwischen selbstbewusstem Auftreten und einem Gespür für die Gefühle der Anderen ist nun der Garant zum Erfolg.

SHIH
Hund

Grundtendenz des Monats:
Begleitet von einem gerissenen Feuer-Tiger kann der Hund wirklich gut ins Jahr des Drachen starten. Unterstützt von seiner Energie können Sie in diesen Wochen Ihr bestehendes Territorium sichern und selbstbewusst einfordern, was Ihnen zusteht. Dabei sollten Sie sich nicht davon beeinflussen lassen, was man in Ihrem Umfeld denkt, sondern Ihr gesetztes Ziel fest im Auge behalten.
Sicher wird der Hund 2024 einige Herausforderungen bewältigen müssen. Mit der nötigen inneren Stärke sollte es Ihnen jedoch sehr gut gelingen, mutig voranzuschreiten.
Liebe, Familie, Freundschaft: Mit dem Drachen als Jahresregent wird nun sicher so mancher Hund aus seiner Komfortzone herausgeholt. Gerade wenn es darum geht, eine neue Beziehung aufzubauen, müssen Sie eingetretene Pfade verlassen. Aber auch in bestehenden Partnerschaften dürfte es vor allem darum gehen, sich gemeinsam weiterzuentwickeln.
Sie brauchen mehr Autorität im Umgang mit Ihrem Nachwuchs oder auch dem Rest der Familie? Da können Drache und Tiger im Februar sicher behilflich sein. Gemeinsam können Sie nun eine Strategie entwickeln, mit der Sie sich besser durchsetzen können.
Beruf, Finanzen: Es macht durchaus Sinn, wenn der Hund nun ein wenig von seiner Zurückhaltung aufgibt und sich mehr in den Vordergrund schiebt. Handeln Sie aber dabei bitte nicht gegen Ihr eigentliches Wesen - wer sich verstellt, fällt nun sicher auf! Vielmehr dürfte es nun darum gehen, sich erst einmal in eine gute Ausgangslage zu bringen. Von dort können Sie dann das weitere Vorgehen gut kontrollieren, ohne gleich Ihr komplettes Pulver auf einmal zu verschießen.
Der Drache wird 2024 zuweilen versuchen, den Hund zu impulsiven Taten zu verleiten. Lassen Sie sich bitte nicht darauf ein, nur weil Sie das nach außen cooler erscheinen lässt!
Tipp des Monats:
Ihre Taten überzeugen mehr als schöne Worte. Werden Sie jetzt aktiv!

HAN
Schwein

Grundtendenz des Monats:
Je mehr das Schwein die vergangenen Monate genutzt hat, um seine eigenen Projekte an den Start zu bringen, desto mehr kann es nun von der aktuellen Energie profitieren. Zum Start in das Jahr des Holz-Drachen begleitet Sie ein Feuer-Tiger, der Ihnen die nötige Autorität verleiht, um sich auch in schwierigen Situationen durchzusetzen. Nutzen Sie diese Kraft und lassen Sie sich nicht die Butter vom Brot nehmen!
Wenn Sie bislang zu zögerlich waren, müssen Sie nun vielleicht beobachten, wie forschere Zeitgenossen die Ergebnisse erzielen, die Sie sich für sich selbst gewünscht hätten. Noch ist es nicht zu spät, ein bisschen mehr zu wagen.
Liebe, Familie, Freundschaft: Unter dem neuen Jahresregenten geht es eindeutig mehr darum, sich selbst etwas Gutes zu tun. Auch wenn Ihre Lieben protestieren, sollten Sie sich nun mehr Zeit für die eigenen Belange nehmen und gezielt etwas für Ihr Wohlbefinden tun. Wenn Sie fit sind, können Sie sich auch gleich wieder viel besser um Partner und Familie kümmern.
Wer auf der Suche nach einer neuen Liebe ist, kann sich die extrovertierte Art des Drachen vielleicht zueigen machen. Dabei sollten Sie aber zu Beginn sicher nicht zu viel von sich preisgeben, sondern erst einmal das entsprechende Vertrauen aufbauen. So stellen Sie sicher, dass Sie nicht enttäuscht oder ausgenutzt werden.
Beruf, Finanzen: Eine gute Planung ist in diesen Wochen unverzichtbar. Sie sollten sich also wirklich dem Impuls des Jahresregenten widersetzen und nicht direkt jedem neuen Trend hinterher rennen. Machen Sie sich lieber erst einmal schlau und entwickeln Sie eine ausgefeilte Strategie, bevor Sie handeln.
In diesen Wochen müssen Sie sich wirklich nicht mit vagen Versprechungen abspeisen lassen. Bleiben Sie stark und fordern Sie klare Zusagen ein - das haben Sie verdient!
Tipp des Monats:
Am meisten erreichen Sie nun, wenn Sie sich gut vorbereiten und nicht alle Trümpfe auf einmal ausspielen.

Februar 2024	Jahreskonstellation – Holz Drache Monatskonstellation – Feuer Tiger

1. Holz Ziege	Ratte Büffel Tiger Hase Drache Schlange Pferd Ziege Affe Hahn Hund Schwein **Günstig:** Ausruhen, Meditation, seinen Hobbys nachgehen. **Ungünstig:** wichtige Unternehmungen.
2. Feuer Affe	Ratte Büffel Tiger Hase Drache Schlange Pferd Ziege Affe Hahn Hund Schwein **Günstig:** Amüsieren, mit Freunden ausgehen, Freizeitaktivitäten. **Ungünstig:** geschäftliche Aktivitäten, neue Dinge anfangen.
3. Feuer Hahn	Ratte Büffel Tiger Hase Drache Schlange Pferd Ziege Affe Hahn Hund Schwein **Günstig:** für die meisten Aktivitäten, Geschäftsabschlüsse, Partnerschaft. **Ungünstig:** negative Bemerkungen über andere Menschen.
4. Erd Hund	Ratte Büffel Tiger Hase Drache Schlange Pferd Ziege Affe Hahn Hund Schwein **Günstig:** für die meisten Aktivitäten, Geschäftsabschlüsse, Partnerschaft. **Ungünstig:** negative Bemerkungen über andere Menschen.
5. Erd Schwein	Ratte Büffel Tiger Hase Drache Schlange Pferd Ziege Affe Hahn Hund Schwein **Günstig:** Handel, Geschäftseröffnungen, Hochzeiten und andere Feste planen. **Ungünstig:** Beerdigungen, Reisen, Arztbesuche.
6. Metall Ratte	Ratte Büffel Tiger Hase Drache Schlange Pferd Ziege Affe Hahn Hund Schwein **Günstig:** Handwerkliche Aktivitäten, Handel, Hochzeiten, Reisen. **Ungünstig:** Trauerfeiern und Beerdigungen, schwere körperliche Arbeit.
7. Metall Büffel	Ratte Büffel Tiger Hase Drache Schlange Pferd Ziege Affe Hahn Hund Schwein **Günstig:** Ankündigungen machen, Beerdigungen, Trauerfeiern. **Ungünstig:** Handel, Vergnügungen, Freizeitaktivitäten.
8. Wasser Tiger	Ratte Büffel Tiger Hase Drache Schlange Pferd Ziege Affe Hahn Hund Schwein **Günstig:** Kleidung schneidern, Handel, Buchhaltung, Ausflüge, neue Dinge beginnen. **Ungünstig:** Geschäfte eröffnen, Kraftanstrengungen, Reisen, Ersparnisse ausgeben.
9. Wasser Hase	Ratte Büffel Tiger Hase Drache Schlange Pferd Ziege Affe Hahn Hund Schwein **Günstig:** Putzen, waschen, fasten, seelische und körperliche Pflege, Arztbesuche. **Ungünstig:** Ausdauersport, Reisen, Hochzeit.
10. Holz Drache	Ratte Büffel Tiger Hase Drache Schlange Pferd Ziege Affe Hahn Hund Schwein **Günstig:** Umziehen, Reisen, Hochzeiten, Empfänge, wichtige Konferenzen. **Ungünstig:** geistige Arbeiten, Gartenarbeit, häusliche Tätigkeiten.
11. Holz Schlange	Ratte Büffel Tiger Hase Drache Schlange Pferd Ziege Affe Hahn Hund Schwein **Günstig:** Versammlungen, gerechte Verteilungen, Hochzeit, Konferenzen, Umzug. **Ungünstig:** Gartenarbeit, Dinge zum Abschluss bringen.
12. Feuer Pferd	Ratte Büffel Tiger Hase Drache Schlange Pferd Ziege Affe Hahn Hund Schwein **Günstig:** Gartenarbeit, Feiern, Hochzeit, Dinge zum Abschluss bringen. **Ungünstig:** keine Anschuldigungen gegen Dritte erheben.
13. Feuer Ziege	Ratte Büffel Tiger Hase Drache Schlange Pferd Ziege Affe Hahn Hund Schwein **Günstig:** Gartenarbeit, Feiern, Hochzeit, Dinge zum Abschluss bringen. **Ungünstig:** keine Anschuldigungen gegen Dritte erheben.
14. Erd Affe	Ratte Büffel Tiger Hase Drache Schlange Pferd Ziege Affe Hahn Hund Schwein **Günstig:** Ausruhen, Meditation, seinen Hobbys nachgehen. **Ungünstig:** wichtige Unternehmungen.
15. Erd Hahn	Ratte Büffel Tiger Hase Drache Schlange Pferd Ziege Affe Hahn Hund Schwein **Günstig:** Amüsieren, mit Freunden ausgehen, Freizeitaktivitäten. **Ungünstig:** geschäftliche Aktivitäten, neue Dinge anfangen.

Ob ein Tag besonders günstig für Ihr Tierzeichen ist, sehen Sie an folgenden Farben:
Rot = sehr günstig, Grau = günstig, Schwarz = nicht günstig

Jahreskonstellation – Holz Drache Monatskonstellation – Feuer Tiger	Februar 2024

16. Metall Hund	Ratte Büffel Tiger Hase Drache Schlange Pferd Ziege Affe Hahn Hund Schwein **Günstig:** für die meisten Aktivitäten, Geschäftsabschlüsse, Partnerschaft. **Ungünstig:** negative Bemerkungen über andere Menschen.
17. Metall Schwein	Ratte Büffel Tiger Hase Drache Schlange Pferd Ziege Affe Hahn Hund Schwein **Günstig:** Handel, Geschäftseröffnungen, Hochzeiten und andere Feste planen. **Ungünstig:** Beerdigungen, Reisen, Arztbesuche.
18. Wasser Ratte	Ratte Büffel Tiger Hase Drache Schlange Pferd Ziege Affe Hahn Hund Schwein **Günstig:** Handwerkliche Aktivitäten, Handel, Hochzeiten, Reisen. **Ungünstig:** Trauerfeiern und Beerdigungen, schwere körperliche Arbeit.
19. Wasser Büffel	Ratte Büffel Tiger Hase Drache Schlange Pferd Ziege Affe Hahn Hund Schwein **Günstig:** Ankündigungen machen, Beerdigungen, Trauerfeiern. **Ungünstig:** Handel, Vergnügungen, Freizeitaktivitäten.
20. Holz Tiger	Ratte Büffel Tiger Hase Drache Schlange Pferd Ziege Affe Hahn Hund Schwein **Günstig:** Kleidung schneidern, Handel, Buchhaltung, Ausflüge, neue Dinge beginnen. **Ungünstig:** Geschäfte eröffnen, Kraftanstrengungen, Reisen, Ersparnisse ausgeben.
21. Holz Hase	Ratte Büffel Tiger Hase Drache Schlange Pferd Ziege Affe Hahn Hund Schwein **Günstig:** Putzen, waschen, fasten, seelische und körperliche Pflege, Arztbesuche. **Ungünstig:** Ausdauersport, Reisen, Hochzeit.
22. Feuer Drache	Ratte Büffel Tiger Hase Drache Schlange Pferd Ziege Affe Hahn Hund Schwein **Günstig:** Umziehen, Reisen, Hochzeiten, Empfänge, wichtige Konferenzen. **Ungünstig:** geistige Arbeiten, Gartenarbeit, häusliche Tätigkeiten.
23. Feuer Schlange	Ratte Büffel Tiger Hase Drache Schlange Pferd Ziege Affe Hahn Hund Schwein **Günstig:** Versammlungen, gerechte Verteilungen, Hochzeit, Konferenzen, Umzug. **Ungünstig:** Gartenarbeit, Dinge zum Abschluss bringen.
24. Erd Pferd	Ratte Büffel Tiger Hase Drache Schlange Pferd Ziege Affe Hahn Hund Schwein **Günstig:** Gartenarbeit, Feiern, Hochzeit, Dinge zum Abschluss bringen. **Ungünstig:** keine Anschuldigungen gegen Dritte erheben.
25. Erd Ziege	Ratte Büffel Tiger Hase Drache Schlange Pferd Ziege Affe Hahn Hund Schwein **Günstig:** Gartenarbeit, Hochzeit, Dinge zum Abschluss bringen. **Ungünstig:** Umzug, Reisen, Geschäftseröffnung.
26. Metall Affe	Ratte Büffel Tiger Hase Drache Schlange Pferd Ziege Affe Hahn Hund Schwein **Günstig:** Ausruhen, Meditation, seinen Hobbys nachgehen. **Ungünstig:** wichtige Unternehmungen.
27. Metall Hahn	Ratte Büffel Tiger Hase Drache Schlange Pferd Ziege Affe Hahn Hund Schwein **Günstig:** Amüsieren, mit Freunden ausgehen, Freizeitaktivitäten. **Ungünstig:** geschäftliche Aktivitäten, neue Dinge anfangen.
28. Wasser Hund	Ratte Büffel Tiger Hase Drache Schlange Pferd Ziege Affe Hahn Hund Schwein **Günstig:** für die meisten Aktivitäten, Geschäftsabschlüsse, Partnerschaft. **Ungünstig:** negative Bemerkungen über andere Menschen.
29. Wasser Schwein	Ratte Büffel Tiger Hase Drache Schlange Pferd Ziege Affe Hahn Hund Schwein **Günstig:** Handel, Geschäftseröffnungen, Hochzeiten und andere Feste planen. **Ungünstig:** Beerdigungen, Reisen, Arztbesuche.

TZE
Ratte

Grundtendenz des Monats: Oft neigt die Ratte dazu, sich die wunderbarsten Dinge nur in Ihrem Gedanken auszumalen. Die Farben in Ihrem Kopf erscheinen im März vielleicht noch bunter und phantastischer als sonst. Das liegt daran, dass Sie jetzt ein Feuer-Hase begleitet, der dafür bekannt ist, Träume besonders lebendig wirken zu lassen. Damit es nicht bei den schönen Bildern bleibt, braucht die Ratte einen festen Willen, um auch wirklich an die Umsetzung zu gehen.
Außerdem ist es auch im März weiterhin wichtig, genug Struktur in die eigenen Gedanken zu bringen. Trennen Sie sich lieber gleich von Ideen, die Ihnen nur Arbeit machen, aber nicht wirklich etwas bringen.

Liebe, Familie, Freundschaft: Wer schon länger auf der Suche nach einem neuen Partner ist, darf sich nun überlegen, was er sich eigentlich genau wünscht. Mit klaren Vorstellungen gestaltet sich das Suchen deutlich einfacher und Sie müssen keine unnötige Zeit auf Begegnungen verschwenden, die Ihnen im Grunde überhaupt nicht entsprechen.
Der eigene Nachwuchs wünscht sich nun unter Umständen etwas mehr Aufmerksamkeit von Ihnen. Vielleicht können Sie Ihre zahlreichen Gedankengänge nun doch einmal unterbrechen und mit Rat und Tat zur Seite stehen?

Beruf, Finanzen: Verlassen Sie sich nicht zu sehr auf das sprichwörtliche Glück des neuen Jahresregenten. Gerade in diesen Wochen ist für die Ratte nicht alles Gold, was glänzt. Da kann es besser sein, sich erst einmal zurückhaltend zu zeigen und nicht gleich begeistert auf jeden neuen Zug aufzuspringen.
Im Team geht es deutlich besser voran. Das war schon im vergangenen Jahr so und wird sich auch in den nächsten Monaten für die Ratte wahrscheinlich nicht ändern. Zeigen Sie weiter Ihre Bereitschaft zur Zusammenarbeit!

Tipp des Monats:
Schmücken Sie Ihre Pläne ruhig weiter gedanklich aus, aber vergessen Sie bitte nicht, dass Sie irgendwann auch mal loslegen sollten.

KIU
Büffel

Grundtendenz des Monats: Vielleicht weiß der Büffel in diesen Wochen nicht so recht, welcher Seite er mehr vertrauen sollte - der gewohnten Vernunft oder dem ungewohnten Bauchgefühl. Der Drache versucht Sie aus Ihrer Komfortzone zu holen und mit neuen Erfahrungen zu locken. Es mag an der Zeit sein, die eigenen Träume in die Tat umzusetzen. Irgendwann müssen Sie ja anfangen. Warum nicht jetzt?
Wer das Gefühl hat, dass er im Augenblick einfach zu vielen Verpflichtungen nachkommen muss, tut gut daran, diese erst einmal abzuarbeiten. Das Jahr ist ja noch lang und bietet auch später noch Zeit, um sich selbst neu zu erfinden.

Liebe, Familie, Freundschaft: Mit dem Hasen an seiner Seite kann der Büffel im März sein Augenmerk mehr auf seine Partnerschaft legen. Gemeinsame Stunden werden nun von beiden Seiten als wertvoll empfunden. Nehmen Sie sich besonders viel Zeit, einander zuzuhören und Ihre Emotionen miteinander zu teilen. So lässt sich am besten dauerhaft Vertrauen aufbauen.
Wer Kinder hat, muss sich nun vielleicht ein wenig mehr um diese kümmern. Vor allem, wenn es beim eigenen Nachwuchs gerade an Aufmerksamkeit mangelt, kann der Büffel einschreiten und das Ganze wieder in die richtige Bahn lenken.

Beruf, Finanzen: Von nicht abgesicherten finanziellen Transaktionen sollten Sie in diesem und im nächsten Monat lieber Abstand halten. Es ist nun besser, pragmatisch zu entscheiden und den konservativeren Weg zu wählen.
Sie wissen genau, was Sie wollen? Dann sollten Sie nun Ihre Wünsche zur Sprache bringen. Mit dem nötigen diplomatischen Geschick des Hasen und dem charismatischen Auftreten des Drachen dürften Sie nun sehr überzeugend wirken. So lassen sich Veränderungen erreichen, ohne Kollegen oder Vorgesetzten auf die Füsse zu treten.

Tipp des Monats:
Nur wer Großes denkt, kann auch Großes erreichen. Halten Sie sich jetzt nicht zurück!

YING
Tiger

Grundtendenz des Monats: Der Hase begleitet den Tiger im März und bringt enormes schöpferisches Potential mit. Das liegt auch daran, dass die Kombination aus Tiger, Hase und Drache das Holz-Element und damit alle kreativen Aspekte ganz besonders verstärkt. Damit Sie vor lauter Wald die Bäume noch sehen, sollten Sie auf jeden Fall beizeiten eine Auswahl treffen und sich auf einige wenige Projekte konzentrieren.

Dem Expansionsdrang des Tigers kommt die Begleitung des Hasen im März ganz recht. Beide streben danach, neue Dinge zu erleben und neue Aspekte in Ihren Alltag zu integrieren.

Liebe, Familie, Freundschaft: Je lebendiger Sie sich nun Ihren neuen Partner vorstellen, desto wahrscheinlicher wird es, dass er Ihnen wirklich über den Weg läuft. Vielleicht wäre es eine gute Idee für einsame Tiger, einmal genau aufzulisten, was man sich in der Liebe wünscht?

Wie sieht es mit Ihrer gelebten Spiritualität aus, verehrter Tiger? Im März stehen die Chancen gut, dass Sie diesen Aspekt deutlich stärker in Ihre persönlichen Beziehungen einbringen können. Sie werden sich wundern, wie viele offene Türen Sie einrennen, wenn Sie das Thema im Freundeskreis, in der Familie oder beim Partner ansprechen.

Beruf, Finanzen: Verlassen Sie sich nun lieber nicht zu sehr auf das sprichwörtliche Glück des Drachen, wenn es um berufliche Dinge geht. Auch 2024 muss der Tiger die Ärmel hochkrempeln, wenn er seine Träume Wirklichkeit werden lassen will.

Unter Umständen ist es nun erforderlich, dass Sie in Ihre Weiterbildung investieren. Dabei geht es nun eher darum, den eigenen Horizont zu erweitern als bestehendes Wissen zu vertiefen. Finden Sie also heraus, was Sie schon immer interessiert hat und gehen Sie es an - selbst wenn es nicht unmittelbar etwas mit Ihrer aktuellen Tätigkeit zu tun hat.

Tipp des Monats:

Gute Ideen gibt es jetzt viele. Ihre Aufgabe ist es, die Richtigen für sich selbst zu finden.

MAO
Hase

Grundtendenz des Monats: Der März ist traditionell ein harmonischer Monat für den Hasen, der nun von einem Artgenossen begleitet wird. Damit dürften Themen im Vordergrund stehen, die vor allem ein harmonisches Miteinander fördern.

Bei so manchem Hasen mag der Wunsch, andere Menschen zu unterstützen, nun besonders stark ausgeprägt sein. Gehen Sie Ihrem Bedürfnis ruhig nach, aber achten Sie darauf, dass Sie auch genug tun, um die eigenen Reserven aufzufüllen. Wer immer nur gibt, kann sich in diesen Wochen leicht erschöpfen, was sich unter anderem auch auf Ihre Gesundheit auswirken könnte.

Liebe, Familie, Freundschaft: Träumen ist im Jahr des Drachen immer erlaubt. So dürfen sich einsame Hasen nun Ihren Wunschpartner in den schönsten Farben ausmalen. Je klarer Ihre Vorstellung, desto wahrscheinlicher können Sie den Menschen Ihrer Träume auch wirklich treffen.

Übertreiben Sie es in diesem Monat lieber nicht mit der Fürsorge für Ihre Familie. Vor allem dem eigenen Nachwuchs könnte es nun etwas lästig werden, wenn Sie sich permanent kümmern und sorgen. Gerade im Jahr des unabhängigen Drachen sollten die Kinder sich möglichst frei entwickeln können. Natürlich sollte es nach wie vor Regeln geben - aber Sie müssen vielleicht nicht immer ganz so streng ausgelegt werden.

Beruf, Finanzen: In den kommenden Wochen werden Hasen, die therapeutisch tätig sind, wahrscheinlich besonders gefordert sein. Wenn Sie Ihre Arbeit mit Freude angehen, wird das Arbeitspensum leichter zu bewältigen sein und Sie können Ihren Mitmenschen wirklich helfen.

Aber auch für alle anderen Hasen können sich die Dinge im Jahr des Drachen gut entwickeln. Wenn es Ihnen bislang an der nötigen Sichtbarkeit gefehlt hat, können Sie das problemlos ändern. Dafür braucht es Mut und Ausdauer.

Tipp des Monats:

Nutzen Sie Ihre Vorstellungskraft, um Ihren Wünschen konkret Gestalt zu geben. Die Umsetzung funktioniert dann fast von selbst.

SHENG Drache

Grundtendenz des Monats: Vielleicht fühlt sich so mancher Drache nun an das vergangene Jahr erinnert, denn ein fürsorglicher Hase begleitet den Monat März. Das bedeutet nicht, dass Sie nun gleich wieder auf Zehenspitzen durchs Leben gehen müssen. Ein freundlicher Umgang mit Ihrer Umgebung öffnet nun definitiv mehr Türen als allzu selbstbewusst vorgetragene Forderungen.
In Ihrem eigenen Jahr dürfen Sie durchaus in größeren Dimensionen denken und sich die entsprechenden Ziele setzen. Je lebendiger Sie sich das Ganze vorstellen, desto wahrscheinlicher kann es Realität werden.

Liebe, Familie, Freundschaft: Ihre Lieben mögen in diesen Wochen ein bisschen empfindlicher auf Kritik reagieren, als Sie das gewohnt sind. Vor allem, wenn Sie mit dem Erscheinungsbild von Partner und Nachwuchs nicht zufrieden sind, sollten Sie das nun wenn überhaupt nur sehr vorsichtig ausdrücken. Schließlich wollen Sie doch niemanden verletzen, oder?
Der Hase gehört zu den Tierzeichen, die jederzeit bereit sind, die eigenen Interessen hintenan zu stellen, wenn seine Lieben seine Aufmerksamkeit brauchen. Das kann nun bedeuten, dass Ihre eigenen Projekte zurückstehen müssen, wenn die Familie Sie braucht.

Beruf, Finanzen: Zeigen Sie jetzt Ihr diplomatisches Geschick in Verhandlungen, in denen wichtige Eckpfeiler für 2024 festgelegt werden. So bringen Sie sich in eine deutlich bessere Ausgangslage, als wenn Sie versuchen, Ihr Gegenüber einfach nur zu überstimmen. Mit Ihren kommunikativen Fähigkeiten können Sie sicher die richtigen Argumente finden.
Rennen Sie bitte nicht gleich los, wenn sich nun eine neue Gelegenheit bietet, sondern nehmen Sie sich Zeit, sich erst einmal in Ruhe in das Projekt hinein zu spüren. Vertrauen Sie dabei auf Ihre Intuition, die Ihnen sagen wird, ob und wie es weitergehen soll.

Tipp des Monats:
Hören Sie auf die Zeichen Ihres Körpers! Für die eine oder andere Pause ist immer genug Zeit.

SZE Schlange

Grundtendenz des Monats: Falls Ihnen in diesen Wochen Ihre persönliche Situation ein wenig chaotisch erscheint, dann folgen Sie am besten einfach Ihrer Intuition. In Kombination mit einem feinfühligen Hasen sollte Ihr Draht nach Innen im April wirklich gut funktionieren.
Wer im Jahr des Holz-Drachen Gutes tun möchte, kann damit am besten gleich beginnen. Unterstützen Sie die Schwachen und machen Sie auf Unrecht aufmerksam! Das mag zwar zuerst einmal unbequem sein, wird aber zu einem späteren Zeitpunkt vom Jahresherrscher auf jeden Fall belohnt.

Liebe, Familie, Freundschaft: Sollten Sie nun eher mit dezenten Signalen um einen möglichen neuen Partner werben oder doch direkt und mutig auftreten? Der Drache verlässt sich in der Liebe oft auf sein beeindruckendes Auftreten. Wenn Ihnen diese Herangehensweise nicht liegt, liebe Schlange, dann müssen Sie sich nicht verstellen. Vertrauen Sie im März am besten auf Ihr Gefühl und handeln Sie danach, was Ihnen das Herz sagt.
Mit dem Hasen im Monat könnte nun die Sorge um den eigenen Nachwuchs mehr in den Vordergrund treten. Am besten wäre es, wenn Sie nicht erst warten, bis sich Probleme ergeben, sondern nun proaktiv das Gespräch suchen.

Beruf, Finanzen: Die kreative Energie des Jahresregenten bringt frischen Wind in manch verfestigte Situation. Dabei nimmt es der Drache allerdings nicht allzu genau mit der Ordnung. Es ist also an der Schlange, für die nötige Struktur zu sorgen, wenn sie von den herrschenden Kräften profitieren will. Sobald alles geplant ist, werden Sie sich deutlich wohler fühlen.
Setzen Sie nun Ihre gesamte Vorstellungskraft ein, wenn Sie an ehrgeizige Projekte herangehen. Eine gute Visualisierung lässt die Ziele schneller in greifbare Nähe rücken.

Tipp des Monats:
Mit einer guten Planung und einem gesunden Vertrauen in Ihre Intuition lassen sich nun die Weichen für das restliche Jahr stellen.

WU Pferd

Grundtendenz des Monats: Auch wenn man von Außen auf Sie einwirkt, sollten Sie in diesem Monat lieber nicht zu forsch auftreten. Mit dem sanften Hasen kommt es im März eher darauf an, niemandem auf die Füsse zu treten. Üben Sie sich also in der Kunst der Diplomatie! Damit können Sie nicht nur sehr weit kommen, sondern auch wichtige Kontakte knüpfen.

Nun stehen klar die Yin-Qualitäten im Vordergrund. Das bedeutet auch für das Pferd, dass es nun eher um innere Themen geht. Sie tun gut daran, sich jetzt mit diesen Dingen zu beschäftigen. So kann vielleicht der Knoten platzen und Ihre Pläne können in den kommenden Monaten deutlich an Fahrt gewinnen.

Liebe, Familie, Freundschaft: Das Durchsetzen Ihrer eigenen Ziele können Sie in den eigenen vier Wänden im März sicher nicht durch reine Willensstärke erreichen, auch wenn der neue Jahresregent Ihnen das suggerieren mag. Streben Sie lieber gleich einen Kompromiss an. Das erspart Ihnen einen Menge Stress und Ärger.

Ein gesunder Realismus ist gut, aber wenn es nun um den eigenen Nachwuchs geht, sollten Sie nicht zu pragmatisch sein, wenn es um deren Wünsche und Träume geht. Wenn man davon überzeugt ist, ist alles möglich. Unterstützen Sie also die Pläne Ihrer Kinder, soweit das möglich ist.

Beruf, Finanzen: Ein letztes Mal noch müssen Sie geduldig sein, liebes Pferd. Der März kann sich auf beruflicher Ebene für Sie durchaus ein bisschen zäh gestalten. Die Verzögerungen sind aber sicher nur temporär und sollten sich schon im nächsten Monat auflösen, wenn Sie sich mutig und entschlossen zeigen.

Hören Sie ruhig auch auf Ihren Bauch, wenn sich nun eine Gelegenheit bietet. Wenn es sich gut anfühlt, ist es in der Regel einen Versuch wert.

Tipp des Monats:

Wägen Sie sorgfältig ab, ob sich der Einsatz lohnt, bevor Sie sich nun zu weit aus dem Fenster lehnen.

WEI Ziege

Grundtendenz des Monats: Der März fühlt sich für die Ziege vielleicht noch einmal fast so an, wie das vergangene Jahr. Das liegt daran, dass der Monat noch einmal von einem Hasen begleitet wird, der der Ziege ja schon 2023 sehr wohl gesonnen war. Diese gute Verbindung können Sie nun nutzen, um noch einmal die Batterien aufzuladen und die Selbstheilungskräfte zu aktivieren.

Der Drache gehört zum Haus der Spiritualität in der Chinesischen Astrologie und begünstigt in Verbindung mit dem Hasen im März den Ausbau Ihrer Fähigkeiten in diesen Bereich.

Liebe, Familie, Freundschaft: Wenn Sie sich der Hektik des Alltags zuweilen entziehen können, werden Sie mit Sicherheit tiefe Zufriedenheit im Kreise Ihrer Lieben finden. Entschleunigen Sie Ihr Leben und lernen Sie, die kleinen Freuden wieder mehr zu schätzen. So finden Sie eine tiefere Erfüllung.

Hase und Ziege sind immer dann ein besonders gutes Team, wenn es um familiäre Belange geht. Sollte es hier also noch die eine oder andere Baustelle geben, wäre jetzt ein guter Zeitpunkt, das Problem endgültig aus der Welt zu schaffen.

Beruf, Finanzen: Ihre Expertise ist im Jahr des Drachen durchaus gefragt. Schließlich kann der Jahresherrscher Struktur und Ordnung gut gebrauchen. Allerdings sollten Sie sich nicht nur darauf beschränken, anderen Leuten bei der Umsetzung ihrer Ideen zu helfen. Denken Sie auch an Ihre eigenen Träume! Wenn Sie ihre Wünsche nun in lebhaften Farben visualisieren, kann die tatsächliche Umsetzung schon bald gelingen. Dafür ist es allerdings wichtig, dass Sie sich das Ganze zutrauen und die Initiative ergreifen.

Bei finanziellen Entscheidungen dürfen Sie sich ruhig ein bisschen mehr auf Ihr Bauchgefühl verlassen, so lange Sie nicht ein zu großes Risiko eingehen müssen.

Tipp des Monats:

Es ist schön und gut, nett zu sein, liebe Ziege. Manchmal muss man aber die Ellenbogen ausfahren, wenn man seine Ziele erreichen will.

SUNG
Affe

Grundtendenz des Monats:
Im März ist es erlaubt, zu träumen. Mit dem Feuer-Hasen tritt nun ein Tierzeichen auf den Plan, das Ihre Fantasie anregt und dazu animieren will, in größeren Kategorien zu denken. Kein Wunsch ist zu groß für den Affen, als dass man ihn nicht gemeinsam mit dem Drachen in Angriff nehmen könnte. Wichtig ist lediglich, dass Sie von Ihrem Erfolg überzeugt sind.

Das Yin Holz des Hasen stärkt darüber hinaus die Intuition des Affen. Im Grunde brauchen Sie nun einfach nur auf Ihr Gefühl zu vertrauen und sich darauf einzulassen. So lässt sich nun der Horizont garantiert in die richtige Richtung erweitern.

Liebe, Familie, Freundschaft: Es ist wunderbar, jemanden zu haben, für den man sorgen kann. Lassen Sie sich also nicht von der Vorstellung beirren, dass solche Pflichten lästig sind. Tief in Ihrem Inneren genießt der Affe das Gefühl, gebraucht zu werden und freut sich darüber, wenn er für seine Lieben da sein kann.

Sicher gibt es auch in diesen Wochen viel zu organisieren im eigenen Haushalt. Aber vielleicht sollten Sie sich jetzt trotzdem die Zeit nehmen, auch einmal über andere Themen mit dem Partner zu sprechen. Wer sich immer nur mit den alltäglichen Problemen beschäftigt, vergisst nun leicht, die angenehmen Dinge im Leben zu genießen.

Beruf, Finanzen: Machen Sie sich bitte keine Sorgen, wenn Sie nicht ständig an Ihre Arbeit denken. Mit vollen Batterien sind Sie viel produktiver und können mehr erreichen, als wenn Sie sich bis zur Erschöpfung auspowern. Wenn es nötig ist, sollten Sie sich jetzt die Zeit für Ruhe und Erholung gönnen, denn das wirkt sich am Ende positiv auf Ihre Leistungsfähigkeit aus. Vergessen Sie nur bitte nicht, Ihre Kollegen über eine mögliche Auszeit in Kenntnis zu setzen und wichtige Aufgaben vorher zu delegieren.

Tipp des Monats:
Je detaillierter Sie sich nun Ihre Pläne ausmalen, desto wahrscheinlicher lassen Sie sich eins zu eins umsetzen.

YU
Hahn

Grundtendenz des Monats:
Im März kann es durchaus eine Herausforderung für Sie sein, zwischen Ihrer eher unnachgiebigen und Ihrer weichen Seite zu wählen. Das liegt an dem Regenten aus dem Vorjahr, der Sie nun noch einmal für einen Monat begleitet und eine starke Yin-Prägung mit sich bringt. Lassen Sie sich einfach von Ihrem Gefühl leiten. Wenn Sie sich selbst treu bleiben, werden Sie sicher von Situation zu Situation erkennen, welcher Weg der richtige ist.

Im Jahr des Drachen darf man ruhig in größeren Dimensionen denken. Das sollte dem Hahn ganz recht sein, denn nun darf er sich endlich auch wieder an ambitioniertere Projekte wagen.

Liebe, Familie, Freundschaft: Vor allem im Umgang mit dem eigenen Nachwuchs ist neben Entschlossenheit und Durchsetzungsvermögen nun zuweilen mehr Empathie und Nachgiebigkeit gefragt. Vor allem sollten Sie sich nun davor hüten, Ihren eigenen Anspruch an Perfektion auch von Ihrer unmittelbaren Umgebung zu erwarten. Akzeptieren Sie nun die Individualität in Ihrer Familie! Hier hat jeder seine eigenen Stärken, die es zu fördern gilt.

Für eine harmonische Partnerschaft müssen Sie nun nicht in die Ferne schweifen. Manchmal findet sich das Glück im direkten Umfeld. Greifen Sie zu, wenn Sie das nun erkennen!

Beruf, Finanzen: Der aktuelle Jahresregent wir in den kommenden Monaten sicher so manches Mal für Überraschungen sorgen. Am Besten stellen Sie sich gleich zu Beginn seiner Herrschaft darauf ein und lassen sich nicht durch unerwartete Dinge aus dem Konzept bringen.

Eine akribische Planung wird vielleicht in kürzester Zeit über den Haufen geworfen. Da können Sie sich diese Zeit besser sparen. Das bedeutet nicht, dass Sie die Zügel komplett loslassen sollen - ein bisschen mehr Flexibilität ist aber nun sicher sehr hilfreich.

Tipp des Monats:
Im harmonischen Miteinander liegt nun ein besonderer Reiz. Halten Sie sich deshalb mit Kritik zurück!

SHIH
Hund

Grundtendenz des Monats:
Mit dem freundlichen Hasen wird im März viel Wert auf den guten Ton gelegt. Achten Sie ganz besonders auf Ihre Kommunikation und versuchen Sie, möglichst niemandem auf dem Schlips zu treten. Bedenken Sie, dass es da draußen jede Menge empfindsame Seelen gibt, die sich mit einem unbedachten Wort aus dem Gleichgewicht bringen lassen.
Manchmal muss man einfach die größeren Zusammenhänge sehen und fest daran glauben, dass das Ganze funktionierten kann. Wer zu realistisch ist und seine Ideen nicht visualisieren kann, wird im Jahr des Drachen wohl nur schwer in die Umsetzung kommen.

Liebe, Familie, Freundschaft: Auch in der Liebe ist es 2024 normal, dass Fantasie und Realitätssinn miteinander kollidieren. Verwerfen Sie bitte nicht gleich, was Ihnen Ihr Herz und Ihr Bauchgefühl nun zu verstehen geben, sondern hören Sie gut auf Ihre innere Stimme.
Mit dem zusätzlichen Yin-Feuer, das der Hase nun mit sich bringt, lassen sich durchaus die Herzen öffnen. Zeigen Sie sich ruhig ein bisschen offener für Zärtlichkeiten und romantische Gesten! Ihren Partner wird es freuen!

Beruf, Finanzen: Egal ob Sie in diesen Wochen diplomatisch vorgehen oder energisch auf den Tisch hauen, Ihr Gegenüber zeigt sich scheinbar unbeeindruckt. Vielleicht sollten Sie mehr Geduld zeigen und auf einen besseren Zeitpunkt hoffen, um die Sache erneut anzusprechen. Vor allem, wenn Sie das Gefühl haben, dass man jetzt nicht bei der Sache ist, lohnt es sich abzuwarten. Spätestens in zwei Monaten dürfte die allgemeine Konzentration besser sein.
Sie werden nun vielleicht merken, dass es nicht mehr so einfach ist, seine Arbeit einfach nach Schema F zu verrichten. Man wünscht sich im Jahr des Drachen deutlich kreativere Ansätze von Ihnen.

Tipp des Monats:
Verlieren Sie bitte nicht Ihre eigenen Ziele aus den Augen, wenn man Sie nun um Unterstützung bittet!

HAN
Schwein

Grundtendenz des Monats:
So manches Schwein mag sich nun in das vergangene Jahr zurückversetzt fühlen, denn ein Hase begleitet jetzt den Monat. Das bedeutet aber nicht, dass Sie in Ihrer Entschlossenheit nachlassen sollten! Zu viel Nettigkeit ist jetzt nicht hilfreich. Auch das sanfteste Schwein darf durchaus seinen Standpunkt klar vertreten.
Sollte es gesundheitliche Themen geben, die betrachtet werden wollen, wäre es ein guter Zeitpunkt dafür. Dabei geht es nun auch darum, persönlich Verantwortung für Ihr Wohlbefinden zu übernehmen. Verlassen Sie sich also nicht ausschließlich auf den Rat von außen, sondern hören Sie auch auf Ihrer innere Stimme.

Liebe, Familie, Freundschaft: Heim und Familie sind traditionell wichtige Themen für das Schwein im März. Deshalb sollten jetzt weder die romantischen Stunden zu zweit noch schöne Aktivitäten mit dem Rest der Familie zu kurz kommen.
Es ist bewundernswert, wie viel Verständnis Sie für die Nöte von Freunden und Familie haben. Der neue Jahresherrscher wünscht sich allerdings von Ihnen, dass Sie jetzt die eigene Entwicklung mehr vorantreiben. Dafür ist zuweilen eine gesunde Portion Egoismus unverzichtbar, auch wenn dafür zu Hause erst einmal eher wenig Verständnis herrscht.

Beruf, Finanzen: Sie haben das Gefühl, dass man Sie am Arbeitsplatz nicht ernst nimmt oder Ihre Freundlichkeit zu sehr ausnutzt? Dann gibt es nun zwei Möglichkeiten für Sie: Entweder setzen Sie sich aktiv zur Wehr oder Sie ziehen sich zurück. Der Drache unterstützt Sie nun sicher dabei, selbstbewusst Ihre Anerkennung einzufordern. Und mit dem Hasen an Ihrer Seite finden Sie bestimmt den richtigen Ton, damit sich niemand zu sehr auf die Füße getreten fühlt. So können Sie vermeiden, dass Sie sich von Kollegen und Mitarbeitern einwickeln lassen und am Ende die ganze Arbeit an Ihnen hängen bleibt.

Tipp des Monats:
Sie können freundlich und hilfsbereit sein und trotzdem auch etwas für sich selbst tun.

März 2024	Jahreskonstellation – Holz Drache Monatskonstellation – Feuer Hase

1. Holz Ratte	Ratte Büffel Tiger Hase Drache Schlange Pferd Ziege Affe Hahn Hund Schwein **Günstig:** Handwerkliche Aktivitäten, Handel, Hochzeiten, Reisen. **Ungünstig:** Trauerfeiern und Beerdigungen, schwere körperliche Arbeit.
2. Holz Büffel	Ratte Büffel Tiger Hase Drache Schlange Pferd Ziege Affe Hahn Hund Schwein **Günstig:** Ankündigungen machen, Beerdigungen, Trauerfeiern. **Ungünstig:** Handel, Vergnügungen, Freizeitaktivitäten.
3. Feuer Tiger	Ratte Büffel Tiger Hase Drache Schlange Pferd Ziege Affe Hahn Hund Schwein **Günstig:** Kleidung schneidern, Handel, Buchhaltung, Ausflüge, neue Dinge beginnen. **Ungünstig:** Geschäfte eröffnen, Kraftanstrengungen, Reisen, Ersparnisse ausgeben.
4. Feuer Hase	Ratte Büffel Tiger Hase Drache Schlange Pferd Ziege Affe Hahn Hund Schwein **Günstig:** Putzen, waschen, fasten, seelische und körperliche Pflege, Arztbesuche. **Ungünstig:** Ausdauersport, Reisen, Hochzeit.
5. Erd Drache	Ratte Büffel Tiger Hase Drache Schlange Pferd Ziege Affe Hahn Hund Schwein **Günstig:** Putzen, waschen, fasten, seelische und körperliche Pflege, Arztbesuche. **Ungünstig:** Ausdauersport, Reisen, Hochzeit.
6. Erd Schlange	Ratte Büffel Tiger Hase Drache Schlange Pferd Ziege Affe Hahn Hund Schwein **Günstig:** Umziehen, Reisen, Hochzeiten, Empfänge, wichtige Konferenzen. **Ungünstig:** geistige Arbeiten, Gartenarbeit, häusliche Tätigkeiten.
7. Metall Pferd	Ratte Büffel Tiger Hase Drache Schlange Pferd Ziege Affe Hahn Hund Schwein **Günstig:** Versammlungen, gerechte Verteilungen, Hochzeit, Konferenzen, Umzug. **Ungünstig:** Gartenarbeit, Dinge zum Abschluss bringen.
8. Metall Ziege	Ratte Büffel Tiger Hase Drache Schlange Pferd Ziege Affe Hahn Hund Schwein **Günstig:** Gartenarbeit, Feiern, Hochzeit, Dinge zum Abschluss bringen. **Ungünstig:** keine Anschuldigungen gegen Dritte erheben.
9. Wasser Affe	Ratte Büffel Tiger Hase Drache Schlange Pferd Ziege Affe Hahn Hund Schwein **Günstig:** Gartenarbeit, Feiern, Hochzeit, Dinge zum Abschluss bringen. **Ungünstig:** keine Anschuldigungen gegen Dritte erheben.
10. Wasser Hahn	Ratte Büffel Tiger Hase Drache Schlange Pferd Ziege Affe Hahn Hund Schwein **Günstig:** Ausruhen, Meditation, seinen Hobbys nachgehen. **Ungünstig:** wichtige Unternehmungen.
11. Holz Hund	Ratte Büffel Tiger Hase Drache Schlange Pferd Ziege Affe Hahn Hund Schwein **Günstig:** Amüsieren, mit Freunden ausgehen, Freizeitaktivitäten. **Ungünstig:** geschäftliche Aktivitäten, neue Dinge anfangen.
12. Holz Schwein	Ratte Büffel Tiger Hase Drache Schlange Pferd Ziege Affe Hahn Hund Schwein **Günstig:** für die meisten Aktivitäten, Geschäftsabschlüsse, Partnerschaft. **Ungünstig:** negative Bemerkungen über andere Menschen.
13. Feuer Ratte	Ratte Büffel Tiger Hase Drache Schlange Pferd Ziege Affe Hahn Hund Schwein **Günstig:** Handel, Geschäftseröffnungen, Hochzeiten und andere Feste planen. **Ungünstig:** Beerdigungen, Reisen, Arztbesuche.
14. Feuer Büffel	Ratte Büffel Tiger Hase Drache Schlange Pferd Ziege Affe Hahn Hund Schwein **Günstig:** Handwerkliche Aktivitäten, Handel, Hochzeiten, Reisen. **Ungünstig:** Trauerfeiern und Beerdigungen, schwere körperliche Arbeit.
15. Erd Tiger	Ratte Büffel Tiger Hase Drache Schlange Pferd Ziege Affe Hahn Hund Schwein **Günstig:** Ankündigungen machen, Beerdigungen, Trauerfeiern. **Ungünstig:** Handel, Vergnügungen, Freizeitaktivitäten.

Ob ein Tag besonders günstig für Ihr Tierzeichen ist, sehen Sie an folgenden Farben:
Rot = sehr günstig, Grau = günstig, Schwarz = nicht günstig

Jahreskonstellation – Holz Drache Monatskonstellation – Feuer Hase	März 2024

16. Erd Hase	Ratte Büffel Tiger Hase Drache Schlange Pferd Ziege Affe Hahn Hund Schwein **Günstig:** Kleidung schneiden, Handel, Buchhaltung, Ausflüge, neue Dinge beginnen. **Ungünstig:** Geschäfte eröffnen, Kraftanstrengungen, Reisen, Ersparnisse ausgeben.
17. Metall Drache	Ratte Büffel Tiger Hase Drache Schlange Pferd Ziege Affe Hahn Hund Schwein **Günstig:** Putzen, waschen, fasten, seelische und körperliche Pflege, Arztbesuche. **Ungünstig:** Ausdauersport, Reisen, Hochzeit.
18. Metall Schlange	Ratte Büffel Tiger Hase Drache Schlange Pferd Ziege Affe Hahn Hund Schwein **Günstig:** Umziehen, Reisen, Hochzeiten, Empfänge, wichtige Konferenzen. **Ungünstig:** geistige Arbeiten, Gartenarbeit, häusliche Tätigkeiten.
19. Wasser Pferd	Ratte Büffel Tiger Hase Drache Schlange Pferd Ziege Affe Hahn Hund Schwein **Günstig:** Versammlungen, gerechte Verteilungen, Hochzeit, Konferenzen, Umzug. **Ungünstig:** Gartenarbeit, Dinge zum Abschluss bringen.
20. Wasser Ziege	Ratte Büffel Tiger Hase Drache Schlange Pferd Ziege Affe Hahn Hund Schwein **Günstig:** Gartenarbeit, Feiern, Hochzeit, Dinge zum Abschluss bringen. **Ungünstig:** keine Anschuldigungen gegen Dritte erheben.
21. Holz Affe	Ratte Büffel Tiger Hase Drache Schlange Pferd Ziege Affe Hahn Hund Schwein **Günstig:** Gartenarbeit, Hochzeit, Dinge zum Abschluss bringen. **Ungünstig:** Umzug, Reisen, Geschäftseröffnung.
22. Holz Hahn	Ratte Büffel Tiger Hase Drache Schlange Pferd Ziege Affe Hahn Hund Schwein **Günstig:** Ausruhen, Meditation, seinen Hobbys nachgehen. **Ungünstig:** wichtige Unternehmungen.
23. Feuer Hund	Ratte Büffel Tiger Hase Drache Schlange Pferd Ziege Affe Hahn Hund Schwein **Günstig:** Amüsieren, mit Freunden ausgehen, Freizeitaktivitäten. **Ungünstig:** geschäftliche Aktivitäten, neue Dinge anfangen.
24. Feuer Schwein	Ratte Büffel Tiger Hase Drache Schlange Pferd Ziege Affe Hahn Hund Schwein **Günstig:** für die meisten Aktivitäten, Geschäftsabschlüsse, Partnerschaft. **Ungünstig:** negative Bemerkungen über andere Menschen.
25. Erd Ratte	Ratte Büffel Tiger Hase Drache Schlange Pferd Ziege Affe Hahn Hund Schwein **Günstig:** Handel, Geschäftseröffnungen, Hochzeiten und andere Feste planen. **Ungünstig:** Beerdigungen, Reisen, Arztbesuche.
26. Erd Büffel	Ratte Büffel Tiger Hase Drache Schlange Pferd Ziege Affe Hahn Hund Schwein **Günstig:** Handwerkliche Aktivitäten, Handel, Hochzeiten, Reisen. **Ungünstig:** Trauerfeiern und Beerdigungen, schwere körperliche Arbeit.
27. Metall Tiger	Ratte Büffel Tiger Hase Drache Schlange Pferd Ziege Affe Hahn Hund Schwein **Günstig:** Ankündigungen machen, Beerdigungen, Trauerfeiern. **Ungünstig:** Handel, Vergnügungen, Freizeitaktivitäten.
28. Metall Hase	Ratte Büffel Tiger Hase Drache Schlange Pferd Ziege Affe Hahn Hund Schwein **Günstig:** Kleidung schneidern, Handel, Buchhaltung, Ausflüge, neue Dinge beginnen. **Ungünstig:** Geschäfte eröffnen, Kraftanstrengungen, Reisen, Ersparnisse ausgeben.
29. Wasser Drache	Ratte Büffel Tiger Hase Drache Schlange Pferd Ziege Affe Hahn Hund Schwein **Günstig:** Putzen, waschen, fasten, seelische und körperliche Pflege, Arztbesuche. **Ungünstig:** Ausdauersport, Reisen, Hochzeit.
30. Wasser Schlange	Ratte Büffel Tiger Hase Drache Schlange Pferd Ziege Affe Hahn Hund Schwein **Günstig:** Umziehen, Reisen, Hochzeiten, Empfänge, wichtige Konferenzen. **Ungünstig:** geistige Arbeiten, Gartenarbeit, häusliche Tätigkeiten.
31. Holz Pferd	Ratte Büffel Tiger Hase Drache Schlange Pferd Ziege Affe Hahn Hund Schwein **Günstig:** Versammlungen, gerechte Verteilungen, Hochzeit, Konferenzen, Umzug. **Ungünstig:** Gartenarbeit, Dinge zum Abschluss bringen.

> Klar und hell / Getreideregen < April

TZE
Ratte

Grundtendenz des Monats:

Der April wird traditionell vom Drachen begleitet, so dass das Glückstier der Chinesen die Ratte nun gleich zweifach unterstützt. Das mag in Ihnen vielleicht eine gewisse Abenteuerlust wecken, liebe Ratte. Vergessen Sie aber bitte nicht, dass mit allzu spontanen Aktionen auch das Risiko steigt. Wenn Sie in Kauf nehmen können, dass die Dinge nicht ganz nach Plan laufen, dürfen Sie jetzt ruhig aus den Vollen schöpfen.
Das Erd-Element wird im April besonders betont und fordert auch die Ratte zu sozial motiviertem Handeln auf. Wer nun uneigennützig Projekte unterstützt, die es verdient haben, kann sich der Dankbarkeit seiner Umgebung sicher sein.

Liebe, Familie, Freundschaft: Manchmal kann einfach nur einer der Chef in den eigenen vier Wänden sein. Mit Hilfe der beiden Drachen strahlen Sie nun deutlich mehr Autorität aus und können sich im Zweifelsfall besser durchsetzen. Stellen Sie sicher, dass Sie sich gut informieren, bevor Sie in den Entscheidungsprozess eingreifen. So sichern Sie sich die Zustimmung Ihrer Lieben und können Konflikte schneller lösen.
Wem es bisher eher schwergefallen ist, sich im rechten Licht zu präsentieren, der darf nun aufatmen. Mit Hilfe des Drachen kommen Sie bei einem potentiellen Partner deutlich charismatischer rüber und können auf allen Ebenen punkten.

Beruf, Finanzen: Auch wenn es um berufliche Belange geht, kann die Energie des Drachen nun wahre Wunder wirken. Sie werden gesehen und ernst genommen, wenn Sie sich zu wichtigen Themen äußern. Wenn die Scheinwerfer auf Sie gerichtet sind, ist es allerdings unabdingbar, genau zu wissen, um was es geht.
Einen weiteren Monat heißt es Finger weg von riskanten Investitionen. Auf der finanziellen Ebene dürfen Sie wirklich kein Risiko eingehen in diesen Wochen. Warten Sie lieber bis zum nächsten Monat, wenn Sie Ihr Geld gewinnbringender einsetzen wollen.

Tipp des Monats:

Machen Sie ruhig den Mund auf, wenn Sie sich ungerecht behandelt fühlen.

KIU
Büffel

Grundtendenz des Monats:

Ein weiterer Drache begleitet den April und setzt bei seinen Untertanen viel kreatives Potential frei. Da sollte nun auch der Büffel bereit sein, sich auf das Ungewöhnliche einzulassen. Manche Ideen, die nun an Sie herangetragen werden, mögen auf den ersten Blick gänzlich abwegig erscheinen. Bei genauerer Betrachtung könnten Sie jedoch vielleicht doch noch einen Mehrwert darin entdecken, wenn Sie sich nun an die Umsetzung machen.
Das Erd-Element ist in diesen Wochen besonders gut ausgeprägt. Da können Sie sicher sein, dass bei aller Kreativität die Pragmatik nicht zu kurz kommt. So sollten Sie gut einschätzen können, was machbar ist und wo Sie sich Ihre wertvolle Zeit sparen können.

Liebe, Familie, Freundschaft: Achten Sie darauf, dass es zu Hause gerecht zugeht. Wenn Partner oder die eigenen Kinder das Gefühl bekommen, dass mit zweierlei Maß gemessen wird, wirkt sich das negativ auf die Stimmung aus.
Obwohl vielen Büffeln ihr Äußeres nicht besonders wichtig ist, kann der erste Eindruck bei der Partnersuche oft entscheidend sein. Es wäre also keine schlechte Idee, sich nun etwas mehr anzustrengen, um Ihr äußeres Erscheinungsbild besser mit Ihren inneren Werten in Einklang zu bringen. So machen Sie es Ihrem potentiellen Partner deutlich leichter, sich auf Sie einzulassen.

Beruf, Finanzen: Setzen Sie sich nun nicht nur für Ihre eigenen Projekte ein, sondern sorgen Sie auch dafür, dass Ihre Umgebung weiter kommt. Ihre Expertise wird in der Regel hoch geschätzt und Sie gewinnen so Verbündete für spätere Unternehmungen.
Egal, ob Sie eine Idee präsentieren möchten, sich um eine neue Stelle bewerben wollen oder einfach nur konstruktive Kritik an den bestehenden Umständen üben wollen - im April können Sie mit Hilfe der beiden Drachen positive Akzente setzen.

Tipp des Monats:

Achten Sie darauf, nicht zu forsch aufzutreten und bringen Sie Ihre Argumente sachlich vor!

YING
Tiger

Grundtendenz des Monats: Die meisten Tiger verfügen über einen stark ausgeprägten Gerechtigkeitssinn. Das kann im April das Bedürfnis verstärken, sich ganz besonders für Menschen einzusetzen, die ungerecht behandelt wurden. Der zweite Drache, der den Monat begleitet wird in der Chinesischen Astrologie auch der Drache der reinen Tugend genannt. Er ist bekannt dafür, dass er falsches Handeln auch dann anprangert, wenn sich das nicht unbedingt zu seinem Vorteil auswirkt.
Sollte um Sie herum nun zu viel Drama herrschen, macht es vielleicht Sinn, sich in die zweite Reihe zurückzuziehen. Von dort aus lassen sich ohnehin besser die Fäden ziehen.

Liebe, Familie, Freundschaft: Mit Hilfe der beiden Drachen kann der Tiger in diesem Monat wunderbar glänzen. Das kann Ihnen aktiv bei der Suche nach einer neuen Liebe zugute kommen. Wenn man Sie nun im rechten Licht wahrnimmt, sollte es deutlich einfacher sein, ein Herz zu gewinnen.
Nachgiebigkeit zahlt sich im Familien- und Freundeskreis jetzt nur dann aus, wenn es wirklich um eine gute Sache geht, die auch der Allgemeinheit zugute kommt. Sie sollten dafür allerdings auf keinen Fall von Ihren Werten abrücken.

Beruf, Finanzen: Wenn es Projekte gibt, die mehr Aufmerksamkeit benötigen, können Sie das in diesem Monat ohne großen Aufwand erreichen. Mit den beiden Drachen an seiner Seite bekommt der Tiger genau die Bühne, die nötig ist, um das Ganze optimal anzuschieben.
Allerdings sollten Sie sich jetzt mit großen Investitionen vielleicht noch ein bisschen zurückhalten. Der Drache verführt zuweilen dazu, gerade in Geldangelegenheiten ein recht großes Risiko einzugehen. Das kann gut gehen - es gibt allerdings keine Garantie dafür. Gerade wenn Sie finanziell nicht ganz so gut aufgestellt sind, sollten Sie sich deshalb jetzt nicht zu vorschnellen Entscheidungen hinreißen lassen.

Tipp des Monats:
Wenn Sie vorankommen wollen, sollten Sie nun das Licht der Öffentlichkeit suchen.

MAO
Hase

Grundtendenz des Monats: Wer sich in diesem Monat noch mehr in den Dienst der Schwachen stellt, wird vom aktuellen Jahresherrscher besonders begünstigt. Der Drache der reinen Tugend, der den April begleitet, sorgt dafür, dass der Hase mittelfristig für seinen Einsatz und seine Hilfsbereitschaft belohnt wird. Vielleicht brauchen Sie diese Motivation nicht unbedingt, lieber Hase. Aber es ist doch schön zu wissen, dass Ihr Tun geschätzt wird.
Der Drache liebt spontane Entscheidungen - der Hase weniger! Lassen Sie sich jetzt nicht drängeln, sondern nehmen Sie sich genug Zeit.

Liebe, Familie, Freundschaft: Vielleicht versucht man Sie in diesen Wochen mit einem möglichen Abenteuer zu locken. Die Sache mag spannend klingen und Sie emotional stark ansprechen, aber Sie sollten die möglichen Konsequenzen nicht vernachlässigen. Am Ende des Tages steht der kurze Kick wahrscheinlich in keinem Verhältnis zu den unangenehmen Folgen.
In der Liebe geht es wirklich nicht um Äußerlichkeiten. Trotzdem sollte man diesen Aspekt in bestehenden Partnerschaften nicht vernachlässigen. Wann haben Sie sich das letzte Mal für Ihren Lieblingsmenschen schön gemacht?

Beruf, Finanzen: Der doppelte Drache könnte in diesem Monat dafür sorgen, dass der Hase bei Investitionen seine angeborene Vorsicht über Bord wirft. Es ist sicher kein Problem mehr zu riskieren, wenn man über das entsprechende finanzielle Polster verfügt. Ist der eigene Geldbeutel dagegen nicht ganz so gut gefüllt, sollten Sie jetzt besser nicht auf jeden Zug aufspringen.
Ungerechtigkeiten am Arbeitsplatz kann man nur entgegenwirken, wenn man den Mund aufmacht. Auch wenn das auf den ersten Blick nicht immer gut ankommt, ist es langfristig der richtige Weg. So stellen Sie klar, dass man nicht alles mit Ihnen machen kann.

Tipp des Monats:
Pragmatische Entscheidungen mögen auf den ersten Blick der richtige Weg sein. Bitte vergessen Sie jedoch nicht, auch Herz und Gefühl mit einzubeziehen.

SHENG
Drache

Grundtendenz des Monats:
Spätestens zu diesem Zeitpunkt dürfte das Abenteuerfieber ausbrechen. Im April wird der Herrscher des Jahres von einem weiteren Drachen begleitet, der es kaum erwarten kann, sich in neue Projekte zu stürzen. Es liegt an Ihnen, ob Sie diese Herausforderung mit Begeisterung annehmen wollen.
Eher zurückhaltende Drachen halten vielleicht jetzt nicht so viel davon, sich mit vollem Risiko in neue Dinge zu stürzen. Ist das bei Ihnen der Fall, bleiben Sie einfach auf dem bereits eingeschlagenen Weg. Das könnte Ihnen allerdings die Möglichkeit nehmen, endlich Ihre verborgenen Sehnsüchte auszuleben.

Liebe, Familie, Freundschaft: Wenn Sie auf der Suche nach einer neuen Liebe sind, können Sie im April Ihre Anziehungskraft unter Beweis stellen. Gestärkt vom Jahresherrscher sollte es Ihnen nicht an Selbstbewusstsein mangeln. Bedenken Sie jedoch, dass ein zu selbstbewusstes Auftreten durchaus auch einschüchternd wirken kann.
Ihre Unterstützung ist in diesen Wochen noch einmal ganz besonders gefragt. Zieren Sie sich bitte nicht, wenn man Sie im Familien- oder Freundeskreis jetzt um Hilfe bittet. Mit Ihrer Stärke können Sie für Ihre Lieben jetzt wirklich einen Unterschied machen.

Beruf, Finanzen: Behalten Sie Ihre Finanzen lieber gut im Auge. Auch wenn riskante Unternehmungen 2024 durchaus belohnt werden können, müssen Sie nicht gleich alles auf eine Karte setzen - vor allem dann nicht, wenn Ihre persönlichen Reserven eher dünn sind.
Wer sich nun uneigennützig für eine gute Sache einsetzt, kann zu einem späteren Zeitpunkt die entsprechende Belohnung erwarten. Bis dahin müssen Sie allerdings unter Umständen erst einmal ein wenig Kritik einstecken. Das sollte Sie nicht vom Weg abbringen, sondern Sie vielmehr in Ihrem Einsatz bestärken.

Tipp des Monats:
Möglichkeiten gibt es in diesem Monat genug. Damit Sie möglichst viele ergreifen können, gilt es nun, mit den eigenen Kräften hauszuhalten.

SZE
Schlange

Grundtendenz des Monats:
Wie schon im Vormonat sollte die Schlange auch im April auf Ihre innere Stimme hören und ihren Instinkten folgen. Mit einem weiteren Drachen an der Seite ist Ihre spirituelle Seite in diesem Monat besonders stark ausgeprägt. Das kann Ihnen wertvolle Inspiration von höchster Ebene bringen.
Die starke Yang-Erde sorgt darüber hinaus nun dafür, dass Sie sich dabei nicht nur auf Ihre Eingebung verlassen, sondern Ihre Möglichkeiten sorgfältig auf Ihre Machbarkeit prüfen. Achten Sie aber bitte darauf, sich nicht zu lange mit den verschiedenen Möglichkeiten aufzuhalten, sondern sehen Sie lieber zu, dass Sie anfangen!

Liebe, Familie, Freundschaft: Klappern gehört auch in der Liebe manchmal zum Handwerk, liebe Schlange. Wer jetzt auf der Suche nach einer neuen Partnerschaft ist, muss sich mehr zeigen. Betonen Sie Ihre verführerischen Qualitäten, wenn Sie auf ein Abenteuer aus sind. Wenn Sie etwas Ernsthaftes suchen, ist es ratsam, sich etwas zurückhaltender zu zeigen.
In bestehenden Beziehungen dürfen Sie sich ruhig ein bisschen selbstbewusster zeigen. Es schadet nicht, die eigenen Stärken gelegentlich deutlicher zu betonen, um der anderen Seite bewusst zu machen, was Sie an Ihnen hat.

Beruf, Finanzen: Lassen Sie sich nun besser nicht zu Dingen verführen, die abseits der akzeptierten Pfade liegen, bloss damit Sie schneller zu einem Ergebnis kommen. Nur wer aufrichtig bleibt, kann im April Erfolg haben.
Es besteht in diesen Wochen die Möglichkeit, dass Sie einen lang ersehnten Mentor treffen. Am besten nutzen können Sie diese Chance, indem Sie sich im Vorfeld gut vorbereiten. So können Sie mühelos alle gestellten Fragen beantworten und es gibt keinen Grund, nervös zu sein. Treten Sie mutig auf - Sie müssen sich mit Ihren Kenntnissen vor niemandem verstecken.

Tipp des Monats:
Wenn sich die Schlange aus Ihrem Versteck herauswagt, bekommt Sie nun die verdiente Anerkennung.

> Klar und hell / Getreideregen < April

WU Pferd

Grundtendenz des Monats:
Im April wird der Jahresregent von einem Artgenossen unterstützt, so dass gleich zwei Drachen dem Pferd zur Seite stehen. Das kann darauf hinweisen, dass sich eine Reihe von Veränderungen anbahnen könnten und das Pferd sein Leben in eine neue Richtung lenken kann, wenn es das will. Damit die Energie des Drachens Ihre volle Kraft entwickeln kann, ist es aber erst einmal nötig, sich aus dem gewohnten Rahmen heraus zu bewegen.

Ungerechtigkeiten kann das Pferd nur schlecht ertragen. In diesen Wochen sollten Sie sich deutlich Gehör verschaffen und unfaire Verhaltensweisen laut anprangern, auch wenn Sie sich damit nicht nur Freunde machen.

Liebe, Familie, Freundschaft: Das Mitteilungsbedürfnis des Pferdes könnte im April deutlich höher sein als in den Wochen zuvor. Ist das der Fall suchen Sie sich am besten gute Zuhörer. Im Kreise Ihrer Lieben ist man sicher bereit, sich mit Ihren Themen auseinander zu setzen. Vergessen Sie aber bitte nicht, dass die Kommunikation immer in beide Richtungen gehen sollte.

Dem Drachen ist es wichtig, nach außen zu glänzen. Das kann das Pferd sich nun durchaus zunutze machen, wenn es auf der Suche nach einem neuen Partner ist. Zeigen Sie sich ruhig von Ihrer schmeichelhaftesten Seite.

Beruf, Finanzen: Ihr Mut, Risiken einzugehen, wird sicherlich bewundert, aber nicht unbedingt als Vorbild angesehen. Es ist ratsam, andere nicht für eine Sache zu begeistern, bei der Sie selbst den Ausgang nicht vorhersagen können. Während es für Sie möglicherweise in Ordnung ist, potenzielle Verluste in Kauf zu nehmen, gilt das nicht unbedingt für die andere Seite.

Allzu große Investitionen sollten Sie in diesem Monat lieber nicht tätigen. Der Drache neigt in finanziellen Angelegenheiten oft dazu, sich zu sehr auf sein Glück zu verlassen.

Tipp des Monats:
Haben Sie Mut zur Lücke und versuchen Sie sich nun ruhig auch einmal in Dingen, in denen Sie noch keine Erfahrung haben.

WEI Ziege

Grundtendenz des Monats:
Auch Im April erreicht die kreative Energie des Jahresregenten seinen vorläufigen Höhepunkt, denn nun begleitet ein weiterer Drache den Monat. Das kann für die Ziege bedeuten, dass sich die Dinge nun nicht so linear entwickeln, wie Sie es gewohnt ist und einige unvorhergesehene Veränderungen anstehen können. Je mehr Bereitschaft Sie zeigen, sich auf die Methoden des neuen Regenten einzulassen, desto einfacher wird es Ihnen fallen, sich anzupassen.

Vielleicht sollten Sie gleich damit beginnen, indem Sie sich im April aktiver ins Geschehen eingreifen - vor allem dann, wenn es darum geht, Schwächere zu verteidigen.

Liebe, Familie, Freundschaft: Versuchen Sie nun bitte nicht Eindruck zu schinden, indem Sie sich verstellen. Am Ende des Tages möchte ein potentieller Partner wissen, wie Sie wirklich sind. Wenn Sie also auf eine längerfristige Bindung aus sind, nehmen Sie sich besser kein Beispiel am schillernden Drachen, sondern lassen die andere Seite hinter die Fassade schauen.

In bestehenden Partnerschaften dürfen Sie sich dagegen vom aktuellen Regenten durchaus inspirieren lassen. So kann mehr Schwung in die Beziehung kommen und der Alltag lässt sich gleich viel einfacher bewältigen.

Beruf, Finanzen: Vom bloßen Zuschauen lassen sich die Dinge nicht ändern, das sollten Sie mittlerweile wissen. Der Drache spornt Sie nun dazu an, die Initiative zu ergreifen. Damit können Sie Ihrem Berufsleben eine neue Richtung geben.

Zeigen Sie dem Drachen, dass Sie kein Ja-Sager sind, sondern eine starke und eigenständige Persönlichkeit, die für ihre Rechte eintritt. Sollte man Sie nun mit einschneidenden Veränderungen konfrontieren, müssen Sie diese nicht einfach stillschweigend akzeptieren – schon gar nicht, wenn sie Sie selbst betreffen. Fordern Sie ein, am Entscheidungsprozess beteiligt zu werden.

Tipp des Monats:
Je sicherer und kompetenter Sie nun auftreten, desto ernster wird man Sie nehmen. Stehen Sie voll und ganz hinter Ihren Worten!

SUNG
Affe

Grundtendenz des Monats:
Im April steht dem Affen ein weiterer Drache zur Seite, der ihn vor allem dazu auffordert, öffentlich Gerechtigkeit einzufordern. Wenn Sie sich nun also in einer Situation wiederfinden, in der man Sie oder jemand anderen ungerecht behandelt, sollten Sie dies gerade heraus anprangern. Das mag auf den ersten Blick unangenehm erscheinen, ist aber trotzdem die beste Taktik. So tragen Sie den Frust nicht mit sich herum und Ihre Umgebung weiß, dass man so etwas nicht mit Ihnen machen kann.
Bei Ihren Aktivitäten sollten Sie es nun mit dem Risiko wirklich nicht übertreiben. Es wäre doch blöd, wenn Sie sich selbst aus dem Rennen nehmen, bloss weil Sie ständig aufs Ganze gehen.
Liebe, Familie, Freundschaft: Der Affe ist eines der Tierzeichen, die sich am schnellsten für eine Sache begeistern lassen. So hängt nun für einige Affen der Himmel voller Geigen, obwohl die Beziehung ganz frisch ist und sich im Grunde noch gar nicht richtig einschätzen lässt, wohin die Reise geht. Im Jahr des Drachen ist es aber vollkommen in Ordnung, wenn Sie erst einmal nur den Augenblick genießen.
In bestehenden Partnerschaften gibt es nun vielleicht die eine oder andere Überraschung... ob zum Guten oder Schlechten lässt sich nur schwer voraussagen.
Beruf, Finanzen: Drache und Affe sind im April immer dann ein unschlagbares Team, wenn sie sich gemeinsam für eine Sache begeistern. In Ihrem beruflichen Umfeld werden Ihre Ideen vielleicht nicht immer gleich beim ersten Mal enthusiastisch aufgenommen. Lassen Sie sich davon jetzt nicht demotivieren, sondern versuchen Sie es einfach noch einmal.
Je ungewöhnlicher der Ansatz, desto wahrscheinlicher führt er nun zum Erfolg. Verlassen Sie sich lieber auf Ihren Instinkt, anstatt auf das Lehrbuch, wenn Sie Außergewöhnliches schaffen wollen.
Tipp des Monats:
Das Leben ist Ihre Bühne! Zeigen Sie nun, was wirklich in Ihnen steckt!

YU
Hahn

Grundtendenz des Monats:
Im April möchte der Hahn sich möglicherweise auf die Suche nach mehr Abenteuer begeben und aus seiner gewohnten Umgebung ausbrechen. Es besteht jedoch die Möglichkeit, dass Sie auch in Ihrer unmittelbaren Umgebung aufregende Erlebnisse finden können. Halten Sie die Augen auf und zeigen Sie sich offen für Erfahrungen, die sich nun bieten.
Mit einem zweiten Drachen im Monat stehen die Zeichen nun eindeutig auf mehr Sichtbarkeit. Dafür muss sich der Hahn unter Umständen aus seiner Komfortzone heraus bewegen.
Liebe, Familie, Freundschaft: Es ist gar nicht nötig, für Freunde und Familie ein makelloses Bild aufrecht zu erhalten. Niemand nimmt es Ihnen übel, wenn Sie nun einmal nicht alles hundertprozentig durchorganisieren. Lassen Sie genug Spielraum für Improvisation! Das ist viel spaßiger für alle Beteiligten.
Warum machen Sie sich selbst das Leben schwer, indem Sie ständig ein Haar in der Suppe suchen. Zu viel Kritik tut Ihrem Partner nur unnötig weh und führt dazu, dass er seine Stachel ausfährt. Und bei neuen Eroberungen kommt es ebenfalls nicht gut an, wenn Sie gleich etwas zu mäkeln haben.
Beruf, Finanzen: Je höher man aufsteigt, desto tiefer kann man fallen. Das sollte sich der Hahn in diesem Monat bewusst machen, bevor er seine Ziele ehrgeizig in Angriff nimmt. Es erfordert deshalb Mut und Entschlossenheit und die Bereitschaft, mögliche Rückschläge in Kauf zu nehmen, wenn Sie voran kommen wollen. Die Wahrscheinlichkeit ist allerdings groß, dass es Ihnen im Jahr des Drachen besser als zuvor gelingt, Ihr Potential auszuschöpfen und erfolgreich zu sein.
Mit einem guten Sinn für Gerechtigkeit ausgestattet, dürfen Sie nun ruhig laut und deutlich darauf hinweisen, wenn es auf der beruflichen Ebene nicht fair zugeht - unabhängig davon, ob es Sie selbst oder andere betrifft.
Tipp des Monats:
Wählen Sie nun den Weg für sich, der Ihren Werten und Wünschen am besten entspricht!

> Klar und hell / Getreideregen < April

SHIH Hund

Grundtendenz des Monats: Mit einem zweiten Drachen im Gepäck kann sich die Reibung mit dem Hund in diesen Wochen besonders bemerkbar machen. Das kann unter Umständen dazu führen, dass es Ihnen jetzt nicht leicht fällt, sich auf andere zu verlassen oder Ihr Glück herauszufordern. Wer sich nun eher unsicher in diesen Bereichen fühlt, tut gut daran, seinem Instinkt zu folgen und sich lieber auf die eigenen Fähigkeiten zu verlassen als auf die der Anderen.

Die Yang Erde ist im April besonders stark ausgeprägt, weswegen es Ihnen vielleicht noch etwas schwerer als sonst fällt, in Bewegung zu kommen. Trotzdem sollten Sie nicht zu lange warten!

Liebe, Familie, Freundschaft: Mit der aktuellen Konstellation ist es sicher nicht ganz einfach, nun in der Balance zu bleiben. Wenn es dadurch zu Auseinandersetzungen im Kreise der Familie oder Freunde kommt, sollten Sie trotzdem versuchen, sachlich zu bleiben und sich nicht aus der Fassung bringen zu lassen. Im Zweifelsfall ziehen Sie sich lieber erst einmal zurück, bis Sie sich wieder im Griff haben.

Mit gleich zwei Drachen an der Seite könnte bei so manchem Hund der Mut steigen, so dass Sie sich nun aus der Deckung wagen und bei der Partnersuche aktiver werden. Verstellen sollten Sie sich dabei allerdings lieber nicht, sondern von Anfang an Ihr echtes Wesen zeigen.

Beruf, Finanzen: Seien Sie in diesen Wochen besonders skeptisch gegenüber verlockenden, aber möglicherweise unsicheren Geschäften. Prüfen Sie erst einmal sorgfältig, wer hinter dem Angebot steht. Wenn Sie Zweifel an der Glaubwürdigkeit haben, lassen Sie lieber die Finger davon. So ersparen Sie sich Zeit, Ärger und Geld. Wer sich nun für unbequeme Themen einsetzt, wird vielleicht zunächst dafür kritisiert. Längerfristig ist es aber trotzdem die richtige Strategie und Sie erfahren dafür die nötige Anerkennung.

Tipp des Monats:

Lassen Sie den Kopf nicht hängen, wenn es nun scheinbar schwierig ist. Sie wachsen an Ihren Herausforderungen!

HAN Schwein

Grundtendenz des Monats: Ein weiterer Drache unterstützt den Jahresregenten im April. Für das Schwein bedeutet das, dass es sich nun mehr auf den Beobachtungsposten zurückziehen kann. Beklagen Sie sich nicht über die mangelnde Aufregung, sondern seien Sie lieber dankbar, dass Ihnen so manche Schwierigkeit erspart bleibt, mit der Ihr Umfeld nun vielleicht zu kämpfen hat.

Eine starke Yang Erde bringt jetzt die pragmatische Seite des Schweins zum Vorschein. Anstatt sich über ungelegte Eier Gedanken zu machen, kümmern Sie sich jetzt lieber um die Dinge, die sich schnell und ohne großen Aufwand erledigen lassen.

Liebe, Familie, Freundschaft: Auch auf der privaten Ebene kann es nun einige Dramen geben, mit denen Sie auf den ersten Blick nur wenig zu tun haben. Natürlich könnten Sie sich einmischen und versuchen zu schlichten. Wahrscheinlich wäre es aber eine bessere Idee, jetzt erst einmal zu schauen, ob man nicht auch ganz gut ohne Sie klarkommt.

Der aktuelle Jahresregent legt großen Wert darauf, wie er nach außen wirkt. Das mag für Sie vielleicht bislang nicht so wichtig gewesen sein, liebes Schwein. Für Ihren Partner ist es aber schon schön, wenn Sie sich jetzt ein bisschen mehr Mühe mit Ihrem Erscheinungsbild geben.

Beruf, Finanzen: Von dem Mut zum Risiko des Drachen sollten Sie sich jetzt lieber nicht anstecken lassen. Gerade in finanziellen Belangen neigt der Jahresherrscher dazu, alles auf eine Karte zu setzen. Das kann gut gehen, muss es aber nicht. Wenn Ihre Rücklagen nicht sehr üppig sind, wäre sicher Zurückhaltung besser.

Ungerechtigkeiten am Arbeitsplatz müssen Sie nicht dulden. Dabei ist es egal, ob Sie selbst oder andere betroffen sind. Wer sich nicht wehrt, kann auch nichts ändern. Machen Sie sich zum Sprachrohr derer, die nicht so mutig sind wie Sie.

Tipp des Monats:

Man muss sicher nicht auf jede Idee anspringen, die der Drache nun präsentiert. Aber anschauen dürfen Sie sich das Ganze schon!

April 2024	Jahreskonstellation – Holz Drache Monatskonstellation – Erd Drache

1. Holz Ziege	Ratte Büffel Tiger Hase Drache Schlange Pferd Ziege Affe Hahn Hund Schwein **Günstig:** Gartenarbeit, Feiern, Hochzeit, Dinge zum Abschluss bringen. **Ungünstig:** keine Anschuldigungen gegen Dritte erheben.
2. Feuer Affe	Ratte Büffel Tiger Hase Drache Schlange Pferd Ziege Affe Hahn Hund Schwein **Günstig:** Gartenarbeit, Hochzeit, Dinge zum Abschluss bringen. **Ungünstig:** Umzug, Reisen, Geschäftseröffnung.
3. Feuer Hahn	Ratte Büffel Tiger Hase Drache Schlange Pferd Ziege Affe Hahn Hund Schwein **Günstig:** Ausruhen, Meditation, seinen Hobbys nachgehen. **Ungünstig:** wichtige Unternehmungen.
4. Erd Hund	Ratte Büffel Tiger Hase Drache Schlange Pferd Ziege Affe Hahn Hund Schwein **Günstig:** Ausruhen, Meditation, seinen Hobbys nachgehen. **Ungünstig:** wichtige Unternehmungen.
5. Erd Schwein	Ratte Büffel Tiger Hase Drache Schlange Pferd Ziege Affe Hahn Hund Schwein **Günstig:** Amüsieren, mit Freunden ausgehen, Freizeitaktivitäten. **Ungünstig:** geschäftliche Aktivitäten, neue Dinge anfangen.
6. Metall Ratte	Ratte Büffel Tiger Hase Drache Schlange Pferd Ziege Affe Hahn Hund Schwein **Günstig:** für die meisten Aktivitäten, Geschäftsabschlüsse, Partnerschaft. **Ungünstig:** negative Bemerkungen über andere Menschen.
7. Metall Büffel	Ratte Büffel Tiger Hase Drache Schlange Pferd Ziege Affe Hahn Hund Schwein **Günstig:** Handel, Geschäftseröffnungen, Hochzeiten und andere Feste planen. **Ungünstig:** Beerdigungen, Reisen, Arztbesuche.
8. Wasser Tiger	Ratte Büffel Tiger Hase Drache Schlange Pferd Ziege Affe Hahn Hund Schwein **Günstig:** Handwerkliche Aktivitäten, Handel, Hochzeiten, Reisen. **Ungünstig:** Trauerfeiern und Beerdigungen, schwere körperliche Arbeit.
9. Wasser Hase	Ratte Büffel Tiger Hase Drache Schlange Pferd Ziege Affe Hahn Hund Schwein **Günstig:** Ankündigungen machen, Beerdigungen, Trauerfeiern. **Ungünstig:** Handel, Vergnügungen, Freizeitaktivitäten.
10. Holz Drache	Ratte Büffel Tiger Hase Drache Schlange Pferd Ziege Affe Hahn Hund Schwein **Günstig:** Kleidung schneidern, Handel, Buchhaltung, Ausflüge, neue Dinge beginnen. **Ungünstig:** Geschäfte eröffnen, Kraftanstrengungen, Reisen, Ersparnisse ausgeben.
11. Holz Schlange	Ratte Büffel Tiger Hase Drache Schlange Pferd Ziege Affe Hahn Hund Schwein **Günstig:** Putzen, waschen, fasten, seelische und körperliche Pflege, Arztbesuche. **Ungünstig:** Ausdauersport, Reisen, Hochzeit.
12. Feuer Pferd	Ratte Büffel Tiger Hase Drache Schlange Pferd Ziege Affe Hahn Hund Schwein **Günstig:** Umziehen, Reisen, Hochzeiten, Empfänge, wichtige Konferenzen. **Ungünstig:** geistige Arbeiten, Gartenarbeit, häusliche Tätigkeiten.
13. Feuer Ziege	Ratte Büffel Tiger Hase Drache Schlange Pferd Ziege Affe Hahn Hund Schwein **Günstig:** Versammlungen, gerechte Verteilungen, Hochzeit, Konferenzen, Umzug. **Ungünstig:** Gartenarbeit, Dinge zum Abschluss bringen.
14. Erd Affe	Ratte Büffel Tiger Hase Drache Schlange Pferd Ziege Affe Hahn Hund Schwein **Günstig:** Gartenarbeit, Feiern, Hochzeit, Dinge zum Abschluss bringen. **Ungünstig:** keine Anschuldigungen gegen Dritte erheben.
15. Erd Hahn	Ratte Büffel Tiger Hase Drache Schlange Pferd Ziege Affe Hahn Hund Schwein **Günstig:** Gartenarbeit, Hochzeit, Dinge zum Abschluss bringen. **Ungünstig:** Umzug, Reisen, Geschäftseröffnung.

Ob ein Tag besonders günstig für Ihr Tierzeichen ist, sehen Sie an folgenden Farben:
Rot = sehr günstig, Grau = günstig, Schwarz = nicht günstig

Jahreskonstellation – Holz Drache Monatskonstellation – Erd Drache	April 2024

16. Metall Hund	Ratte Büffel Tiger Hase Drache Schlange Pferd Ziege Affe Hahn Hund Schwein **Günstig:** Ausruhen, Meditation, seinen Hobbys nachgehen. **Ungünstig:** wichtige Unternehmungen.
17. Metall Schwein	Ratte Büffel Tiger Hase Drache Schlange Pferd Ziege Affe Hahn Hund Schwein **Günstig:** Amüsieren, mit Freunden ausgehen, Freizeitaktivitäten. **Ungünstig:** geschäftliche Aktivitäten, neue Dinge anfangen.
18. Wasser Ratte	Ratte Büffel Tiger Hase Drache Schlange Pferd Ziege Affe Hahn Hund Schwein **Günstig:** für die meisten Aktivitäten, Geschäftsabschlüsse, Partnerschaft. **Ungünstig:** negative Bemerkungen über andere Menschen.
19. Wasser Büffel	Ratte Büffel Tiger Hase Drache Schlange Pferd Ziege Affe Hahn Hund Schwein **Günstig:** Handel, Geschäftseröffnungen, Hochzeiten und andere Feste planen. **Ungünstig:** Beerdigungen, Reisen, Arztbesuche.
20. Holz Tiger	Ratte Büffel Tiger Hase Drache Schlange Pferd Ziege Affe Hahn Hund Schwein **Günstig:** Handwerkliche Aktivitäten, Handel, Hochzeiten, Reisen. **Ungünstig:** Trauerfeiern und Beerdigungen, schwere körperliche Arbeit.
21. Holz Hase	Ratte Büffel Tiger Hase Drache Schlange Pferd Ziege Affe Hahn Hund Schwein **Günstig:** Ankündigungen machen, Beerdigungen, Trauerfeiern. **Ungünstig:** Handel, Vergnügungen, Freizeitaktivitäten.
22. Feuer Drache	Ratte Büffel Tiger Hase Drache Schlange Pferd Ziege Affe Hahn Hund Schwein **Günstig:** Kleidung schneidern, Handel, Buchhaltung, Ausflüge, neue Dinge beginnen. **Ungünstig:** Geschäfte eröffnen, Kraftanstrengungen, Reisen, Ersparnisse ausgeben.
23. Feuer Schlange	Ratte Büffel Tiger Hase Drache Schlange Pferd Ziege Affe Hahn Hund Schwein **Günstig:** Putzen, waschen, fasten, seelische und körperliche Pflege, Arztbesuche. **Ungünstig:** Ausdauersport, Reisen, Hochzeit.
24. Erd Pferd	Ratte Büffel Tiger Hase Drache Schlange Pferd Ziege Affe Hahn Hund Schwein **Günstig:** Umziehen, Reisen, Hochzeiten, Empfänge, wichtige Konferenzen. **Ungünstig:** geistige Arbeiten, Gartenarbeit, häusliche Tätigkeiten.
25. Erd Ziege	Ratte Büffel Tiger Hase Drache Schlange Pferd Ziege Affe Hahn Hund Schwein **Günstig:** Versammlungen, gerechte Verteilungen, Hochzeit, Konferenzen, Umzug. **Ungünstig:** Gartenarbeit, Dinge zum Abschluss bringen.
26. Metall Affe	Ratte Büffel Tiger Hase Drache Schlange Pferd Ziege Affe Hahn Hund Schwein **Günstig:** Gartenarbeit, Feiern, Hochzeit, Dinge zum Abschluss bringen. **Ungünstig:** keine Anschuldigungen gegen Dritte erheben.
27. Metall Hahn	Ratte Büffel Tiger Hase Drache Schlange Pferd Ziege Affe Hahn Hund Schwein **Günstig:** Gartenarbeit, Hochzeit, Dinge zum Abschluss bringen. **Ungünstig:** Umzug, Reisen, Geschäftseröffnung.
28. Wasser Hund	Ratte Büffel Tiger Hase Drache Schlange Pferd Ziege Affe Hahn Hund Schwein **Günstig:** Ausruhen, Meditation, seinen Hobbys nachgehen. **Ungünstig:** wichtige Unternehmungen.
29. Wasser Schwein	Ratte Büffel Tiger Hase Drache Schlange Pferd Ziege Affe Hahn Hund Schwein **Günstig:** Amüsieren, mit Freunden ausgehen, Freizeitaktivitäten. **Ungünstig:** geschäftliche Aktivitäten, neue Dinge anfangen.
30. Holz Ratte	Ratte Büffel Tiger Hase Drache Schlange Pferd Ziege Affe Hahn Hund Schwein **Günstig:** für die meisten Aktivitäten, Geschäftsabschlüsse, Partnerschaft. **Ungünstig:** negative Bemerkungen über andere Menschen.

TZE Ratte

Grundtendenz des Monats:
Die Ratte muss im Mai wirklich nicht in die Ferne schweifen, um das Glück zu finden. Es sitzt wirklich direkt vor Ihrer Nase! Mit Hilfe der glücklichen Erd-Schlange lässt sich in diesen Wochen Zufriedenheit auf allen Ebenen erlangen. Vielleicht müssen Sie Ihre ehrgeizigen Pläne ein wenig zurückstellen, damit Sie jetzt wirklich genießen können.

Schlange und Drache bilden gemeinsam in diesem Monat das Haus der Spiritualität. Das könnte die Ratte nutzen und sich nun mit Themen beschäftigen, die Sie auf einer Ebene weiterbringen, die mit dem Verstand nicht immer greifbar ist.

Liebe, Familie, Freundschaft: Gibt es wirklich einen Grund, jetzt eifersüchtig zu reagieren, liebe Ratte? Oder ist es eher Ihre innere Unsicherheit, die Ihnen nun Dinge einflüstert und Misstrauen säht? Am besten sprechen Sie offen über Ihre Gefühle und gestatten es Ihrer besseren Hälfte so, Ihre Zweifel zu zerstreuen.

Was können Sie konkret tun, damit sich Freunde und Familie in diesen Wochen so richtig wohl fühlen? Sicher ist es gar nicht so kompliziert, die Tage Ihrer Lieben mit Freude zu füllen. Überraschen Sie zum Beispiel Ihren Partner mit mehr Zeit für Zweisamkeit, spielen Sie einmal wieder ausgiebig mit Ihren Kindern oder laden Sie Freunde für einen gemütlichen Abend ein.

Beruf, Finanzen: Endlich kommt mit der Schlange ein Tierzeichen ins Spiel, das dem Drachen in die Karten schaut. So kann die Ratte im Mai deutlich realistischer einschätzen, welcher Einsatz sich für sie lohnt und wovon sie besser die Finger lässt. Das kann Bewegung in Ihre Finanzen und in Ihre Karriere bringen.

Sie haben jetzt die Wahl zwischen mehr Geld oder mehr Spaß? Da sollte Ihnen die Entscheidung nicht allzu schwer fallen. Wer verbringt schon gerne seine Tage mit Dingen, die ihn nicht erfreuen?

Tipp des Monats:
Was macht Sie glücklich? Gehen Sie den Weg Ihrer persönlichen Fülle!

KIU Büffel

Grundtendenz des Monats:
Die Durchsetzungskraft des Büffels verbindet sich im Mai mit der scharfen Beobachtungsgabe der Erd-Schlange und der kreativen Energie des Jahresregenten. Da kann wirklich nur Gutes herauskommen! Freuen Sie sich über einen Monat, in dem Sie zufrieden Ihren eigenen Plänen nachgehen können.

Wer darüber hinaus noch freie Ressourcen hat, darf diese Energie nun gerne in den Dienst der Menschen stellen, die nicht so gut vom Platz kommen. Ihre Unterstützung wird mehr als dankbar angenommen, solange Sie nicht versuchen, die andere Seite zu sehr zu drängen.

Liebe, Familie, Freundschaft: Auch seine Lieben freuen sich, wenn der Büffel zufrieden ist. Da die Schlange in diesem Monat generell Ruhe und Harmonie fördert, wäre es sicher keine schlechte Idee, das Tempo im Alltag herauszunehmen. Nehmen Sie sich Zeit füreinander und konzentrieren Sie sich jetzt auf das gegenseitige Wohlbefinden. Damit das gelingen kann, darf der Büffel nun nicht ganz so wichtige Verpflichtungen einfach nach hinten verschieben.

Wer auf der Suche nach einem neuen Partner ist, kann nun von der verführerischen Energie von Schlange und Drache profitieren. Die Kombination sorgt dafür, dass Sie gesehen werden und verleiht Ihnen eine mysteriöse Aura.

Beruf, Finanzen: Wenn Sie schon seit einiger Zeit vorhatten, Ihre Finanzen zu organisieren, sollten Sie dies jetzt schnellstmöglich erledigen. Überlegte Investitionen können erfolgreich sein, solange Sie nur das Geld ausgeben, das Sie tatsächlich auch besitzen. Wer sich im Jahr des Holz-Drachen auf riskante Unternehmungen einlässt, kann unter Umständen viel verlieren.

Bei beruflichen Entscheidungen sollten Sie sich jetzt wirklich nicht nur rein auf den Verstand verlassen. Ihr Draht nach oben wird im Mai besonders gut gestärkt.

Tipp des Monats:
Wer sich nicht nur mit sich selbst beschäftigt, sondern auch an Andere denkt, wird dafür reichlich belohnt.

> Sommerbeginn / Kleines Getreide < Mai

YING
Tiger

Grundtendenz des Monats: Manche Entscheidungen wollen gut überlegt sein und brauchen ihre Zeit. Gerade bei Themen, wo ein großes Hintergrundwissen benötigt wird, bekommt der Tiger nun mit der Erd-Schlange die nötige Unterstützung. Im Mai sollte es deshalb nicht nur einfacher möglich sein, alle wichtigen Informationen zusammen zu tragen. Es sollte Ihnen auch leichter fallen, daraus die richtigen Schlüsse zu ziehen.

In diesen Wochen geht es für den Tiger ein weiteres Mal darum, die zu motivieren und zu unterstützen, die es in seinen Augen dringend nötig haben.

Liebe, Familie, Freundschaft: Schlange und Drache kombinieren zum Haus der Spiritualität und stärken auch beim Tiger den Draht nach oben. Das kann Ihnen unter anderem mehr Fingerspitzengefühl und Verständnis im Umgang mit Ihren Lieben bescheren und in der Partnerschaft Ihre sanfteren Seiten zum Vorschein bringen.

Je mehr Zeit Sie in diesen Wochen im Kreise Ihrer Familie und Freunde verbringen, desto zufriedener und ausgeglichener werden Sie sich fühlen. So sollte es keine Frage sein, welchem Aspekt in Ihrem Leben Sie jetzt den Vorrang geben. Es muss nicht immer nur um die Arbeit und ums Geld verdienen gehen.

Beruf, Finanzen: Wenn Sie im vergangenen Monat Ihre Projekte ans Laufen gebracht haben, ist nun mehr Müßiggang angesagt. Gönnen Sie sich ruhig ein bisschen mehr Freizeit und gestehen Sie das auch den Kollegen oder Mitarbeitern zu. Derart entspannt lässt es sich doch gleich viel besser arbeiten.

Die Schlange kann dem Tiger nun vor allem bei der Analyse von Zahlenwerk helfen. In einer hektischen Umgebung wird allerdings kaum Zeit dafür bleiben. Sorgen Sie also unbedingt dafür, dass die richtigen Bedingungen herrschen. Die Informationen, die Sie so bekommen können, können extrem hilfreich sein.

Tipp des Monats:

Es muss jetzt gar nicht der ganz große Wurf sein! Genießen Sie zufrieden das, was Sie haben!

MAO
Hase

Grundtendenz des Monats: Ein Das Glück liegt in diesem Monat in den kleinen Dingen. Deshalb sollte der Hase nun immer mal wieder innehalten und sich an die Dinge erinnern, die ihn mit einem guten Gefühl erfüllen. Wenn Sie mit offenen Augen durch die Welt gehen, dürfen Sie im Mai immer wieder diese speziellen kleinen Momente erleben.

Mit einer Erd-Schlange an Ihrer Seite können Sie nun in allen Bereichen ruhig und besonnen auftreten. Den harmonischen Stunden steht nichts im Wege, wenn Sie sich jetzt einfach nur Zeit lassen und einmal nicht von einem Termin zum anderen hetzen.

Liebe, Familie, Freundschaft: Schlange und Hase sind eine besonders gute Tierkombination, wenn es um die Liebe geht. Das kann nun einsamen Hasen genauso nutzen, wie denjenigen, die bereits in einer festen Beziehung sind. Emotionale Offenheit und das Bedürfnis, den Anderen glücklich zu sehen stehen jetzt an erster Stelle. Das sind hervorragende Voraussetzungen für innere Zufriedenheit.

Mit Unterstützung des Drachen wird darüber hinaus im Mai vor allem der Draht nach oben gestärkt. So lassen sich spirituelle Themen vielleicht gemeinsam betrachten und entdecken. Wer schon länger an diesen Themen interessiert ist, kann dies nun vielleicht mit seinen Lieben teilen.

Beruf, Finanzen: Die Schlange hat in der Regel ein recht gutes Auge für Zahlenwerk. Wenn sich der Hase in diesem Bereich nicht so gut aufgestellt fühlt, wäre nun vielleicht ein guter Zeitpunkt, sich Rat von einem Fachmann einzuholen. Für ungeduldige Zeitgenossen mag es sich nun so anfühlen, als ob der Drache auf die Bremse getreten ist. Dabei ist es im Grunde eine gute Idee, mit mehr Muße auf bestehende Prozesse zu schauen und diese wenn nötig an die neuen Bedingungen anzupassen.

Tipp des Monats:

Eine gute Vorbereitung ist wirklich viel wert! Gerade im Jahr der schnellen Entscheidungen macht es Sinn, erst einmal in Ruhe die Fakten zu sammeln.

SHENG
Drache

Grundtendenz des Monats:
Der Drache weiß genau, dass es viel mehr Dinge zwischen Himmel und Erde gibt, als man sie mit dem bloßen Auge wahrnehmen kann. Im Mai sollte es nun wirklich an der Zeit sein, sich mehr mit Ihrer Spiritualität zu beschäftigen. Mit der Erd-Schlange bekommen Sie dafür jetzt die bestmögliche Unterstützung - vor allem dann, wenn Sie wirklich tief in das Thema eintauchen wollen.
Schaffen Sie sich Raum, um Ihre Sinne zu schärfen. Setzen Sie Ihre Intuition ein, damit Sie die wirklich wichtigen Dinge im Leben für sich selbst erkennen können. In Ihrem eigenen Jahr können Sie Ihre wahre Bestimmung finden.

Liebe, Familie, Freundschaft: Mit trivialen Alltagsdingen möchte sich so mancher Drache in diesen Wochen vielleicht nicht gerne herumplagen. Ihnen steht nun vielmehr der Sinn nach Höherem. Das sehen Ihre Lieben aber unter Umständen nicht genauso und bringen deshalb vielleicht nicht immer die entsprechende Begeisterung für Ihre Vorhaben auf. Da müssen Sie sich nun schon ein bisschen mehr anstrengen, um Partner oder Familie zu motivieren.
Romantische Stunden kann der Drache immer dann erleben, wenn er bereit ist, sich wirklich in die Beziehung einzubringen. In diesem Monat ist es keine gute Idee, in der Liebe nur an der Oberfläche zu bleiben.

Beruf, Finanzen: Es steht alles auf Neuanfang - es liegt ganz bei Ihnen, ob Sie die positiven Zeichen für Veränderungen erkennen und Ihre Schritte in die richtige Richtung lenken möchten. Wer sich noch nicht bereit dafür fühlt, kann die zahlreichen Hinweise einfach ignorieren und einfach so weitermachen wie bisher.
Haben Sie das Gefühl, dass man in Ihrem beruflichen Umfeld nicht komplett hinter Ihnen steht? Dann sollten Sie das Thema jetzt ansprechen und bereit sein, Änderungen vorzunehmen.

Tipp des Monats:
Wer auf die Zeichen achtet und seine Begeisterung teilt, wird nun sicher den richtigen Weg einschlagen.

SZE
Schlange

Grundtendenz des Monats:
In diesem Monat braucht es wirklich nicht viel, damit die Schlange sich gut fühlt. Genießen Sie nun einfach, was Sie haben und denken Sie nicht ständig daran, wie und ob man noch mehr erreichen könnte. Eine kleine mentale Pause sorgt nun dafür, dass Sie sich in Ihrer Haut unvoreingenommen wohl fühlen können.
Mit dem Drachen als Jahresherrscher ist es für die Schlange sicher nicht so einfach wie gewohnt, den Dingen auf den Grund zu gehen. Aber vielleicht ist das ja auch gar nicht immer unbedingt nötig.

Liebe, Familie, Freundschaft: Mit einer zweiten Schlange im Monat dürfte es Ihnen nun leichter fallen, hinter schöne Fassaden zu schauen und zu erkennen, ob sich die andere Seite wirklich für Sie interessiert. Damit können Sie fällige Entscheidungen in diesen Wochen einfacher treffen und sich unter Umständen von den Menschen in Ihrer privaten Umgebung verabschieden, die Ihnen schon länger nicht gut tun.
Mit Eifersucht kommt man in keiner Beziehung weiter. Am Anfang mag sie noch schmeichelhaft sein, aber auf Dauer vergiftet Sie das Miteinander. Wenn Sie also Zweifel haben, dann sprechen Sie offen darüber. Oft hat das eigene Misstrauen gar nichts mit der anderen Seite zu tun.

Beruf, Finanzen: Wenn es um Ihre finanziellen Angelegenheiten geht, sollten Sie nicht blind der Begeisterung des Drachens verfallen, sondern sich auf jeden Fall eine kritische Haltung bewahren. Gesunde Zweifel haben auf der beruflichen Ebene noch niemandem geschadet und helfen Ihnen, am Ende die richtige Entscheidung zu treffen.
Wenn Sie sich jetzt wohler damit fühlen, die Zügel etwas lockerer zu lassen, dürfen Sie das durchaus tun. Allerdings sollten Sie sich nicht einfach zurückziehen, sondern Ihre Pläne mit Ihrem beruflichen Umfeld teilen.

Tipp des Monats:
Es ist ein Geschenk, die eigene Freude mit anderen zu teilen.

WU
Pferd

Grundtendenz des Monats:
Für das oft eher realistische Pferd mögen sich diese Wochen vielleicht ein wenig ungewohnt anfühlen, denn mit Drache und Schlange treten nun gleich zwei Tierzeichen auf den Plan, die sich mit spirituellen Themen beschäftigen. Das kann das Pferd durchaus motivieren, etwas tiefer in diese Materie einzutauchen. Vielleicht stellen Sie nun fest, dass sich Pragmatismus und eine gewisse Verbundenheit mit dem Göttlichen nicht ausschließen müssen.
Der Drache mag seinen Untertanen abenteuerliche Pläne einflüstern, aber es ist noch lange nicht alles Gold, was glänzt. Prüfen Sie nun genau, worauf Sie sich einlassen.

Liebe, Familie, Freundschaft: Warum in die Ferne schweifen, liebes Pferd? Manchmal findet sich das Glück direkt vor der eigenen Haustür. Wenn Sie also auf der Suche nach einem neuen Partner sind, sollten Sie nun vielleicht Ihr unmittelbares Umfeld etwas genauer betrachten.
Mit der glücklichen Erd-Schlange an Ihrer Seite haben Sie im Mai die Gelegenheit, es auf der privaten Ebene ruhiger angehen zu lassen. Genießen Sie einfach, was Sie haben und erfreuen Sie sich an der Gesellschaft Ihrer Lieben.

Beruf, Finanzen: In diesem Monat muss das Pferd sich wahrscheinlich deutlich mehr anstrengen als in den vergangenen Wochen, um ein ähnliches Ergebnis zu erreichen. Es macht auf jeden Fall Sinn, den persönlichen Einsatz zu steigern, denn so können Sie langfristig auf jeden Fall mehr profitieren.
Ohne gute Vorbereitung läuft nun recht wenig. Machen Sie also Ihre Hausaufgaben und beschaffen Sie sich rechtzeitig die nötigen Hintergrundinformationen. Das bezieht sich übrigens auch auf Ihre Finanzen, über die Sie nun einen guten Überblick bekommen sollten. Das gibt Ihnen die nötige Sicherheit, damit Sie in den kommenden Monaten mehr riskieren können.

Tipp des Monats:
Verlassen Sie sich jetzt lieber nicht zu sehr auf andere, sondern überprüfen Sie selbst die wirklichen wichtigen Angelegenheiten!

WEI
Ziege

Grundtendenz des Monats:
Die innere Stimme ist im Mai vielleicht ein bisschen deutlicher zu hören als sonst. Das liegt sicher auch daran, dass sich nun eine Schlange mit dem Drachen zusammen tut und vor allem die feinen Antennen der Ziege stärkt.
Nun ist auch ein guter Zeitpunkt, Ihre spirituelle Seite zu stärken und Ihre Verbindung zur Welt und zu höheren Ebenen zu vertiefen. Meditieren, Yoga oder andere spirituelle Praktiken können Ihnen in diesen Wochen dabei helfen, eine tiefere innere Balance zu finden und Ihr Bewusstsein zu erweitern. Nutzen Sie diese Zeit, um sich mit Ihrem inneren Selbst zu verbinden und in Einklang mit Ihrer spirituellen Natur zu kommen.

Liebe, Familie, Freundschaft: Ein ungutes Gefühl in der Magengegend muss nicht automatisch bedeuten, dass Ihr Partner Ihr Vertrauen missbraucht. Kommunizieren Sie offen und ehrlich miteinander, teilen Sie Ihre Sorgen und Ängste, und hören Sie auch auf die Perspektive Ihres Partners. Vertrauen und Offenheit sind entscheidend, um eine gesunde und harmonische Beziehung aufzubauen und aufrechtzuerhalten.
Wer im Privatleben neue Wege beschreiben will, tut sich vielleicht noch schwer damit, Freunde und Familie mit einzubeziehen. Machen Sie den Mund auf - Sie werden sich wundern, wieviel positives Feedback Sie auf Ihre Pläne bekommen.

Beruf, Finanzen: Hören Sie jetzt auf Ihr Bauchgefühl, aber vergessen Sie trotzdem nicht, die Fakten zu prüfen. Damit Sie nun an alle nötigen Informationen gelangen, müssen Sie hartnäckig bleiben. Die Schlange kann Ihnen sicher dabei helfen, nicht locker zu lassen und wirklich alle nötigen Details ans Licht zu bringen.
Auch wenn Ihre Prioritäten nun vielleicht woanders liegen, heißt das nicht, dass Sie Ihre Möglichkeiten nun völlig ignorieren sollten. Wenn Sie nicht direkt einsteigen wollen, kommunizieren Sie wenigstens Ihr prinzipielles Interesse.

Tipp des Monats:
Finden Sie jetzt eine gute Balance zwischen Gefühl und Pragmatismus. So können gute Entscheidungen getroffen werden.

SUNG
Affe

Grundtendenz des Monats:
Die Kombination aus Schlange und Drache stärkt auch beim Affen im Mai den Draht nach oben. Es könnte eine gute Idee sein, sich mehr der eigenen spirituellen Entwicklung zuzuwenden. Das Universum lädt Sie nun ein, tief in die Materie einzutauchen und so wirklich tiefgreifende Veränderungen herbeizuführen.
Innere Zufriedenheit lässt sich in diesen Wochen nicht erkaufen, sondern will aus dem eigenen Antrieb des Affen erreicht werden. Dafür braucht es nun in der Regel nicht wirklich viel - eine positive Grundeinstellung und kindliche Neugier reichen vollkommen aus.

Liebe, Familie, Freundschaft: Macht sich im Inneren Harmonie breit, lässt sich das auch in der Partnerschaft spüren. Wenn es dem Affen gelingt, in diesen Wochen mit sich selbst im Reinen zu sein, stehen ihm sicher eine Reihe schöner Stunden mit der besseren Hälfte bevor. Sind Sie dagegen im Augenblick nicht mit sich selbst zufrieden, kann das leicht auf die Beziehung abfärben. Hüten Sie sich davor, Andere für Ihre schlechte Laune verantwortlich zu machen und arbeiten Sie lieber weiter an sich selbst.
Nicht jeder in Ihrem Familien- und Freundeskreis hat so ein sonniges Gemüt wie Sie. Setzen Sie Ihre Energie nun dafür ein, dass Ihre Lieben sich gesehen fühlen.

Beruf, Finanzen: Mit dem Drachen herrscht 2024 ein Tierzeichen, dass sich in der Regel nicht allzu viele Gedanken um die Finanzen macht und seine Untertanen deshalb durchaus in riskante Unternehmungen verstricken kann. Wie gut, dass in diesem Monat die besonnene Schlange dafür sorgt, dass der Affe nicht über die Stränge schlägt und mehr ausgibt, als er sollte!
Die Schlange kann nun ebenfalls dafür sorgen, dass Sie sich nicht unvorbereitet in neue Projekte stürzen. Informieren Sie sich gut im Vorfeld, dann können Sie schnell voll einsteigen.

Tipp des Monats:
Ein gewisses Sicherheitsdenken kann auch 2024 nicht schaden. Gehen Sie lieber kein unnötiges Risiko ein!

YU
Hahn

Grundtendenz des Monats:
Der Mai dürfte der beste Monat für den Hahn im Jahr des Drachen werden. Die Anwesenheit der Erd-Schlange kann Ihnen wunderbar dabei helfen, Ihre Ressourcen effektiver einzusetzen. Mit einem guten Weitblick und sorgfältiger Planung stehen die Chancen sehr gut, dass Sie Ihre angestrebten Ziele erreichen.
Gleichzeitig rückt durch die Kombination aus Drache und Schlange das Thema Spiritualität mehr in den Vordergrund. Wer sich bislang noch nicht wirklich damit beschäftigt hat, findet nun sicher einen guten Zugang. Für alle Hähne, die schon länger Ihren Draht nach oben pflegen, ist es eine gute Gelegenheit, das Ganze zu intensivieren.

Liebe, Familie, Freundschaft: Ein ruhiges und zufriedenes Leben erscheint nun besonders attraktiv für den Hahn. Es muss in diesen Wochen wirklich nicht ums liebe Geld gehen! Konzentrieren Sie sich lieber auf die kleinen Freuden, die Sie mit Partner, Familie und Freunden teilen können. Persönliche Kontakte mit viel Wärme und Liebe ersetzen jedes noch so volle Bankkonto.
Im Jahr des Drachen wird sicher nicht von Ihnen verlangt, dass Sie sich sofort festlegen. Wenn nun Ihr Herz für einen neuen Menschen schlägt, dürfen Sie sich die Zeit nehmen, Ihre Gefühle zu erforschen und in die Tiefe zu gehen.

Beruf, Finanzen: Lassen Sie sich bitte nicht zu Entscheidungen drängen in diesen Wochen, lieber Hahn. Mit der Schlange an Ihrer Seite haben Sie den perfekten Ratgeber, um die Sache ganz in Ruhe von allen Seiten zu betrachten. Auch wenn der Drache Sie zur Eile antreiben mag, dürfen Sie jetzt ganz entspannt bleiben und sich die Zeit nehmen, die Sie brauchen.
Wenn Sie nun das Gefühl haben, dass Sie irgendetwas ausbremst, sollten Sie genauer hinschauen. Liegt der Grund im Außen oder hat es vielleicht eher etwas mit Ihrer inneren Einstellung zu tun?

Tipp des Monats:
Gut Ding will auch im Jahr des Drachen Weile haben. Lassen Sie sich nicht hetzen!

SHIH
Hund

Grundtendenz des Monats:
Nach eher unsicheren Wochen dürfte nun für die meisten Hunde wieder mehr die Sonne scheinen. Mit einer positiven Grundeinstellung können sich im Mai wunderbare Dinge für Sie entwickeln! Verscheuchen Sie also aktiv die trüben Gedanken und denken Sie daran, dass Sie Ihre Realität selbst gestalten können.

Nun werden Sie von einer glücklichen Erd-Schlange begleitet, die selbst die schlechteste Laune heben kann. Wie gut Sie sich fühlen, lässt sich nicht an Besitz oder Einkommen messen, sondern einzig und allein an den wunderbaren persönlichen Kontakten, die Sie haben und nun weiter knüpfen dürfen.

Liebe, Familie, Freundschaft: Damit es in den eigenen vier Wänden rund laufen kann, müssen alle Beteiligten wirklich gewillt sein, aktiv zur Harmonie beizutragen. Sicher lassen sich Partner und Familie nun deutlich besser motivieren als noch im Monat zuvor - zumal sich auch Ihre eigene Laune unter der aktuellen Konstellation deutlich bessern dürfte.

Nur weil der Drache permanent versucht, das Tempo anzuziehen, heißt das nicht, dass Sie sich in der Partnerschaft darauf einlassen müssen. Wenn es für beide Seiten in Ordnung ist, kann auch einfach alles beim Alten bleiben.

Beruf, Finanzen: Auch auf der beruflichen Ebene muss der Hund nicht jedem Impuls folgen. Sicher bieten sich mit dem Drachen jede Menge Möglichkeiten, aber am Ende des Tages entscheiden Sie allein, ob Sie wirklich zugreifen wollen. Mit Hilfe der Schlange lässt sich in diesem Monat recht gut analysieren, was für Sie Sinn macht. Von allen anderen Optionen können Sie getrost die Finger lassen.

Wer in einer Führungsposition tätig ist, hat nun alle Hände voll damit zu tun, seine Mitstreiter zu motivieren. Am besten setzen Sie Anreize, denen man nur schwer widerstehen kann.

Tipp des Monats:
Mit guter Laune laufen alle Dinge gleich besser. Lassen Sie sich nun nicht von kleinen Hindernissen ärgern!

HAN
Schwein

Grundtendenz des Monats:
Seien Sie im Mai besonders vorsichtig, verehrtes Schwein. Wenn man Sie auf neues und unbekanntes Terrain locken möchte, sollten Sie nicht zu vertrauensvoll sein, sondern wachsam bleiben. Achten Sie auf jedes kleine Detail, da es später eine wichtige Rolle spielen könnte. Mit der Schlange in der Opposition wird Ihnen in diesem Monat vielleicht das eine oder andere kleinere Hindernis präsentiert. Wer wachsam bleibt und auf seine Intuition vertraut, wird aber sicher verhindern können, in die Falle zu tappen. Und sollte es doch etwas schwieriger werden, verlassen Sie sich einfach darauf, dass der Spuk spätestens in zwei Monaten vorbei ist.

Liebe, Familie, Freundschaft: Das Thema Spiritualität ist im Jahr des Drachen immer präsent - umso mehr, wenn ihn auch noch die Schlange begleitet. Vielleicht wäre das nun etwas, was Sie gemeinsam mit Ihrem Partner genauer erforschen könnten. Wer weiß, wohin Sie beide das Ganze mittelfristig bringen kann…

Das häusliche Schwein ist in der Regel nicht unbedingt auf Abenteuer aus. Mit dem Drachen kann es aber nun durchaus passieren, dass Sie die Leidenschaft packt und Sie einfach mehr erleben wollen. Wer Single ist, kann diesem Impuls nun ruhig nachgehen. Bei aller Spontanität sollten Sie aber auch immer mögliche spätere Folgen im Auge behalten.

Beruf, Finanzen: Die Schlange schärft in diesem Monat den Blick aufs Detail. So können Sie so jetzt kleinere Probleme besser erkennen und gleich von der Wurzel her beseitigen. Das bringt Sie vielleicht keinen großen Schritt voran, ist aber die Lösung für etwas, was Ihnen schon länger ein Dorn im Auge war.

Sie werden sicher schon bemerkt haben, dass um Sie herum der Wind der Veränderung recht kräftig weht. In vielen Fällen ist das Schwein davon aber nicht unmittelbar betroffen

Tipp des Monats:
Glauben Sie jetzt nicht alles, was Sie hören. Bevor Sie sich zu sehr für eine Sache begeistern, wäre es gut, die Fakten zu durchleuchten.

Mai 2024	Jahreskonstellation – Holz Drache Monatskonstellation – Erd Schlange

1. Holz Büffel	Ratte Büffel Tiger Hase Drache Schlange Pferd Ziege Affe Hahn Hund Schwein **Günstig:** Handel, Geschäftseröffnungen, Hochzeiten und andere Feste planen. **Ungünstig:** Beerdigungen, Reisen, Arztbesuche.
2. Feuer Tiger	Ratte Büffel Tiger Hase Drache Schlange Pferd Ziege Affe Hahn Hund Schwein **Günstig:** Handwerkliche Aktivitäten, Handel, Hochzeiten, Reisen. **Ungünstig:** Trauerfeiern und Beerdigungen, schwere körperliche Arbeit.
3. Feuer Hase	Ratte Büffel Tiger Hase Drache Schlange Pferd Ziege Affe Hahn Hund Schwein **Günstig:** Ankündigungen machen, Beerdigungen, Trauerfeiern. **Ungünstig:** Handel, Vergnügungen, Freizeitaktivitäten.
4. Erd Drache	Ratte Büffel Tiger Hase Drache Schlange Pferd Ziege Affe Hahn Hund Schwein **Günstig:** Kleidung schneidern, Handel, Buchhaltung, Ausflüge, neue Dinge beginnen. **Ungünstig:** Geschäfte eröffnen, Kraftanstrengungen, Reisen, Ersparnisse ausgeben.
5. Erd Schlange	Ratte Büffel Tiger Hase Drache Schlange Pferd Ziege Affe Hahn Hund Schwein **Günstig:** Kleidung schneidern, Handel, Buchhaltung, Ausflüge, neue Dinge beginnen. **Ungünstig:** Geschäfte eröffnen, Kraftanstrengungen, Reisen, Ersparnisse ausgeben.
6. Metall Pferd	Ratte Büffel Tiger Hase Drache Schlange Pferd Ziege Affe Hahn Hund Schwein **Günstig:** Putzen, waschen, fasten, seelische und körperliche Pflege, Arztbesuche. **Ungünstig:** Ausdauersport, Reisen, Hochzeit.
7. Metall Ziege	Ratte Büffel Tiger Hase Drache Schlange Pferd Ziege Affe Hahn Hund Schwein **Günstig:** Umziehen, Reisen, Hochzeiten, Empfänge, wichtige Konferenzen. **Ungünstig:** geistige Arbeiten, Gartenarbeit, häusliche Tätigkeiten.
8. Wasser Affe	Ratte Büffel Tiger Hase Drache Schlange Pferd Ziege Affe Hahn Hund Schwein **Günstig:** Versammlungen, gerechte Verteilungen, Hochzeit, Konferenzen, Umzug. **Ungünstig:** Gartenarbeit, Dinge zum Abschluss bringen.
9. Wasser Hahn	Ratte Büffel Tiger Hase Drache Schlange Pferd Ziege Affe Hahn Hund Schwein **Günstig:** Gartenarbeit, Feiern, Hochzeit, Dinge zum Abschluss bringen. **Ungünstig:** keine Anschuldigungen gegen Dritte erheben.
10. Holz Hund	Ratte Büffel Tiger Hase Drache Schlange Pferd Ziege Affe Hahn Hund Schwein **Günstig:** Gartenarbeit, Hochzeit, Dinge zum Abschluss bringen. **Ungünstig:** Umzug, Reisen, Geschäftseröffnung.
11. Holz Schwein	Ratte Büffel Tiger Hase Drache Schlange Pferd Ziege Affe Hahn Hund Schwein **Günstig:** Ausruhen, Meditation, seinen Hobbys nachgehen. **Ungünstig:** wichtige Unternehmungen.
12. Feuer Ratte	Ratte Büffel Tiger Hase Drache Schlange Pferd Ziege Affe Hahn Hund Schwein **Günstig:** Amüsieren, mit Freunden ausgehen, Freizeitaktivitäten. **Ungünstig:** geschäftliche Aktivitäten, neue Dinge anfangen.
13. Feuer Büffel	Ratte Büffel Tiger Hase Drache Schlange Pferd Ziege Affe Hahn Hund Schwein **Günstig:** für die meisten Aktivitäten, Geschäftsabschlüsse, Partnerschaft. **Ungünstig:** negative Bemerkungen über andere Menschen.
14. Erd Tiger	Ratte Büffel Tiger Hase Drache Schlange Pferd Ziege Affe Hahn Hund Schwein **Günstig:** Handel, Geschäftseröffnungen, Hochzeiten und andere Feste planen. **Ungünstig:** Beerdigungen, Reisen, Arztbesuche.
15. Erd Hase	Ratte Büffel Tiger Hase Drache Schlange Pferd Ziege Affe Hahn Hund Schwein **Günstig:** Handwerkliche Aktivitäten, Handel, Hochzeiten, Reisen. **Ungünstig:** Trauerfeiern und Beerdigungen, schwere körperliche Arbeit.

Ob ein Tag besonders günstig für Ihr Tierzeichen ist, sehen Sie an folgenden Farben:
Rot = sehr günstig, Grau = günstig, Schwarz = nicht günstig

Jahreskonstellation – Holz Drache Monatskonstellation – Erd Schlange	Mai 2024

16. Metall Drache	Ratte Büffel Tiger Hase Drache Schlange Pferd Ziege Affe Hahn Hund Schwein **Günstig:** Ankündigungen machen, Beerdigungen, Trauerfeiern. **Ungünstig:** Handel, Vergnügungen, Freizeitaktivitäten.
17. Metall Schlange	Ratte Büffel Tiger Hase Drache Schlange Pferd Ziege Affe Hahn Hund Schwein **Günstig:** Kleidung schneiden, Handel, Buchhaltung, Ausflüge, neue Dinge beginnen. **Ungünstig:** Geschäfte eröffnen, Kraftanstrengungen, Reisen, Ersparnisse ausgeben.
18. Wasser Pferd	Ratte Büffel Tiger Hase Drache Schlange Pferd Ziege Affe Hahn Hund Schwein **Günstig:** Putzen, waschen, fasten, seelische und körperliche Pflege, Arztbesuche. **Ungünstig:** Ausdauersport, Reisen, Hochzeit.
19. Wasser Ziege	Ratte Büffel Tiger Hase Drache Schlange Pferd Ziege Affe Hahn Hund Schwein **Günstig:** Umziehen, Reisen, Hochzeiten, Empfänge, wichtige Konferenzen. **Ungünstig:** geistige Arbeiten, Gartenarbeit, häusliche Tätigkeiten.
20. Holz Affe	Ratte Büffel Tiger Hase Drache Schlange Pferd Ziege Affe Hahn Hund Schwein **Günstig:** Versammlungen, gerechte Verteilungen, Hochzeit, Konferenzen, Umzug. **Ungünstig:** Gartenarbeit, Dinge zum Abschluss bringen.
21. Holz Hahn	Ratte Büffel Tiger Hase Drache Schlange Pferd Ziege Affe Hahn Hund Schwein **Günstig:** Gartenarbeit, Feiern, Hochzeit, Dinge zum Abschluss bringen. **Ungünstig:** keine Anschuldigungen gegen Dritte erheben.
22. Feuer Hund	Ratte Büffel Tiger Hase Drache Schlange Pferd Ziege Affe Hahn Hund Schwein **Günstig:** Gartenarbeit, Hochzeit, Dinge zum Abschluss bringen. **Ungünstig:** Umzug, Reisen, Geschäftseröffnung.
23. Feuer Schwein	Ratte Büffel Tiger Hase Drache Schlange Pferd Ziege Affe Hahn Hund Schwein **Günstig:** Ausruhen, Meditation, seinen Hobbys nachgehen. **Ungünstig:** wichtige Unternehmungen.
24. Erd Ratte	Ratte Büffel Tiger Hase Drache Schlange Pferd Ziege Affe Hahn Hund Schwein **Günstig:** Amüsieren, mit Freunden ausgehen, Freizeitaktivitäten. **Ungünstig:** geschäftliche Aktivitäten, neue Dinge anfangen.
25. Erd Büffel	Ratte Büffel Tiger Hase Drache Schlange Pferd Ziege Affe Hahn Hund Schwein **Günstig:** für die meisten Aktivitäten, Geschäftsabschlüsse, Partnerschaft. **Ungünstig:** negative Bemerkungen über andere Menschen.
26. Metall Tiger	Ratte Büffel Tiger Hase Drache Schlange Pferd Ziege Affe Hahn Hund Schwein **Günstig:** Handel, Geschäftseröffnungen, Hochzeiten und andere Feste planen. **Ungünstig:** Beerdigungen, Reisen, Arztbesuche.
27. Metall Hase	Ratte Büffel Tiger Hase Drache Schlange Pferd Ziege Affe Hahn Hund Schwein **Günstig:** Handwerkliche Aktivitäten, Handel, Hochzeiten, Reisen. **Ungünstig:** Trauerfeiern und Beerdigungen, schwere körperliche Arbeit.
28. Wasser Drache	Ratte Büffel Tiger Hase Drache Schlange Pferd Ziege Affe Hahn Hund Schwein **Günstig:** Ankündigungen machen, Beerdigungen, Trauerfeiern. **Ungünstig:** Handel, Vergnügungen, Freizeitaktivitäten.
29. Wasser Schlange	Ratte Büffel Tiger Hase Drache Schlange Pferd Ziege Affe Hahn Hund Schwein **Günstig:** Kleidung schneidern, Handel, Buchhaltung, Ausflüge, neue Dinge beginnen. **Ungünstig:** Geschäfte eröffnen, Kraftanstrengungen, Reisen, Ersparnisse ausgeben.
30. Holz Pferd	Ratte Büffel Tiger Hase Drache Schlange Pferd Ziege Affe Hahn Hund Schwein **Günstig:** Putzen, waschen, fasten, seelische und körperliche Pflege, Arztbesuche. **Ungünstig:** Ausdauersport, Reisen, Hochzeit.
31. Holz Ziege	Ratte Büffel Tiger Hase Drache Schlange Pferd Ziege Affe Hahn Hund Schwein **Günstig:** Umziehen, Reisen, Hochzeiten, Empfänge, wichtige Konferenzen. **Ungünstig:** geistige Arbeiten, Gartenarbeit, häusliche Tätigkeiten.

TZE
Ratte

Grundtendenz des Monats:
Kreative Neuansätze mögen in diesem Monat nicht unbedingt gefragt sein. Mit dem pragmatischen Erd-Pferd geht es im Juli eher darum, die nötigen Aufgaben ohne großes Murren zu erledigen. Das mag der Ratte nicht immer leicht fallen, ist aber jetzt erst einmal der Weg des geringsten Widerstandes. Mal ganz abgesehen davon, dass Sie so in vielen Bereichen für Ordnung sorgen können und lästige Aufgaben ein für alle Mal vom Tisch kommen.
Lassen Sie sich nicht entmutigen, wenn Ihnen im Juni nicht alles so leicht wie gewohnt von der Hand geht. Das Pferd steht in direkter Opposition zur Ratte, so dass es nun ein wenig Gegenwind geben kann.
Liebe, Familie, Freundschaft: Wenn gegensätzliche Meinungen aufeinander treffen, können sich die Gemüter in diesen Wochen durchaus etwas erhitzen. Am besten wäre es für Sie, wenn Sie kleinere Konflikte gleich offen austragen, damit sich daraus keine dauerhaften Probleme entwickeln können.
Halten Sie die Augen auf, wenn Sie nun neue Menschen treffen. Vielleicht ist nun der oder die Eine dabei und Ihre Suche findet ein glückliches Ende. Bewegen Sie sich ruhig aus Ihrer Komfortzone heraus. In diesem Monat gilt: „Gegensätze ziehen sich an."
Beruf, Finanzen: Wenn die Pflicht ruft, muss auch die Ratte zuweilen dem Ruf folgen. In diesem Monat erwartet man wahrscheinlich auf der beruflichen Ebene, dass Sie ohne Murren Ihren Job machen. Das mag nicht immer spannend sein, gibt Ihnen aber die Gelegenheit, zu beweisen, dass Sie durchaus in der Lage sind, auch eher uninteressante Aufgaben durchzuziehen.
Vielleicht ergibt sich die Möglichkeit, einige Dinge zu delegieren, wenn Sie freundlich darum bitten. Falls nicht, heißt es in diesem Monat leider „Augen zu und durch!" Spätestens ab August gibt es spannende neue Aufgaben für Sie.
Tipp des Monats:
Finden Sie eine für Sie machbare Balance zwischen Pflichterfüllung und Freude am Tun.

KIU
Büffel

Grundtendenz des Monats:
Mit vornehmer Zurückhaltung kommt der Büffel im Jahr des charismatischen Drachen nicht weiter. Deshalb ist es jetzt im Juni, den ein aktives Pferd begleitet, an der Zeit, den sicheren Stall zu verlassen. Schauen Sie sich ruhig genau um! Sie werden feststellen, dass es jede Menge Spannendes zu entdecken gibt. Warum nicht einfach einmal etwas Neues wagen?
Damit die Dinge in den Fluss kommen können, ist es nun eventuell nötig, sich mit einflussreicheren Personen zusammen zu tun. Seien Sie wachsam, damit Sie beizeiten die richtigen Kontakte knüpfen können.
Liebe, Familie, Freundschaft: Wenn der Büffel sich nun auf unbekanntere Pfade wagt, sollte er nicht vergessen, seine Lieben darüber in Kenntnis zu setzen. Vielleicht kommt aus den eigenen Reihen dann ja sogar Unterstützung. Es ist ohnehin viel schöner, wenn man die neuen Eindrücke mit Partner, Familie oder Freunden teilen kann.
Wer Kinder hat, kann in diesen Wochen einige wichtige Weichen stellen. Geben Sie ein wenig Verantwortung ab und trauen Sie dem Nachwuchs etwas zu! Nur wenn eigene Erfahrungen gemacht werden können, wird am Ende das Erlebte auch verinnerlicht.
Vielleicht wünscht sich Ihr Partner ein bisschen mehr Freiraum. Dem sollten Sie sich nicht verschließen - man kann schließlich nicht rund um die Uhr zusammen hängen.
Beruf, Finanzen: Der Büffel ist es gewohnt, seine Pflicht zu erfüllen und auch Aufgaben zu Ende zu bringen, die nicht ganz so erfüllend sind. In diesen Wochen kann sich Ihr Einsatz besonders lohnen und Sie bekommen vielleicht endlich die lang ersehnte Anerkennung.
Wenn Sie etwas wirklich gut können und sich damit sehr wohl fühlen, gibt es keinen Grund, es nicht zu tun. Lassen Sie sich nun nicht einreden, dass Ihre Qualifikation nicht ausreicht oder dass Sie nicht genug Erfahrung haben!
Tipp des Monats:
Ein offener Umgang mit den Menschen in Ihrem Umfeld bringt Zufriedenheit und Unterstützung.

YING Tiger

Grundtendenz des Monats:
Der Juni dürfte vor allem für die ehrgeizigen Tiger ein guter Monat werden. Mit dem Drachen als Jahresherrscher werden Sie besser wahrgenommen und können Ihre Ideen besser präsentieren. Das Pferd, was nun dazu kommt, sorgt darüber hinaus dafür, dass bei Ihrem Einsatz die Begeisterung nicht zu kurz kommt.
Achten Sie nun ganz besonders auf die Menschen, die Ihnen begegnen. Vielleicht ergibt sich ein Kontakt, der sich über die Zeit als sehr wertvoll erweisen kann und Ihnen Türen öffnet, die Ihnen bislang verschlossen geblieben sind.

Liebe, Familie, Freundschaft: Der Tiger liebt seine Unabhängigkeit. Wer sich in eine langfristige Beziehung mit diesem Tierzeichen begibt, sollte deshalb immer sicher stellen, dass genug Freiräume vorhanden sind. Bringt Ihr Partner dafür Verständnis auf, liegt es an Ihnen, das geschenkte Vertrauen auf keinen Fall zu missbrauchen.
Ungebundene Tiger können im Juni sicher so manches Abenteuer erleben. Aber auch hier gilt es, niemals auf Kosten des Anderen zu genießen. Seien Sie deshalb von Anfang an ehrlich und sagen Sie klar, was Sie wollen und was Sie zu geben bereit sind.

Beruf, Finanzen: Mehr Struktur kann dem Tiger in diesen Wochen sicher nicht schaden. Glücklicherweise bringt das Pferd jetzt einen guten Anteil Yang-Metall mit, der sich unter anderem hervorragend nutzen lässt, um wieder mehr Ordnung auf den Schreibtisch zu schaffen. Fangen Sie am Besten damit an, erst einmal die liegengebliebenen Kleinigkeiten zu erledigen. Dann haben Sie gleich mehr Luft für die Dinge, die sich nun aus neuen Begegnungen ergeben können.
Ein gesunder Wettbewerb hat noch nie geschadet und kann den Tiger jetzt zu neuen Höchstleistungen motivieren. Achten Sie darauf, dass bei allen Ambitionen der Spass nicht zu kurz kommt.

Tipp des Monats:
Drücken Sie sich nicht vor der Verantwortung, sondern stellen Sie sich den aktuellen Herausforderungen.

MAO Hase

Grundtendenz des Monats:
Es wäre von Vorteil, wenn Sie in den kommenden Wochen etwas mehr Entschlossenheit zeigen würden. Lassen Sie sich vom Jahresregenten inspirieren und gehen Sie energisch an die Aufgaben heran, die dringend erledigt werden müssen. Das Erd-Pferd, das Sie im Juni begleitet, kann Ihnen dabei helfen, die nötige Motivation für Ihre Projekte aufzubringen.
Wenn Sie Ihr soziales Umfeld erweitern wollen, wäre es sicher gut, sich jetzt in neue Gefilde vorzuwagen. So können Sie unter Umständen Bekanntschaften machen, die Ihnen nicht nur gut tun, sondern auch nützlich sein können.

Liebe, Familie, Freundschaft: Damit eine Beziehung sich in die richtige Richtung entwickeln kann, ist es natürlich erst einmal wichtig, dass Sie wissen, wohin Sie wollen. Falls Sie selber noch Zweifel an Ihrem zukünftigen Weg haben, kann Ihnen auch eine neue Liebe nur bedingt helfen. Dann wäre es nun sicher besser, erst noch einmal alleine in sich zu gehen.
Mit der yangigen Energie von Jahresregent und Pferd stehen nun im Familienkreis gemeinsame Aktivitäten im Vordergrund. Wenn das Wetter es zulässt, sollten Sie im Juni so viel Zeit wie möglich draußen verbringen. Vielleicht können Sie sich ja gegenseitig zu neuen sportlichen Aktivitäten animieren?

Beruf, Finanzen: Ein solides gesellschaftliches Netzwerk im Jahr des Holz-Drachen besonders hilfreich und lässt sich nun auch leichter aufbauen als zuvor. Nutzen Sie nun bestehende Kontakte, um mit den Menschen in Verbindung zu kommen, die Sie wirklich auf beruflicher Ebene weiterbringen können. Dabei sollten Sie sich nicht zu scheu zeigen, wenn es darum geht, die eigenen Fähigkeiten ins rechte Licht zu rücken.
Sie müssen nun unter Umständen mehr Verantwortung übernehmen, als Ihnen das lieb ist. Es gibt keinen Grund zu Sorge, denn Sie sind der Herausforderung gewachsen.

Tipp des Monats:
Ein gesunder Ehrgeiz hat noch niemandem geschadet, lieber Hase.

SHENG Drache

Grundtendenz des Monats:
Mit dem Palast-Pferd an der Seite ist der Juni auf jeden Fall ein Monat für den Drachen, in dem er sich mehr in der Öffentlichkeit zeigen sollte. Nur so können Sie neue Kontakte knüpfen und Verbindungen entstehen lassen, die Ihnen im Rest des Jahres so manche neue Türe öffnen können.
Woran liegt es, dass es immer wieder Situationen gibt in Ihrem Leben, in denen Sie sich nicht so recht entscheiden können? Konzentrieren Sie sich jetzt mehr auf das Yang Wasser, so dass Ihre Willenskraft gestärkt wird. Dann können Sie auch mutig und entschlossen wichtige Entschlüsse fassen.

Liebe, Familie, Freundschaft: Auch wenn es auf den ersten Blick vielleicht nicht immer den Anschein hat, ist der Drache durchaus in der Lage, Verantwortung zu übernehmen. Das können Sie Ihrem Partner im Juni sicher ganz besonders gut beweisen und ihm einen Teil der Last von den Schultern nehmen. Für Sie mag das gar nicht so etwas Besonderes sein, aber Ihre bessere Hälfte fühlt sich so gesehen und geliebt.
Wer immer noch auf der Suche nach einem neuen Liebesglück ist, sollte das nicht bei jeder Aktivität in den Vordergrund rücken. Machen Sie Dinge, die Ihnen Spaß machen - da findet sich eine gleichgesinnte Seele viel einfacher.

Beruf, Finanzen: Manch einer in Ihrem beruflichen Umfeld fragt sich vielleicht, woher Sie all diese Energie nehmen. Sie scheinen Ihr Pensum mühelos zu bewältigen und benötigen kaum Pausen. Bedenken Sie jedoch, dass sich bei Ihrem Tempo auch leicht Fehler einschleichen können, für die Sie am Ende gerade stehen müssen. Je besser Sie die strukturierende Metall-Energie nutzen, desto besser werden die Ergebnisse sein - und weniger anstrengend ist es auch.
Mit der entsprechenden Motivation können Sie nun sicher auch den Arbeiten etwas abgewinnen, die einfach nur erledigt werden wollen.

Tipp des Monats:
Es muss nicht immer gleich der ganz große Wurf sein. Üben Sie sich auch in kleinen Schritten!

SZE Schlange

Grundtendenz des Monats:
Mit einem energischen Metall-Pferd an Ihrer Seite können Sie im Juni einige Türen öffnen. Dabei geht es gar nicht darum, sich in den Vordergrund zu drängen. Vielmehr stellen Sie so sicher, dass Sie zur richtigen Zeit am richtigen Platz sind, um die richtigen Leute zu treffen.
Generell dürfen Sie im Jahr des Drachen die Dinge ein wenig energischer anpacken, liebe Schlange. Eine zu abwartende Haltung kann dazu führen, dass Andere Ihnen zuvor kommen und gute Gelegenheiten an Ihnen vorbeiziehen. Vergessen Sie also ruhig einmal Ihre vornehme Zurückhaltung und machen Sie auf sich aufmerksam.

Liebe, Familie, Freundschaft: Auch die zurückhaltende Schlange kann in diesem Monat gut neue Kontakte knüpfen. Daraus kann sich mittelfristig durchaus mehr entwickeln! Hüten Sie sich jedoch davor, die andere Seite unter Druck zu setzen. Bei der Entwicklung einer Beziehung ist es wichtig, dass man sich Zeit nimmt.
In bestehenden Beziehungen geht es nun vielleicht verstärkt darum, wie man sich gegenseitig persönliche Freiräume schaffen kann. Es ist sehr gesund, wenn beide Seiten in der Partnerschaft ein gewisses Maß an Unabhängigkeit beibehalten.

Beruf, Finanzen: Achten Sie jetzt auf eine sorgfältige Planung, um unnötige Verzögerungen zu vermeiden und doppelte Arbeit zu verhindern. Das zusätzliche Metallelement hilft Ihnen im Juni bei der Organisation und sorgt dafür, dass Sie nicht so wichtige Themen erst einmal an die Seite schieben können. Konzentrieren Sie sich lieber auf einige wenige wichtige Aktionen.
Sagen Sie offen, was Sie denken, wenn Sie danach gefragt werden. Das mag am Anfang unangenehm sein. Langfristig haben Sie jedoch nichts davon, wenn Sie Geschäftspartnern oder Vorgesetzten nach dem Mund reden.

Tipp des Monats:
Übernehmen Sie die Verantwortung für Ihr Handeln! Das gibt Ihnen mehr Unabhängigkeit in Ihren Entscheidungen.

> Getreide reift / Sommersonnenwende < Juni

WU
Pferd

Grundtendenz des Monats:

Im Juni begleitet Sie ein weiteres Pferd, was unter Umständen Ihren persönlichen Ehrgeiz etwas anfachen könnte. Anstatt sich nun jedoch verbissen in die Arbeit zu stürzen, tun Sie besser daran, sich in Geduld zu üben. Manchmal hilft es, erst einmal inne zu halten und die Situation genauestens zu analysieren. Damit es dann gelingen kann, die Spreu vom Weizen zu trennen, bringt der Monat einen guten Anteil an Yang Metall mit sich.

Wer mag, kann seine Aufmerksamkeit nun ein bisschen mehr auf soziale Aspekte lenken und in diesem Bereich mehr Verantwortung übernehmen. Engagieren Sie sich ruhig mehr für die Gemeinschaft.

Liebe, Familie, Freundschaft: Man wünscht sich nun vielleicht ein bisschen mehr Engagement von Ihnen, wenn es um familiäre Angelegenheiten geht. Zeigen Sie Interesse auch für die Dinge, die Sie im Grunde Ihres Herzens nicht ganz so spannend finden. Die andere Seite wird sich freuen, wenn Sie mehr Anteil nehmen.

In der Partnerschaft geht es nun vermehrt um ein gleichberechtigtes Miteinander. Sicher gibt es Bereiche, in denen der Eine oder der Andere die Führung übernimmt. Aber insgesamt sollten Sie darauf achten, dass das Verhältnis ausgeglichen bleibt.

Beruf, Finanzen: Wenn Sie glauben, dass Sie an bestimmte Entscheidungsträger nicht herankommen können, wird Sie das Schicksal nun vielleicht eines Besseren belehren. Mit Hilfe des Jahresregenten können Sie einen guten ersten Eindruck hinterlassen. Über die Zeit können Sie diesen dann sicher gut festigen.

Niemand verlangt von Ihnen, dass Sie alles wissen, liebes Pferd. Deshalb müssen Sie nun auch nicht so tun, als ob es so wäre. Das kommt auf der anderen Seite unter Umständen nicht besonders gut an.

Tipp des Monats:

Halten Sie nun die Augen offen! Gute Gelegenheiten wollen im Jahr des Drachen beherzt ergriffen werden.

WEI
Ziege

Grundtendenz des Monats:

Es schadet Ihrem Ansehen nicht, wenn Sie nun ein wenig mehr von Ihren „yangigen" Qualitäten zeigen. Ganz im Gegenteil - ein wenig mehr Biss und Durchsetzungskraft verschafft Ihnen den nötigen Respekt. So sorgen Sie dafür, dass nicht immer nur die anderen von Ihnen profitieren.

Drache und Pferd unterstützen in diesem Monat den Wunsch nach mehr persönlicher Unabhängigkeit. Das kann sich auch bei der Ziege bemerkbar machen, die sich nun gerne mehr Freiheiten herausnehmen möchte. Es ist eine gute Idee, sich nun mehr in unbekanntes Terrain vorzuwagen, denn so können Sie unter Umständen gute Kontakte knüpfen.

Liebe, Familie, Freundschaft: Wenn es in diesem Monat zu familiären Auseinandersetzungen kommt, sollten Sie sicher stellen, dass Sie sich nicht zu nachgiebig zeigen. Je klarer Sie Ihre Wünsche formulieren, desto wahrscheinlicher wird man Ihnen folgen.

Wenn sich Pferd und Ziege treffen, dürfte immer dann Harmonie auf der partnerschaftlichen Ebene herrschen, wenn sich beide Seiten mit der zugewiesenen Rolle wohlfühlen. Schwieriger wird es, wenn sich eine Seite nicht genug gesehen oder übergangen fühlt.

Beruf, Finanzen: Am Arbeitsplatz ist es nun wirklich wichtig, dass Sie sich nicht scheuen, Ihren Standpunkt deutlich zu vertreten. Dadurch erlangen Sie den nötigen Respekt von Kollegen, Kunden und Vorgesetzten und werden viel mehr ernst genommen. Wer sich im Berufsleben zu nachgiebig zeigt, begibt sich in die Gefahr, regelmäßig benachteiligt zu werden.

Es wird nun besonders gerne gesehen, wenn Sie mehr Verantwortung übernehmen. Zeigen Sie, dass Sie der Sache mehr als gewachsen sind. Mit dem entsprechenden Selbstbewusstsein erfüllen Sie die gestellten Aufgaben mit Bravour.

Tipp des Monats:

Je flexibler Sie agieren, um so einfacher wird es für Sie im Jahr des Drachen. Erwarten Sie das Unerwartete!

> Getreide reift / Sommersonnenwende < Juni

SUNG
Affe

Grundtendenz des Monats:
Mit den Metall-Pferd, dass den Monat begleitet, hat der Affe eine ganze Menge gemein. Zum einen teilt man den Drang nach Unabhängigkeit, der nun dazu führen könnte, dass Sie sich noch weniger als sonst festlegen möchten. Zum anderen sorgt das gemeinsame Yang Metall dafür, dass man sich nun einfacher von Dingen und Menschen trennen kann, die einfach auf Dauer nicht gut tun.
An Selbstbewusstsein sollte es dem Affen im Jahr des Drachen sicher nicht mangeln Scheuen Sie sich nun also bitte nicht, auch mit Menschen Kontakt aufzunehmen, die Sie bislang vielleicht für unerreichbar gehalten haben.
Liebe, Familie, Freundschaft: Das gilt auch für einen potentiellen neuen Partner. Machen Sie sich nun bitte keine Gedanken darüber, ob die für Sie gut genug sind, lieber Affe. Wer nicht wagt, kann in diesem Monat keine Herzen gewinnen.
Wenn Sie zufrieden mit Ihrer aktuellen häuslichen Situation sind, dürfen Sie das ruhig zeigen. Partner und Familie haben es verdient, von Ihnen öffentlich geschätzt und gesehen zu werden. Im Jahr des Drachen ist es besonders wichtig, nicht nur selbst glänzen zu wollen, sondern auch die andere Seite mit ins rechte Licht zu rücken.
Beruf, Finanzen: Im Juni ist das aktive Yang besonders stark präsent, was den Affen dazu verleiten könnte, sich zu viele Aufgaben auf einmal aufzubürden. Es ist wichtig, dass Sie jetzt auf sich selbst achten und sich nicht überfordern. Selbst wenn Ihnen Ihre zahlreichen beruflichen Aktivitäten viel Freude machen, sollten Sie darauf achten, nicht zu viel zu tun, um Ihre Gesundheit oder Ihre Beziehung nicht zu gefährden.
Im Team lässt sich in diesen Wochen wirklich viel erreichen. Vor allem, wenn die Aufgaben nach Fähigkeiten vergeben werden und nicht nach persönlichen Präferenzen können Sie gemeinsam die gesteckten Ziele erreichen.

Tipp des Monats:
Gute Gelegenheiten wollen nun sofort ergriffen werden. Stellen Sie sicher, dass Sie Ihrer Verantwortung gerecht werden.

YU
Hahn

Grundtendenz des Monats:
Auch wenn die Umstände auf den ersten Blick vielleicht nicht ganz optimal sind, können Sie nun sowohl auf der privaten als auch auf der beruflichen Ebene in Kontakt mit den richtigen Menschen kommen. Ein guter erster Eindruck ist wichtig, also zeigen Sie sich bitte so authentisch wie möglich und versuchen Sie nicht, sich hinter einer künstlichen Fassade zu verstecken.
Das Metall-Pferd, das den Juni begleitet, ist ein sehr verantwortungsbewusster Vertreter seiner Art. Das dürfte dem Hahn helfen, immer dann in die Bresche zu springen, wenn es die Umstände verlangen und seine Stärken nicht nur für sich selbst sondern auch zum Wohle anderer Menschen auszuspielen.
Liebe, Familie, Freundschaft: Sie sind nicht zufrieden mit Ihrem Privatleben? Dann sollten Sie vielleicht zuerst einmal schauen, ob das nicht an der eigenen Einstellung liegt, bevor Sie Ihre schlechte Laune an Ihren Lieben auslassen. Vielleicht lässt sich das Ganze durch eine positive Grundeinstellung beheben.
Haben Sie allerdings das Gefühl, dass dringend Veränderung her muss und Sie mehr Freiheiten brauchen, sollten Sie das Gespräch mit dem Partner suchen, anstatt unbedacht und spontan zu handeln.
Beruf, Finanzen: Obwohl viele Hähne nicht unbedingt Teamplayer sind, wäre es nun besser, wenn Sie jetzt versuchen, sich in die Gemeinschaft einzufügen und die zugewiesenen Aufgaben in der Gruppe ohne murren zu übernehmen. Behalten Sie einfach das Ziel im Auge! Das ist gemeinsam deutlich einfacher zu erreichen, als wenn Sie sich alleine an die Arbeit machen.
Es ist wirklich nicht nötig, andere glauben zu lassen, dass Sie extrem beschäftigt sind, wenn Sie im Grunde nicht wissen, wohin mit Ihrer überschüssigen Energie. Stecken Sie diese lieber in sinnvolle Aktivitäten.

Tipp des Monats:
Finden Sie ungewöhnliche Wege, wie Sie Ihre Talente auf positive Weise in die Gemeinschaft einbringen können!

SHIH
Hund

Grundtendenz des Monats:
Im Jahr des Drachen muss man aktiv sein, um etwas zu erreichen. Mit dem dynamischen Pferd an seiner Seite sollte der Hund jetzt in der Lage sein, sich mehr einzubringen. Warten Sie nicht zu lange darauf, dass andere etwas für Sie tun. Wer nur beobachtend am Seitenrand steht, bekommt nicht viel ab vom großen Kuchen.
Pferd und Hund ergänzen sich ganz wunderbar, wenn es darum geht, die eigenen Ambitionen zu verfolgen. Da bekommen Sie nun sicher einige Gelegenheiten, sich selbst zu verwirklichen und können vielleicht Dinge umsetzen, die Ihnen bislang kaum machbar erschienen.
Liebe, Familie, Freundschaft: In der Regel tut sich der Hund nicht schwer damit, für seine Lieben Verantwortung zu übernehmen. Dafür erwartet er allerdings auch, dass man seinen Schutz und Einsatz schätzt und annimmt. Sollte das in diesen Wochen nicht der Fall sein, wird es nun Zeit für ein ernstes Gespräch. Vor allem der Nachwuchs sollte begreifen, dass es keinesfalls selbstverständlich ist, dass Sie immer da sind, um ihm den Rücken zu stärken.
Gemeinsame Aktivitäten tun bestehenden wie auch frischen Beziehungen nun ganz besonders gut. Warten Sie nicht, bis der Sommer vorbei ist, sondern organisieren Sie gleich etwas!
Beruf, Finanzen: Wenn Sie nun die richtigen Unterstützer treffen wollen, müssen Sie sich mehr zeigen und Ihre Fähigkeiten an den richtigen Stellen präsentieren. Kommt der Prophet nicht zum Berg, dann bewegt sich der Berg eben in Richtung Prophet!
Es muss gar nicht immer die ganz große Innovation sein im Jahr des Drachen! Gute Ideen werden immer gebraucht - vor allem, wenn sich dadurch Arbeitsabläufe optimieren lassen. Mit Ihrer Erfahrung können Sie nun sicher dazu beitragen, dass sich die Inspiration des Jahresherrschers auch in kleinen Aktionen zeigen kann.
Tipp des Monats:
Eine kleine Veränderung kann große Auswirkungen haben. Lassen Sie sich Ihre Ideen nun nicht klein reden!

HAN
Schwein

Grundtendenz des Monats:
Wem es nun gelingt, zur richtigen Zeit am richtigen Platz zu sein, der kann einige wertvolle Bekanntschaften machen. Am Besten verlassen Sie sich auf Ihr Bauchgefühl.
Mit dem Metall-Pferd steht Ihnen nun neben dem Drachen ein weiteres Tierzeichen zur Seite, welches Wert auf seine Unabhängigkeit legt. Wenn Sie schon länger mehr Ihr eigenes Ding machen möchten, wäre nun vielleicht ein guter Zeitpunkt, sich nach und nach von vorhandenen Verpflichtungen zu lösen.
Liebe, Familie, Freundschaft: Das Thema loslassen könnte auch auf der privaten Ebene mehr an Bedeutung gewinnen. Es könnte sich jetzt sowohl auf den Nachwuchs beziehen, der langsam flügge wird, oder auch generell familiäre Bindungen betreffen, die schon seit längerem gelockert werden könnten.
Es mag zwar ein recht günstiger Monat für das Schwein sein, um sich in der Gesellschaft mehr zu etablieren. Die Frage ist allerdings, ob das im Augenblick wirklich erstrebenswert ist für Sie. Vielleicht ist es nun doch wichtiger, mehr Zeit mit Partner und Familie zu verbringen, anstatt sich nach außen zu präsentieren.
Beruf, Finanzen: Gemeinsam lässt sich in diesem Monat deutlich mehr erreichen als mit Alleingängen. Auch wenn der Drache es befürwortet, dass Sie Ihre eigenen Entscheidungen treffen, ist es trotzdem keine gute Idee, dafür langjährige und vertraute Mitstreiter zurückzulassen. Vielleicht könnten Sie die zusätzliche Aufmerksamkeit einfach dafür nutzen, dass alle gleichermaßen Anerkennung erfahren.
Wer nun ohne Aufheben seine Pflicht erfüllt, wird sicher Anerkennung erfahren. Das ist zwar nicht besonders spannend, aber irgendwer muss die Arbeit ja tun. Zeigen Sie nun also ruhig, dass Sie gewillt sind, auch für unspektakuläre Projekte die Verantwortung zu übernehmen.
Tipp des Monats:
Wohl überlegte Aktionen bringen langfristig ein deutlich besseres Ergebnis. Es lohnt sich nicht, zu viel Risiko einzugehen.

Juni 2024	Jahreskonstellation – Holz Drache Monatskonstellation – Metall Pferd

1. Feuer Affe	Ratte Büffel Tiger Hase Drache Schlange Pferd Ziege Affe Hahn Hund Schwein **Günstig:** Versammlungen, gerechte Verteilungen, Hochzeit, Konferenzen, Umzug. **Ungünstig:** Gartenarbeit, Dinge zum Abschluss bringen.
2. Feuer Hahn	Ratte Büffel Tiger Hase Drache Schlange Pferd Ziege Affe Hahn Hund Schwein **Günstig:** Gartenarbeit, Feiern, Hochzeit, Dinge zum Abschluss bringen. **Ungünstig:** keine Anschuldigungen gegen Dritte erheben.
3. Erd Hund	Ratte Büffel Tiger Hase Drache Schlange Pferd Ziege Affe Hahn Hund Schwein **Günstig:** Gartenarbeit, Hochzeit, Dinge zum Abschluss bringen. **Ungünstig:** Umzug, Reisen, Geschäftseröffnung.
4. Erd Schwein	Ratte Büffel Tiger Hase Drache Schlange Pferd Ziege Affe Hahn Hund Schwein **Günstig:** Ausruhen, Meditation, seinen Hobbys nachgehen. **Ungünstig:** wichtige Unternehmungen.
5. Metall Ratte	Ratte Büffel Tiger Hase Drache Schlange Pferd Ziege Affe Hahn Hund Schwein **Günstig:** Ausruhen, Meditation, seinen Hobbys nachgehen. **Ungünstig:** wichtige Unternehmungen.
6. Metall Büffel	Ratte Büffel Tiger Hase Drache Schlange Pferd Ziege Affe Hahn Hund Schwein **Günstig:** Amüsieren, mit Freunden ausgehen, Freizeitaktivitäten. **Ungünstig:** geschäftliche Aktivitäten, neue Dinge anfangen.
7. Wasser Tiger	Ratte Büffel Tiger Hase Drache Schlange Pferd Ziege Affe Hahn Hund Schwein **Günstig:** für die meisten Aktivitäten, Geschäftsabschlüsse, Partnerschaft. **Ungünstig:** negative Bemerkungen über andere Menschen.
8. Wasser Hase	Ratte Büffel Tiger Hase Drache Schlange Pferd Ziege Affe Hahn Hund Schwein **Günstig:** Handel, Geschäftseröffnungen, Hochzeiten und andere Feste planen. **Ungünstig:** Beerdigungen, Reisen, Arztbesuche.
9. Holz Drache	Ratte Büffel Tiger Hase Drache Schlange Pferd Ziege Affe Hahn Hund Schwein **Günstig:** Handwerkliche Aktivitäten, Handel, Hochzeiten, Reisen. **Ungünstig:** Trauerfeiern und Beerdigungen, schwere körperliche Arbeit.
10. Holz Schlange	Ratte Büffel Tiger Hase Drache Schlange Pferd Ziege Affe Hahn Hund Schwein **Günstig:** Ankündigungen machen, Beerdigungen, Trauerfeiern. **Ungünstig:** Handel, Vergnügungen, Freizeitaktivitäten.
11. Feuer Pferd	Ratte Büffel Tiger Hase Drache Schlange Pferd Ziege Affe Hahn Hund Schwein **Günstig:** Kleidung schneidern, Handel, Buchhaltung, Ausflüge, neue Dinge beginnen. **Ungünstig:** Geschäfte eröffnen, Kraftanstrengungen, Reisen, Ersparnisse ausgeben.
12. Feuer Ziege	Ratte Büffel Tiger Hase Drache Schlange Pferd Ziege Affe Hahn Hund Schwein **Günstig:** Putzen, waschen, fasten, seelische und körperliche Pflege, Arztbesuche. **Ungünstig:** Ausdauersport, Reisen, Hochzeit.
13. Erd Affe	Ratte Büffel Tiger Hase Drache Schlange Pferd Ziege Affe Hahn Hund Schwein **Günstig:** Umziehen, Reisen, Hochzeiten, Empfänge, wichtige Konferenzen. **Ungünstig:** geistige Arbeiten, Gartenarbeit, häusliche Tätigkeiten.
14. Erd Hahn	Ratte Büffel Tiger Hase Drache Schlange Pferd Ziege Affe Hahn Hund Schwein **Günstig:** Versammlungen, gerechte Verteilungen, Hochzeit, Konferenzen, Umzug. **Ungünstig:** Gartenarbeit, Dinge zum Abschluss bringen.
15. Metall Hund	Ratte Büffel Tiger Hase Drache Schlange Pferd Ziege Affe Hahn Hund Schwein **Günstig:** Gartenarbeit, Feiern, Hochzeit, Dinge zum Abschluss bringen. **Ungünstig:** keine Anschuldigungen gegen Dritte erheben.

Ob ein Tag besonders günstig für Ihr Tierzeichen ist, sehen Sie an folgenden Farben:
Rot = sehr günstig, Grau = günstig, Schwarz = nicht günstig

Jahreskonstellation – Holz Drache Monatskonstellation – Metall Pferd	Juni 2024

16. Metall Schwein	Ratte Büffel Tiger Hase Drache Schlange Pferd Ziege Affe Hahn Hund Schwein **Günstig:** Gartenarbeit, Hochzeit, Dinge zum Abschluss bringen. **Ungünstig:** Umzug, Reisen, Geschäftseröffnung.
17. Wasser Ratte	Ratte Büffel Tiger Hase Drache Schlange Pferd Ziege Affe Hahn Hund Schwein **Günstig:** Ausruhen, Meditation, seinen Hobbys nachgehen. **Ungünstig:** wichtige Unternehmungen.
18. Wasser Büffel	Ratte Büffel Tiger Hase Drache Schlange Pferd Ziege Affe Hahn Hund Schwein **Günstig:** Amüsieren, mit Freunden ausgehen, Freizeitaktivitäten. **Ungünstig:** geschäftliche Aktivitäten, neue Dinge anfangen.
19. Holz Tiger	Ratte Büffel Tiger Hase Drache Schlange Pferd Ziege Affe Hahn Hund Schwein **Günstig:** für die meisten Aktivitäten, Geschäftsabschlüsse, Partnerschaft. **Ungünstig:** negative Bemerkungen über andere Menschen.
20. Holz Hase	Ratte Büffel Tiger Hase Drache Schlange Pferd Ziege Affe Hahn Hund Schwein **Günstig:** Handel, Geschäftseröffnungen, Hochzeiten und andere Feste planen. **Ungünstig:** Beerdigungen, Reisen, Arztbesuche.
21. Feuer Drache	Ratte Büffel Tiger Hase Drache Schlange Pferd Ziege Affe Hahn Hund Schwein **Günstig:** Handwerkliche Aktivitäten, Handel, Hochzeiten, Reisen. **Ungünstig:** Trauerfeiern und Beerdigungen, schwere körperliche Arbeit.
22. Feuer Schlange	Ratte Büffel Tiger Hase Drache Schlange Pferd Ziege Affe Hahn Hund Schwein **Günstig:** Ankündigungen machen, Beerdigungen, Trauerfeiern. **Ungünstig:** Handel, Vergnügungen, Freizeitaktivitäten.
23. Erd Pferd	Ratte Büffel Tiger Hase Drache Schlange Pferd Ziege Affe Hahn Hund Schwein **Günstig:** Kleidung schneidern, Handel, Buchhaltung, Ausflüge, neue Dinge beginnen. **Ungünstig:** Geschäfte eröffnen, Kraftanstrengungen, Reisen, Ersparnisse ausgeben.
24. Erd Ziege	Ratte Büffel Tiger Hase Drache Schlange Pferd Ziege Affe Hahn Hund Schwein **Günstig:** Putzen, waschen, fasten, seelische und körperliche Pflege, Arztbesuche. **Ungünstig:** Ausdauersport, Reisen, Hochzeit.
25. Metall Affe	Ratte Büffel Tiger Hase Drache Schlange Pferd Ziege Affe Hahn Hund Schwein **Günstig:** Umziehen, Reisen, Hochzeiten, Empfänge, wichtige Konferenzen. **Ungünstig:** geistige Arbeiten, Gartenarbeit, häusliche Tätigkeiten.
26. Metall Hahn	Ratte Büffel Tiger Hase Drache Schlange Pferd Ziege Affe Hahn Hund Schwein **Günstig:** Versammlungen, gerechte Verteilungen, Hochzeit, Konferenzen, Umzug. **Ungünstig:** Gartenarbeit, Dinge zum Abschluss bringen.
27. Wasser Hund	Ratte Büffel Tiger Hase Drache Schlange Pferd Ziege Affe Hahn Hund Schwein **Günstig:** Gartenarbeit, Feiern, Hochzeit, Dinge zum Abschluss bringen. **Ungünstig:** keine Anschuldigungen gegen Dritte erheben.
28. Wasser Schwein	Ratte Büffel Tiger Hase Drache Schlange Pferd Ziege Affe Hahn Hund Schwein **Günstig:** Gartenarbeit, Hochzeit, Dinge zum Abschluss bringen. **Ungünstig:** Umzug, Reisen, Geschäftseröffnung.
29. Holz Ratte	Ratte Büffel Tiger Hase Drache Schlange Pferd Ziege Affe Hahn Hund Schwein **Günstig:** Ausruhen, Meditation, seinen Hobbys nachgehen. **Ungünstig:** wichtige Unternehmungen.
30. Holz Büffel	Ratte Büffel Tiger Hase Drache Schlange Pferd Ziege Affe Hahn Hund Schwein **Günstig:** Amüsieren, mit Freunden ausgehen, Freizeitaktivitäten. **Ungünstig:** geschäftliche Aktivitäten, neue Dinge anfangen.

TZE Ratte

Grundtendenz des Monats: Kaum ist das Pferd aus der Opposition verschwunden, herrscht in allen Bereichen wieder eitel Sonnenschein für die Ratte. Mit der Metall-Ziege kommt nun ein Tierzeichen ins Spiel, dass nicht nur für ein harmonischeres Miteinander sorgt, sondern auch die bislang in diesem Jahr eher unterrepräsentierte Struktur für Sie mitbringt.

So können sich auf der einen Seite spannende neue soziale Kontakte entwickeln, die Sie nicht nur inspirieren können, sondern Ihnen im Laufe der Zeit auch sehr nützlich werden können.

Auf der anderen Seite können Sie nun besser Ordnung in Ihre Gedanken bringen, und lange gehegte Pläne können Form annehmen.

Liebe, Familie, Freundschaft: In der Liebe können nun romantische Zeiten anbrechen - vorausgesetzt, die Ratte nimmt sich Zeit für den Partner und schenkt der besseren Hälfte die ungeteilte Aufmerksamkeit. Auch wer auf der Suche nach einer neuen Liebe ist, tut gut daran, sich im Juli mehr auf seine Gefühle zu konzentrieren.

Das Privatleben darf in diesem Monat deutlich in den Vordergrund treten. Nehmen Sie jede Gelegenheit wahr, die Ihnen Zeit mit Ihren Liebsten verspricht! Was Sie in diesen Wochen für den Partner und die Familie tun, wird man Ihnen so schnell nicht vergessen.

Beruf, Finanzen: Mit Unterstützung der methodischen Ziege sollte es Ihnen jetzt gelingen, Ihre Gedanken besser zu ordnen. Der Ordnung in Ihrem Kopf dürfen Sie dann auch die Ordnung im Außen folgen lassen und sich ein wenig disziplinierter ans Aufräumen machen.

Es kann deshalb nun nicht schaden, Ihr Arbeitsumfeld neu zu gestalten. Das kann dann gleich auch als Inspiration für neue Projekte wirken, die sich in einer strukturierten Umgebung viel besser entwickeln und ab nächsten Monat auch schneller umsetzen lassen.

Tipp des Monats:

Innere und äußere Harmonie sind in diesen Wochen wichtiger als schnelles Vorankommen.

KIU Büffel

Grundtendenz des Monats: Wie schaut es eigentlich mit Ihren sozialen Kontakten aus, lieber Büffel? Verlassen Sie sich vielleicht schon zu lange auf die immer gleiche Gruppe von Freunden und Bekannten? Dann ist es nun wirklich an der Zeit, neue Menschen in Ihr Leben zu lassen. Mit der kontaktfreudigen Ziege können Sie im Juli neue Verbindungen knüpfen.

Wer meint, er müsse immer alles alleine machen, sollte vielleicht jetzt konkret damit beginnen, andere um Hilfe zu bitten. Vielleicht weiß man gar nicht, dass auch der starke Büffel gerne Unterstützung an seiner Seite hätte.

Liebe, Familie, Freundschaft: Mit der mitfühlenden Ziege stehen auf der privaten Ebene der intensive Umgang mit der Familie mehr im Vordergrund. Vor allem, wenn in den vergangenen Monaten zu wenig Zeit für tiefgründige Gespräche geblieben ist, sollten Sie das jetzt nachholen. Gewährleisten Sie, dass alle Probleme Gehör finden.

Der aktuelle Jahresherrscher hat durchaus die Neigung, impulsive Entscheidungen zu treffen. Davon sollte der Büffel sich aber vor allem in der Partnerschaft nicht anstecken lassen. Sprechen Sie miteinander und finden Sie gemeinsam ein gutes Ergebnis!

Beruf, Finanzen: In diesem Monat ist Vorsicht bei allen finanziellen Transaktionen geboten. Lassen Sie sich auf keinen Fall zu Investitionen verführen, die nicht wenigstens mittelfristig Früchte tragen. Eine gute Überprüfung der Angelegenheit ist nun unerlässlich.

Sie müssen gar nicht immer mit dem Kopf durch die Wand, damit Sie bekommen, was Sie wollen. Warum versuchen Sie nicht einmal auf die sanftere Tour, Ihr Gegenüber zu überzeugen. Mit guten Argumenten sollten Sie jetzt Kollegen, Chefs oder potentielle Kunden auf Ihre Seite bringen können.

Tipp des Monats:

Begegnen Sie Ihrem Umfeld mit Freundlichkeit und Respekt! Wie man in den Wald hineinruft, so schallt es hinaus.

> Kleine Hitze / große Hitze < Juli

YING Tiger

Grundtendenz des Monats:
In einem Monat, der von einer mitfühlenden Ziege begleitet wird, geht es nun für den Tiger weniger darum, seine eigenen Ambitionen zu verfolgen. Vielmehr wird nun erwartet, dass Sie sich mehr für Ihre Umgebung engagieren. Wenn Sie jetzt Gutes tun, wird sich das gleich auf mehreren Ebenen auszahlen. Zum einen fühlt es sich einfach gut an, wenn man anderen Menschen helfen kann. Zum anderen sieht man den Tiger so in einem vollkommen neuen Licht, was am Ende des Tages nur von Vorteil sein kann. Mal ganz abgesehen davon, dass Sie dabei eine Menge interessanter Menschen treffen können.

Liebe, Familie, Freundschaft: Ziege und Drache mögen nicht immer einer Meinung sein, wenn es um den Umgang mit Partner oder Nachwuchs geht. Die Ziege zeigt sich deutlich nachgiebiger, was nun dazu führen könnte, dass der Tiger häufiger die Krallen einzieht und damit so manchen Konflikt vermeidet. Achten Sie dabei darauf, dass Sie bei wichtigen Themen nicht zu sehr von Ihren Grundsätzen abweichen.

Vertrauen Sie stets auf Ihr Herz, wenn Sie jemand Neues kennenlernen, und lassen Sie sich nicht von der oberflächlichen Anziehungskraft des Drachens täuschen. Der äußerliche Glanz verblasst oft schneller als gedacht, und dann wünscht man sich, gleich am Anfang mehr auf die innere Stimme gehört zu haben.

Beruf, Finanzen: Ein bisschen mehr Disziplin kann den meisten Tigern in der Regel nicht schaden. Freuen Sie sich jetzt darüber, dass mit der methodischen Metall-Ziege genau die Unterstützung auftaucht, die es braucht, um den Tiger auf der Spur zu halten.

Auch wenn der Tiger im Grunde eher ein Einzelkämpfer ist, bekommt es ihm machmal sehr gut, wenn er sich helfen lässt. Gerade im Juli können Sie mit dem nötigen respektvollen Verhalten freundliche Helfer für Ihre Sache gewinnen.

Tipp des Monats:
Nehmen Sie angebotene Hilfe an und unterstützen Sie die andere Seite mit Ihrem Wissen.

MAO Hase

Grundtendenz des Monats:
Eine sanfte Ziege begleitet den Hasen im Juli und sorgt dafür, dass er nun wieder vermehrt seine sanften Seiten zeigen kann. Das bedeutet auch, dass es nun vollkommen in Ordnung ist, sich aus dem Licht der Öffentlichkeit ein wenig zurückzuziehen. Sicher gibt es viele Dinge, die Sie jetzt erledigen können ohne sich dabei in die erste Reihe stellen zu müssen.

Wichtige Fragen wollen in diesen Wochen gestellt werden. Die Antwort mag Ihnen schon klar sein. Trotzdem ist es nun gut, wenn Sie sich noch einmal Bestätigung von außen suchen. Bitten Sie dabei um schonungslose Ehrlichkeit - nur so bringt Ihnen das Ganze etwas.

Liebe, Familie, Freundschaft: Ziege und Hase gehören zum Haus der Familie in der Chinesischen Astrologie. Das kann nun dafür sorgen, dass die Sorge und Nöte Ihrer Lieben mehr in den Vordergrund treten als noch in den Wochen zuvor. Nehmen Sie sich jetzt ausreichend Zeit für die Bedürfnisse von Partner und Nachwuchs.

Die Liebe ist manchmal ein eigenartiges Spiel... Einerseits sehnen Sie sich nun ganz besonders nach Stabilität und Geborgenheit. Andererseits hat der charismatische Drache Ihre Neugierde auf Abenteuer geweckt, die da draußen auf Sie warten könnten. Im Juli ist es vielleicht besser, sich in dem Bereich abwartend zu zeigen. Ab August wird es einfacher, sich auf spannende Begegnungen einzulassen.

Beruf, Finanzen: Im Juli ist es wichtig, ein gesundes Maß an Organisation beizubehalten, um etwas zu erreichen. Der Drache mag seine Untertanen glauben lassen, dass Einfallsreichtum für ein tolles Ergebnis reicht, aber letztendlich muss doch irgendjemand die nötige Arbeit erledigen. Lassen Sie sich also nicht zu sehr von Ihrer Fantasie mitreißen, sondern bemühen Sie sich jetzt, eine gewisse Struktur und Ordnung in Ihr Handeln zu bringen. Das erleichtert Ihnen die Arbeit enorm.

Tipp des Monats:
Mit Freundlichkeit und Respekt können Sie Ihre Wünsche auf jeden Fall durchsetzen.

SHENG Drache

Grundtendenz des Monats: Wie man in den Wald hinein ruft, so schallt es heraus, lieber Drache. In der Begleitung einer freundlichen Metall-Ziege können Sie nun vor allem dann punkten, wenn Sie Ihr Gegenüber mit Freundlichkeit und Respekt behandeln. Vor allem bei neuen Kontakten kommt es nun auf den richtigen Ton an.

Zeigen Sie jetzt die Bereitschaft, etwas für die Gemeinschaft zu tun. Es gibt sicher genug Möglichkeiten, sich draußen sozial zu engagieren oder im eigenen Umfeld aktiv zu werden. Und wer weiß - vielleicht lassen sich so ja auch Gleichgesinnte für Ihre Anliegen gewinnen.

Liebe, Familie, Freundschaft: Es wird immer wieder Menschen geben, die sich im Glanz des Drachen sonnen wollen, aber nicht bereit sind, wirklich hinter die schöne Fassade zu schauen. Wenn Ihnen nun so jemand auf der Suche nach einem neuen Partner begegnet, halten Sie sich besser nicht lange mit der Person auf. Für eine dauerhafte Verbindung braucht es mehr als Äußerlichkeiten und schöne Worte.

In diesem Monat könnte es dem Drachen durchaus passieren, dass er sein Augenmerk mehr auf die Familie legen muss. Am besten können Sie die aktuelle Situation einschätzen, wenn Sie sich die Zeit nehmen, um gut zuzuhören. Ihre praktische Hilfe ist zwar auch willkommen, viel wichtiger ist allerdings die emotionale Unterstützung.

Beruf, Finanzen: Im Juli ist es für den Drachen gar nicht immer nötig, sich in den Vordergrund zu stellen, um die nötige Aufmerksamkeit zu bekommen. Manchmal reicht es vollkommen aus, wenn er einfach seine Arbeit tut. Ihr Einsatz wird nun auch bemerkt und geschätzt, wenn Sie sich zurückhalten. Da können Sie Ihre freie Energie lieber noch zusätzlich in das Projekt stecken.

Ein bisschen mehr Ordnung könnte dem Drachen am Arbeitsplatz sicher nicht schaden. Mit der methodischen Ziege dürfen Sie sich nun ruhig einmal wieder ans ausmisten und aufräumen begeben.

Tipp des Monats:

Gehen Sie aktiv auf Ihre Mitmenschen zu!

SZE Schlange

Grundtendenz des Monats: Wer freundlich ist, kommt nun definitiv weiter. Mit der sanften Ziege im Monat geht es verstärkt darum, sich auf allen Ebenen Sympathien zu sichern. Das dürfte der Schlange am besten gelingen, wenn sie offen und respektvoll auf ihre Umgebung zugeht. Im Jahr des Drachen gibt es wirklich keinen Grund, sich zu verstecken und die Öffentlichkeit zu meiden. Springen Sie also jetzt über Ihren Schatten und zeigen Sie sich von Ihrer charmanten Seite!

Vielleicht ist es Ihnen in den letzten Monaten zuweilen schwer gefallen, wirklich diszipliniert bei der Sache zu bleiben. Im Juli hilft Ihnen das zusätzliche Yin-Metall, bei der Sache zu bleiben.

Liebe, Familie, Freundschaft: Das Bedürfnis, Ihre Lieben in allen Belangen zu unterstützen ist mit der Ziege an Ihrer Seite in diesen Wochen besonders ausgeprägt. Behalten Sie aber auf jeden Fall Ihren analytischen Ansatz und überprüfen Sie erst einmal, ob Ihre Hilfe wirklich sinnvoll und nötig ist. Wenn Sie dabei zu dem Ergebnis kommen, dass die andere Seite auch gut alleine klar kommt, setzen Sie Ihre Energie lieber anderweitig ein.

Wenn Sie Ihrem Partner voll und ganz vertrauen, können Sie in Ihrer Beziehung nun viel Gefühl zeigen. Genießen Sie die traute Zweisamkeit, wann immer es Ihnen möglich ist. Schon ab dem nächsten Monat bleibt vielleicht nicht mehr so viel Zeit füreinander.

Beruf, Finanzen: Im Jahr des Holz-Drachen geht es für die Schlange auf der beruflichen Ebene auch darum, die richtigen Kontakte zu machen. Dafür müssen Sie sich jetzt offener als sonst zeigen und auch bereit sein, den ersten Schritt zu tun. Denken Sie immer daran, dass der erste Eindruck oft entscheidend ist! Freundliche Gesten werden in diesen Wochen besonders wahrgenommen und garantiert nicht vergessen. Da lohnt es sich nun ganz besonders, sich hilfsbereit zu zeigen.

Tipp des Monats:

Ein bisschen mehr Ordnung könnte nun nicht schaden. Nehmen Sie sich Zeit zum Aufräumen.

WU
Pferd

Grundtendenz des Monats: Der aktuelle Jahresherrscher weiß in der Regel immer, wie er sich ins rechte Licht rücken kann. Diese Fähigkeit überträgt sich aber leider nicht automatisch auf seine Untertanen. Hinzu kommt, dass die Ziege, die den Juli begleitet, sich lieber in der Herde versteckt anstatt an vorderster Front zu wirken. Aber vielleicht ist es ja jetzt gar nicht nötig, dass Sie selbst verstärkt auf sich aufmerksam machen…

Wer sich in diesen Wochen verstärkt um Schwächere kümmert, wird sich damit ganz besonders gut fühlen. Mal ganz abgesehen davon, dass Sie so nach außen ein wirklich gutes Bild abgeben.

Liebe, Familie, Freundschaft: Ein harmonisches Miteinander kann im Juli in der Partnerschaft immer dann erreicht werden, wenn sich beide Seiten gleichermaßen engagieren. Das bedeutet nicht, dass Sie gegen einander aufrechnen sollen, was Sie füreinander tun. Vielmehr geht es darum, dass beide Seiten das Gefühl haben, wirklich gesehen und geschätzt zu werden.

Die fürsorgliche Ziege sorgt in diesen Wochen sicher dafür, dass sich das Pferd zuweilen mehr Sorgen um seine Lieben macht, als es eigentlich nötig wäre. Lassen Sie die Zügel ruhig etwas lockerer - schließlich wünschen Sie sich selbst auch eine gewisse Unabhängigkeit.

Beruf, Finanzen: Ein bisschen mehr Kontinuität könnte dem Pferd nun nicht schaden. Natürlich ist es verführerisch, dem impulsiven Drachen zu folgen und hier und da die Nase in verschiedene Themen zu stecken. Substanz hat das Ganze aber erst, wenn Sie sich für eine Richtung entscheiden und dann dabei bleiben.

Je mehr Struktur und Ordnung Sie in Ihre Gedanken bringen, desto leichter bekommen Sie die gewünschte Unterstützung. Mit einem guten Plan lassen sich Ihre Mitstreiter am Besten motivieren.

Tipp des Monats:

Wie Sie in den Wald hineinrufen, so schallt es heraus. Zeigen Sie sich nun besonders zuvorkommend und freundlich!

WEI
Ziege

Grundtendenz des Monats: Im vergangenen Monat noch hat Ihnen das Pferd die Kraft zur Veränderung gegeben und jetzt, wo es darauf ankommt, trauen Sie sich doch nicht so recht, den ersten Schritt ins Ungewisse zu wagen? Ist es vielleicht möglich, dass Sie sich unterschätzen, liebe Ziege? Im Jahr des visionären Drachen ist es gar nicht nötig, immer perfekt vorbereitet zu sein - jetzt ist vielmehr die Kunst der Improvisation gefragt.

Wer sich nun auf die große Bühne traut, wird sich wundern, wie einfach viele Dinge sein können, wenn man einfach nicht zu viel darüber nachdenkt.

Liebe, Familie, Freundschaft: Gute Freunde können Sie nun immer dann unterstützen, wenn Sie sich nicht sicher genug fühlen. Im Zweifelsfall nehmen Sie sie einfach mit zu den Aktionen, bei denen Sie persönlichen Beistand brauchen.

Mit einer weiteren Ziege an der Seite wird im Juli der Dienst an der Familie wieder einmal ganz besonders in den Fokus gerückt. Sie können sich wie immer klaglos darauf einlassen, liebe Ziege. Sie könnten aber auch einfach einmal nein sagen, wenn man nun von allen Seiten Ihre Hilfe anfordert. Wählen Sie weise, wen Sie nun wirklich unterstützen wollen und stellen Sie klar, dass dabei die eigenen Bedürfnisse nicht ständig zu kurz kommen dürfen.

Beruf, Finanzen: Ein freundliches und respektvolles Auftreten kann nun viele Türen öffnen, die vor kurzer Zeit noch verschlossen waren. Gesellt sich dann noch Kompetenz und Fleiß dazu, haben Sie die besten Aussichten, das zu bekommen, was Sie wollen.

Auch in diesem Monat ist es wichtig, möglichst viele neue Kontakte zu machen und sich von anderen Menschen inspirieren zu lassen. Dabei braucht es nun nicht viel, damit man auf Sie aufmerksam wird. Überlassen Sie das laute Auftreten ruhig anderen.

Tipp des Monats:

Geben und nehmen wollen ins Gleichgewicht gebracht werden. Finden Sie eine Balance, die für alle Seiten tragbar ist.

> Kleine Hitze / große Hitze < — Juli

SUNG
Affe

Grundtendenz des Monats:
Mit dem Drachen als Jahresherrscher wird der Affe 2024 vor eine Reihe von Entscheidungen gestellt. Das liegt daran, dass er einfach zu viele Optionen hat und für sich klar sehen muss, welche davon er ergreifen will und welche nicht. Mit Hilfe der methodischen Ziege kann es im Juli recht gut gelingen, die Spreu vom Weizen zu trennen. Nehmen Sie sich ausreichend Zeit und gehen sorgfältig alle Vor- und Nachteile durch, bevor Sie endgültig eine bestimmte Richtung einschlagen.
Suchen Sie nun verstärkt den Kontakt nach außen. Mit Ihrer freundlichen Art fällt es Ihnen sicher leicht, neue Bekanntschaften zu machen und Ihr Netzwerk auszubauen.

Liebe, Familie, Freundschaft: Mit der Ziege im Monat geht es nun sicher wieder verstärkt darum, wie Sie die liebe Familie umsorgen. Es ist durchaus verständlich, dass der Affe im Jahr des aktiven Drachen keine besonders große Lust dazu hat. Bestehende Verpflichtungen sollten nun aber unbedingt eingehalten werden - vor allem, wenn man fest mit Ihnen rechnet und alleine nicht wirklich gut klar kommt.
In der Liebe mag der Affe nun vielleicht nicht so sehr auf Abenteuer aus sein, sondern sich im Juli mehr nach Sicherheit und Geborgenheit sehnen. Die Chancen stehen nun gar nicht so schlecht, dass Sie dabei fündig werden.

Beruf, Finanzen: Haben Sie in diesen Wochen keine große Lust, sich in den Vordergrund zu schieben, so dürfen Sie ruhig nun auch aus der zweiten Reihe heraus wirken. Überlassen Sie es ruhig anderen, auf Ihre Fähigkeiten aufmerksam zu machen oder lassen Sie einfach Ihre Arbeit für sich sprechen.
Der Drache mag Sie zuweilen dazu anregen, mehr Ehrgeiz zu zeigen und die Ellenbogen auszufahren. Das ist jetzt aber wirklich nicht nötig - am Ende kommt man mit Freundlichkeit und Verbindlichkeit immer am Weitesten.

Tipp des Monats:
Bleiben Sie bei der Sache! Wer sich zu viel ablenken lässt, kommt 2024 nie ans Ziel.

YU
Hahn

Grundtendenz des Monats:
Seien Sie in diesen Wochen bitte nicht zu streng mit sich, lieber Hahn. Das Yin Metall ist jetzt besonders stark ausgeprägt, was dazu führen kann, dass Ihr Drang nach Perfektion erhöht wird. Damit Sie sich dabei nicht zu sehr stressen, sollten Sie sich klar machen, dass niemand Sie von außen unter Druck setzen will. Wenn Sie innerlich bereit sind, jetzt leichte Abstriche zu machen, kommen Sie deutlich besser durch den Monat.
Mit der Ziege im Monat geht es nun sicher auch einmal mehr darum, soziale Kontakte zu machen und zu festigen. Je mehr Sie bereit sind, eine gute Sache zu unterstützen, desto positiver wird Ihr Bild in der Öffentlichkeit wahrgenommen.

Liebe, Familie, Freundschaft: Das Bedürfnis nach Nähe mag im Juli bei so manchem Hahn deutlich stärker ausgeprägt sein als sonst. Es spricht nichts dagegen, wenn Sie nun den Terminkalender freischaufeln und mehr Zeit für den Partner, die Familie und die Freunde einräumen. Auch der rührige Hahn braucht ab und zu einmal eine Pause und eine Schulter zum anlehnen.
Wenn Sie Ihrem Partner tief vertrauen, können Sie es sich nun wirklich erlauben, Ihre Verletzlichkeit zu zeigen. Zu den eigenen Emotionen zu stehen, kann sehr befreiend sein und ist ganz im Sinne des offenherzigen Jahresregenten.

Beruf, Finanzen: Mit der methodischen Ziege an seiner Seite kann der Hahn in diesen Wochen gründlich aufräumen. Scheuen Sie sich dabei nicht, sich von Dingen zu trennen, die schon viel zu lange unbearbeitet oder ungenutzt auf dem Schreibtisch liegen. So schaffen Sie Platz für neue Projekte, die durch die Inspiration des Jahresherrschers entstehen wollen.
Freundlich angebotene Unterstützung können Sie nun ruhig annehmen. Es wird Ihrer Kompetenz und Ihrem Ansehen nicht schmälern, wenn Sie sich in bestimmten Bereichen einfach einmal helfen lassen.

Tipp des Monats:
Lassen Sie ruhig auch mal andere ans Ruder. Sie müssen nicht immer an vorderster Front wirken.

> Kleine Hitze / große Hitze < Juli

SHIH Hund

Grundtendenz des Monats:
Mit der Metall-Ziege kann im Juli eine große Aufräumaktion starten. Ob Sie die Energie dazu nutzen, mal wieder gründlich zu Hause auszumisten, am Arbeitsplatz den Computer von unnötigen Dateien zu befreien oder Ihre persönlichen Kontakte auszudünnen, bleibt Ihnen überlassen. Wichtig ist, dass Sie sich dabei nicht ablenken lassen. Einmal angefangen, will diese Aufgabe zu Ende gebracht werden.

Je mehr Sie nun für das Gemeinwohl tun, umso besser. Sicher gibt es in Ihrem Umfeld genug Projekte, die einen loyalen Unterstützer in der nächsten Zeit gut gebrauchen können.

Liebe, Familie, Freundschaft: Im Jahr des freiheitsliebenden Drachen wird Ihre Sorge und Fürsorge für Ihre Lieben vielleicht nicht immer so ernst genommen, wie Sie es sich wünschen würden. Deshalb sollten Sie es mit Ihren Schutzinstinkten nicht übertreiben und für Ihre Kinder und auch den Partner genug Freiräume schaffen.

In der Liebe geht es wahrscheinlich mehr darum, wie man füreinander sorgen kann. Wenn Sie sich zu sehr darauf konzentrieren, können Romantik und Leidenschaft nun leiden.

Beruf, Finanzen: Wer sich bislang nicht so recht wohl gefühlt hat im Rampenlicht, darf sich nun darüber freuen, dass der Drache im Juli nicht von Ihnen verlangt, an vorderster Front zu stehen. Überlassen Sie ruhig anderen das lautstarke Klappern - jetzt wird man auch so auf Sie aufmerksam!

Es mag sich im Augenblick alles ein bisschen zäh anfühlen auf Ihrem Arbeitsplatz. Dinge, die sich bislang immer rasch erledigen ließen, ziehen sich hin oder der Start neuer Aktionen verzögert sich. Das ist aber wirklich kein Grund, die Flinte ins Korn zu werfen. Sehen Sie das ganze als Test Ihrer Ausdauerfähigkeiten. Jetzt können Sie allen beweisen, dass Sie auch in schwierigen Situationen nicht locker lassen.

Tipp des Monats:
Manchmal muss man sich einfach durchbeißen. Schon im nächsten Monat geht alles wieder leichter!

HAN Schwein

Grundtendenz des Monats:
Mit der methodischen Metall-Ziege ist das Schwein im Juli in bester Gesellschaft. Diese beiden verstehen sich in fast allen Bereichen des Lebens ganz hervorragend. Mit der Abenteuerlust des Drachen und seiner extrovertierten Art können Sie nicht wirklich viel anfangen, was nun dazu führen kann, dass sich das Schwein lieber noch ein bisschen mehr aus dem Trubel zurückziehen möchte. Lassen Sie es einfach ruhiger angehen, in diesen Wochen verpassen Sie nicht viel!

Wenn es nun ein wenig an Motivation mangelt, kann das daran liegen, dass aktuell das Feuer-Element nicht so stark ausgeprägt ist.

Liebe, Familie, Freundschaft: Gewisse Familienangelegenheiten erfordern dringend Ihre Aufmerksamkeit. Zögern Sie nicht, sich diesen Themen sofort anzunehmen, um eine Eskalation zu vermeiden. Ihre freundlichen Worte und Ihr Verständnis können beide Seiten beruhigen und zu einer guten Lösung beitragen.

Die Kombination aus Ziege und Schwein kann auf partnerschaftlicher Ebene für schöne gemeinsame Stunden sorgen. Vor allem, wenn Ihre bessere Hälfte nun nicht ganz im Gleichgewicht ist, können Sie mit Ihrer inneren Stärke für die nötige Stabilität sorgen.

Beruf, Finanzen: Schon in den letzten Wochen war für eine Reihe der gestellten Aufgaben viel Disziplin nötig. Daran wird sich wenig ändern - allerdings bringt die Ziege einen guten Anteil an Yin Metall mit, der es dem Schwein erleichtern dürfte, auch dann bei der Sache zu bleiben, wenn es kein besonderes Interesse daran hat.

Freundliche Gesten werden von Kollegen, Vorgesetzten und Mitarbeitern nun besonders positiv wahrgenommen. So verbreiten Sie ein gutes Gefühl am Arbeitsplatz und auch Routinejobs gehen allen Beteiligten deutlich leichter von der Hand.

Tipp des Monats:
Sie müssen nun nicht um Aufmerksamkeit buhlen. Lassen Sie diese Aufgabe ruhig einmal andere übernehmen!

Juli 2024	Jahreskonstellation – Holz Drache Monatskonstellation – Metall Ziege

1. Feuer Tiger	Ratte Büffel Tiger Hase Drache Schlange Pferd Ziege Affe Hahn Hund Schwein **Günstig:** für die meisten Aktivitäten, Geschäftsabschlüsse, Partnerschaft. **Ungünstig:** negative Bemerkungen über andere Menschen.
2. Feuer Hase	Ratte Büffel Tiger Hase Drache Schlange Pferd Ziege Affe Hahn Hund Schwein **Günstig:** Handel, Geschäftseröffnungen, Hochzeiten und andere Feste planen. **Ungünstig:** Beerdigungen, Reisen, Arztbesuche.
3. Erd Drache	Ratte Büffel Tiger Hase Drache Schlange Pferd Ziege Affe Hahn Hund Schwein **Günstig:** Handwerkliche Aktivitäten, Handel, Hochzeiten, Reisen. **Ungünstig:** Trauerfeiern und Beerdigungen, schwere körperliche Arbeit.
4. Erd Schlange	Ratte Büffel Tiger Hase Drache Schlange Pferd Ziege Affe Hahn Hund Schwein **Günstig:** Ankündigungen machen, Beerdigungen, Trauerfeiern. **Ungünstig:** Handel, Vergnügungen, Freizeitaktivitäten.
5. Metall Pferd	Ratte Büffel Tiger Hase Drache Schlange Pferd Ziege Affe Hahn Hund Schwein **Günstig:** Kleidung schneidern, Handel, Buchhaltung, Ausflüge, neue Dinge beginnen. **Ungünstig:** Geschäfte eröffnen, Kraftanstrengungen, Reisen, Ersparnisse ausgeben.
6. Metall Ziege	Ratte Büffel Tiger Hase Drache Schlange Pferd Ziege Affe Hahn Hund Schwein **Günstig:** Kleidung schneidern, Handel, Buchhaltung, Ausflüge, neue Dinge beginnen. **Ungünstig:** Geschäfte eröffnen, Kraftanstrengungen, Reisen, Ersparnisse ausgeben.
7. Wasser Affe	Ratte Büffel Tiger Hase Drache Schlange Pferd Ziege Affe Hahn Hund Schwein **Günstig:** Putzen, waschen, fasten, seelische und körperliche Pflege, Arztbesuche. **Ungünstig:** Ausdauersport, Reisen, Hochzeit.
8. Wasser Hahn	Ratte Büffel Tiger Hase Drache Schlange Pferd Ziege Affe Hahn Hund Schwein **Günstig:** Umziehen, Reisen, Hochzeiten, Empfänge, wichtige Konferenzen. **Ungünstig:** geistige Arbeiten, Gartenarbeit, häusliche Tätigkeiten.
9. Holz Hund	Ratte Büffel Tiger Hase Drache Schlange Pferd Ziege Affe Hahn Hund Schwein **Günstig:** Versammlungen, gerechte Verteilungen, Hochzeit, Konferenzen, Umzug. **Ungünstig:** Gartenarbeit, Dinge zum Abschluss bringen.
10. Holz Schwein	Ratte Büffel Tiger Hase Drache Schlange Pferd Ziege Affe Hahn Hund Schwein **Günstig:** Gartenarbeit, Feiern, Hochzeit, Dinge zum Abschluss bringen. **Ungünstig:** keine Anschuldigungen gegen Dritte erheben.
11. Feuer Ratte	Ratte Büffel Tiger Hase Drache Schlange Pferd Ziege Affe Hahn Hund Schwein **Günstig:** Gartenarbeit, Hochzeit, Dinge zum Abschluss bringen. **Ungünstig:** Umzug, Reisen, Geschäftseröffnung.
12. Feuer Büffel	Ratte Büffel Tiger Hase Drache Schlange Pferd Ziege Affe Hahn Hund Schwein **Günstig:** Ausruhen, Meditation, seinen Hobbys nachgehen. **Ungünstig:** wichtige Unternehmungen.
13. Erd Tiger	Ratte Büffel Tiger Hase Drache Schlange Pferd Ziege Affe Hahn Hund Schwein **Günstig:** Amüsieren, mit Freunden ausgehen, Freizeitaktivitäten. **Ungünstig:** geschäftliche Aktivitäten, neue Dinge anfangen.
14. Erd Hase	Ratte Büffel Tiger Hase Drache Schlange Pferd Ziege Affe Hahn Hund Schwein **Günstig:** für die meisten Aktivitäten, Geschäftsabschlüsse, Partnerschaft. **Ungünstig:** negative Bemerkungen über andere Menschen.
15. Metall Drache	Ratte Büffel Tiger Hase Drache Schlange Pferd Ziege Affe Hahn Hund Schwein **Günstig:** Handel, Geschäftseröffnungen, Hochzeiten und andere Feste planen. **Ungünstig:** Beerdigungen, Reisen, Arztbesuche.

Ob ein Tag besonders günstig für Ihr Tierzeichen ist, sehen Sie an folgenden Farben:
Rot = sehr günstig, Grau = günstig, Schwarz = nicht günstig

Jahreskonstellation – Holz Drache Monatskonstellation – Metall Ziege	Juli 2024

16. Metall Schlange	Ratte Büffel Tiger Hase Drache Schlange Pferd Ziege Affe Hahn Hund Schwein **Günstig:** Handwerkliche Aktivitäten, Handel, Hochzeiten, Reisen. **Ungünstig:** Trauerfeiern und Beerdigungen, schwere körperliche Arbeit.
17. Wasser Pferd	Ratte Büffel Tiger Hase Drache Schlange Pferd Ziege Affe Hahn Hund Schwein **Günstig:** Ankündigungen machen, Beerdigungen, Trauerfeiern. **Ungünstig:** Handel, Vergnügungen, Freizeitaktivitäten.
18. Wasser Ziege	Ratte Büffel Tiger Hase Drache Schlange Pferd Ziege Affe Hahn Hund Schwein **Günstig:** Kleidung schneiden, Handel, Buchhaltung, Ausflüge, neue Dinge beginnen. **Ungünstig:** Geschäfte eröffnen, Kraftanstrengungen, Reisen, Ersparnisse ausgeben.
19. Holz Affe	Ratte Büffel Tiger Hase Drache Schlange Pferd Ziege Affe Hahn Hund Schwein **Günstig:** Putzen, waschen, fasten, seelische und körperliche Pflege, Arztbesuche. **Ungünstig:** Ausdauersport, Reisen, Hochzeit.
20. Holz Hahn	Ratte Büffel Tiger Hase Drache Schlange Pferd Ziege Affe Hahn Hund Schwein **Günstig:** Umziehen, Reisen, Hochzeiten, Empfänge, wichtige Konferenzen. **Ungünstig:** geistige Arbeiten, Gartenarbeit, häusliche Tätigkeiten.
21. Feuer Hund	Ratte Büffel Tiger Hase Drache Schlange Pferd Ziege Affe Hahn Hund Schwein **Günstig:** Versammlungen, gerechte Verteilungen, Hochzeit, Konferenzen, Umzug. **Ungünstig:** Gartenarbeit, Dinge zum Abschluss bringen.
22. Feuer Schwein	Ratte Büffel Tiger Hase Drache Schlange Pferd Ziege Affe Hahn Hund Schwein **Günstig:** Gartenarbeit, Feiern, Hochzeit, Dinge zum Abschluss bringen. **Ungünstig:** keine Anschuldigungen gegen Dritte erheben.
23. Erd Ratte	Ratte Büffel Tiger Hase Drache Schlange Pferd Ziege Affe Hahn Hund Schwein **Günstig:** Gartenarbeit, Hochzeit, Dinge zum Abschluss bringen. **Ungünstig:** Umzug, Reisen, Geschäftseröffnung.
24. Erd Büffel	Ratte Büffel Tiger Hase Drache Schlange Pferd Ziege Affe Hahn Hund Schwein **Günstig:** Handwerkliche Aktivitäten, Handel, Hochzeiten, Reisen. **Ungünstig:** Trauerfeiern und Beerdigungen, schwere körperliche Arbeit.
25. Metall Tiger	Ratte Büffel Tiger Hase Drache Schlange Pferd Ziege Affe Hahn Hund Schwein **Günstig:** Amüsieren, mit Freunden ausgehen, Freizeitaktivitäten. **Ungünstig:** geschäftliche Aktivitäten, neue Dinge anfangen.
26. Metall Hase	Ratte Büffel Tiger Hase Drache Schlange Pferd Ziege Affe Hahn Hund Schwein **Günstig:** für die meisten Aktivitäten, Geschäftsabschlüsse, Partnerschaft. **Ungünstig:** negative Bemerkungen über andere Menschen.
27. Wasser Drache	Ratte Büffel Tiger Hase Drache Schlange Pferd Ziege Affe Hahn Hund Schwein **Günstig:** Handel, Geschäftseröffnungen, Hochzeiten und andere Feste planen. **Ungünstig:** Beerdigungen, Reisen, Arztbesuche.
28. Wasser Schlange	Ratte Büffel Tiger Hase Drache Schlange Pferd Ziege Affe Hahn Hund Schwein **Günstig:** Handwerkliche Aktivitäten, Handel, Hochzeiten, Reisen. **Ungünstig:** Trauerfeiern und Beerdigungen, schwere körperliche Arbeit.
29. Holz Pferd	Ratte Büffel Tiger Hase Drache Schlange Pferd Ziege Affe Hahn Hund Schwein **Günstig:** Ankündigungen machen, Beerdigungen, Trauerfeiern. **Ungünstig:** Handel, Vergnügungen, Freizeitaktivitäten.
30. Holz Ziege	Ratte Büffel Tiger Hase Drache Schlange Pferd Ziege Affe Hahn Hund Schwein **Günstig:** Kleidung schneidern, Handel, Buchhaltung, Ausflüge, neue Dinge beginnen. **Ungünstig:** Geschäfte eröffnen, Kraftanstrengungen, Reisen, Ersparnisse ausgeben.
31. Feuer Affe	Ratte Büffel Tiger Hase Drache Schlange Pferd Ziege Affe Hahn Hund Schwein **Günstig:** Putzen, waschen, fasten, seelische und körperliche Pflege, Arztbesuche. **Ungünstig:** Ausdauersport, Reisen, Hochzeit.

> Herbstbeginn / Ende der Hitze < August

TZE
Ratte

Grundtendenz des Monats:
Das Wasser-Element wird im August für die Ratte noch einmal zusätzlich betont. Das kann so manche blockierte Idee endlich wieder in den Fluss bringen und hilft Ihnen außerdem dabei, Ihre zahlreichen Gedankengänge nach außen zu formulieren. Hüten Sie sich davor, zu sehr im Kopf um ein Thema zu kreisen, sondern suchen Sie sich lieber passende Gesprächspartner, um das Ganze gemeinsam auszudiskutieren.
Wenn andere entspannt in den Urlaub fahren, hat die Ratte nun die Gelegenheit, diverse Projekte in die richtige Richtung zu schieben. Das bedeutet weniger Freizeit, was das zu erwartende Ergebnis aber rechtfertigen dürfte.
Liebe, Familie, Freundschaft: Nehmen die zahlreichen Projekte der Ratte in diesen Wochen Fahrt auf, kann das Privatleben durchaus darunter leiden. Damit das nicht dauerhaft auf die Stimmung drückt, sollten Sie mit Partner und Familie rechtzeitig darüber sprechen. Machen Sie allen Beteiligten klar, dass Sie nur temporär so stark eingespannt sind. Dann dürfte es kein großes Problem sein, den Alltag um Ihre zahlreichen Aktivitäten herum zu organisieren.
Neue Beziehungen entwickeln sich nun vermehrt auf der verbalen Ebene. Mit Eloquenz können Sie auf jeden Fall punkten.
Beruf, Finanzen: Eine gute Kommunikation ist in diesen Wochen das Ah und Oh, wenn Sie beruflich vorankommen wollen. Anstatt sich also zu viele Gedanken um die Details in der Umsetzung zu machen, sollten Sie sich nun lieber überlegen, wie Sie Ihre Ideen verkauft bekommen. Mit der richtigen Strategie holen Sie nun genau die Leute mit ins Boot, die Sie auf dem weiteren Weg für den Erfolg brauchen.
Kreative Projekte stehen im August für die Ratte unter einem besonders guten Stern und können nicht nur zügig umgesetzt, sondern auch im perfekten Licht präsentiert werden.
Tipp des Monats:
Ihrem kreativen Potential sind nun kaum Grenzen gesetzt. Das sollten Sie wirklich nutzen!

KIU
Büffel

Grundtendenz des Monats:
Um im Jahr des Drachen erfolgreich zu sein, ist ein gewisses Vertrauen in die eigenen Fähigkeiten erforderlich. Je selbstbewusster Sie in diesen Wochen auftreten, desto selbstverständlicher wird man Ihnen die nötige Unterstützung entgegenbringen. Viele Türen können sich dann fast von alleine öffnen. Das liegt sicher auch daran, dass es mit Hilfe des Wasser-Affen jetzt deutlich einfacher ist, in wichtigen Situationen die richtigen Worte zu finden. Mit dem Affen darf nun auch mehr Leichtigkeit in das Leben des Büffels kommen. Lassen Sie alten Ballast los und freuen Sie sich auf das, was danach kommen darf!
Liebe, Familie, Freundschaft: Auch wenn Drache und Affe Sie am liebsten permanent nach draußen scheuchen würden, dürfen Sie nun ruhig sagen, wenn Ihnen das Ganze zu viel wird. Es macht wenig Sinn, mit einem lang gezogenen Gesicht an Aktivitäten teilzunehmen, die Ihnen keine Freude machen.
Sie brauchen frische Ideen für Ihre Partnerschaft? Dann lassen Sie sich jetzt am Besten vom Jahresregenten inspirieren. Überraschen Sie Ihre bessere Hälfte mit Dingen, die man so nicht von Ihnen erwartet hätte. Das bringt Schwung in die Beziehung und sollte außerdem beiden Seiten jede Menge Spaß machen.
Beruf, Finanzen: Wer in diesem Monat vernünftig kommuniziert, kommt am besten voran. Dabei geht es nun gar nicht darum, der anderen Seite zu schmeicheln, sondern mehr darum, die eigenen Vorstellungen in Worte zu packen, auf das diese an der richtigen Stelle ankommen. Ist der Samen erst einmal ausgesät, braucht es nur ein bisschen Geduld, bis er aufgeht.
Einmal mehr sollten Sie jetzt im August ein wachsames Auge auf die Finanzen haben. Überschreiten Sie nicht Ihr Budget, wenn es nicht unbedingt sein muss.
Tipp des Monats:
Sicher gibt es Bereiche, in denen Sie sich schon immer einmal verwirklichen wollten. Ergreifen Sie die Gelegenheit jetzt am Schopfe!

YING
Tiger

Grundtendenz des Monats:
Wenn der Tiger nun zuweilen das Gefühl hat, dass ihm ein wenig die Kontrolle entgleitet, liegt das mit großer Wahrscheinlichkeit am quirligen Affen, der den August begleitet. Gerade in Kombination mit dem Drachen läuft dieses Tierzeichen zu Hochform auf und präsentiert dem Tiger ständig spannende neue Möglichkeiten. Niemand zwingt Sie jetzt zuzugreifen - allerdings steckt eine Menge Potential darin.
Achten Sie ganz besonders darauf, wie Sie mit Ihrer Umgebung kommunizieren. Klare Ansagen sind wichtig, aber Sie sollten dabei auf Ihren Ton achten.

Liebe, Familie, Freundschaft: Wenn Ihr Partner weiß, wie er Sie um den Finger wickeln kann, wird er das in diesen Wochen sicher zuweilen schon einmal ausnutzen, um seinen Willen durchzusetzen. Auch wenn Sie das Manöver durchschauen, müssen Sie die Sache nicht unbedingt gleich unterbinden, sondern dürfen ruhig auch einmal nachgeben.
Lassen Sie sich nun lieber nicht zu extravaganten Ausgaben für Ihre Lieben hinreißen! Natürlich freut man sich über Geschenke, aber sie sind in diesem Monat wirklich nicht nötig, um Partner oder Nachwuchs bei Laune zu halten.

Beruf, Finanzen: Wer in den vergangenen Wochen mehr für die Gemeinschaft getan hat, hat sich den Respekt erarbeitet, den es nun braucht, um sich das kreative Potential zu nutzen zu machen. Die Kombination aus Affe und Drache sprüht nur so vor Einfällen, die allerdings nicht unbedingt alle umsetzbar sein dürften. Da sollte der Tiger nun ordnend eingreifen und seine Energie nur in die machbaren Projekte stecken.
Unorthodoxe Lösungsansätze sind ganz nach dem Geschmack des Jahresregenten. Der Tiger kann den Ausgang vielleicht nicht immer kontrollieren, aber das heißt nicht, dass die Sache nicht doch wunderbar funktionieren kann.

Tipp des Monats:
Mit Schmeicheleien alleine kann man sicher auf Dauer keinen Blumentopf gewinnen, aber Sie erleichtern Ihnen nun enorm den Umgang.

MAO
Hase

Grundtendenz des Monats:
Wenn der Drache im August von einem Wasser-Affen unterstützt wird, darf sich der Hase mehr um die eigenen Belange kümmern. Nehmen Sie sich, was Ihnen zusteht! Wenn Sie dabei Ihr diplomatisches Geschick einsetzen, können Sie Ihre Wünsche problemlos umsetzen. Wer den richtigen Ton trifft, kann bei den meisten Menschen punkten und neue Verbindungen knüpfen. Daraus können sich mittelfristig durchaus spannende Dinge entwickeln, die Sie auf allen Ebenen weiterbringen können. Achten Sie darauf, ehrlich zu sein - reine Schmeicheleien werden schnell durchschaut.

Liebe, Familie, Freundschaft: Wenn in Ihrer Partnerschaft etwas nicht nach Ihren Wünschen verläuft, sollten Sie nicht still leiden, sondern den Mut haben, Ihre Bedenken anzusprechen. Vermeiden Sie Schuldzuweisungen und versuchen Sie stattdessen, Ihre Gefühle möglichst neutral zu kommunizieren. Dann hat die andere Seite eine faire Chance, die Sache aus der Welt zu schaffen.
Gerade im Familienverbund oder Freundeskreis kann man nun gemeinsame kreative Aktivitäten besonders genießen. Dabei muss Ihr Tun nicht immer einen Zweck haben. Manchmal darf man auch einfach nur genießen und Spaß haben.

Beruf, Finanzen: Lieber Hase, machen Sie bitte nicht immer Ihre Entscheidungen von anderen abhängig! Es ist Ihr Leben, und es sollte Ihnen in erster Linie wichtig sein, dass Sie selbst mit Ihrer Situation zufrieden sind. Jetzt geht es nicht darum, auf Kosten anderer Erfolg zu erlangen, sondern darum, dass Sie sich die gleichen Rechte zugestehen wie jedem anderen auch.
Ihr Budget sollten Sie in diesen Wochen besonders gut im Auge behalten. Drache und Affe zeigen nicht immer die nötige Besonnenheit, wenn es um finanzielle Angelegenheiten geht und agieren unter Umständen zu riskant für Ihren Geschmack.

Tipp des Monats:
Arbeiten Sie jetzt an Ihren kommunikativen Fähigkeiten! Der Ton macht die Musik.

SHENG Drache

Grundtendenz des Monats:

Wenn sich Affe und Drache treffen, wie es jetzt im August der Fall ist, sind die beiden kaum aufzuhalten. Es entlädt sich ein kreatives Feuerwerk, dass allerdings für die unmittelbare Umgebung manchmal ein wenig zu heftig sein könnte. Deshalb ist es nun wichtig, dass Sie gut kalibrieren und Ihren Mitmenschen nicht zu viel zumuten. Sie müssen ja nicht gleich alles umsetzen, was Ihnen nun in den Sinn kommt.

Eine gute Kommunikation ist besonders in diesen Wochen der Schlüssel zum Erfolg. Dabei kann es helfen, der anderen Seite zu schmeicheln, solange Sie es damit nicht übertreiben.

Liebe, Familie, Freundschaft: Im familiären Umfeld und im Freundeskreis sollte nun klar der Spaß im Vordergrund stehen. Lassen Sie den Alltag ruhig einmal Alltag sein und planen Sie kleine Auszeiten mit Partner, Nachwuchs oder lieben Freunden.

Spätestens jetzt sollte der Drache jede Menge originelle Ideen haben, um sein Liebesleben zu aktivieren oder spannend zu erhalten. Wichtig ist nur, dass Sie den Partner bei Ihren zahlreichen Einfällen mit ins Boot nehmen. Schließlich sollten doch beide Seiten die gleiche Freude bei der Sache haben.

Beruf, Finanzen: Ein lebhafter Wasser-Affe begleitet den Drachen im August und gibt ihm Vertrauen in seine Fähigkeiten. Derart gestärkt können Sie sich auch an Projekte wagen, die man Ihnen vielleicht gar nicht zugetraut hätte. Im August gehen Ihnen alle Aufgaben leicht von der Hand, wenn Sie nur an sich glauben.

Besonders kreative Projekte stehen nun unter einem guten Stern. Wenn es Ihnen gelingt, Ihre Begeisterung für die Sache gut rüber zu bringen, dürfte der Erfolg nicht lange auf sich warten lassen und die gewünschte Unterstützung wie von selbst kommen. Wenn Sie dann noch das Budget im Auge behalten, kann nichts mehr schief gehen.

Tipp des Monats:

Wenn Sie etwas wirklich wollen, können Sie es nun erreichen.

SZE Schlange

Grundtendenz des Monats:

Im August vereinen sich mit dem Erscheinen des Wasser-Affen alle fünf Elemente für die Schlange. Das bedeutet, dass es in diesem Monat recht gut gelingen sollte, in allen Bereichen des Lebens harmonische Zeiten zu erleben. Wem das für die kommenden Wochen reicht, der darf sich nun entspannt zurück lehnen. Gerade jetzt lassen sich jedoch viele Dinge initiieren, die die Schlange in den nächsten Monaten mächtig nach vorne bringen können.

Bestehende Probleme lassen sich mit Hilfe der kreativen Energie angehen, die Affe und Drache nun mitbringen. Dabei ergeben sich vielleicht unorthodoxe Lösungsansätze, an die Sie so noch gar nicht gedacht haben.

Liebe, Familie, Freundschaft: Ohne ausreichendes Selbstbewusstsein ist schwierig, ein Herz zu gewinnen. Jetzt im August kann der Jahresherrscher der Schlange besonders gut helfen, sich im rechten Licht zu zeigen und die richtigen Worte zu finden. Sie werden feststellen, dass es gar nicht nötig ist, perfekt zu sein. Stehen Sie also zu Ihren kleinen Makeln - die machen Sie besonders liebenswert!

Mit Schmeicheleien allein lässt sich in bestehenden Beziehungen nun kein Blumentopf gewinnen. Da müssen Sie nun den Worten auch Taten folgen lassen und sich ein bisschen mehr ins Zeug legen.

Beruf, Finanzen: Achten Sie jetzt bitte besonders gut auf Ihre Finanzen. Die Kombination aus Affe und Drache kann im August auch die sparsamste Schlange dazu verführen, mehr auszugeben, als das ihrem Kontostand gut tut. Um größere finanzielle Lücken später im Jahr zu vermeiden, sollten Sie Ihre Ausgaben jetzt besonders gut im Blick behalten.

Wer nun die richtigen Worte findet, kann sich in eine sehr vorteilhafte Position bringen. Achten Sie darauf, dass Sie meinen, was Sie sagen! Leere Schmeicheleien kommen nicht gut an.

Tipp des Monats:

Nutzen Sie die Gunst der Stunde und bringen Sie nun möglichst viele Dinge auf den Weg!

> Herbstbeginn / Ende der Hitze < | August

WU
Pferd

Grundtendenz des Monats:
Wenn sich im August der agile Affe zum Drachen gesellt, bedeutet das auch für das Pferd, dass nun wieder deutlich mehr los ist. Diese Tierkombination verstärkt nicht nur die kreative Energie, sondern sorgt auch dafür, dass der Spaß auf keinen Fall zu kurz kommt. Da kann sich das Pferd also ruhig etwas mehr gönnen - zumal sich in diesen Wochen auch noch alle 5 Elemente in seiner Konstellation vereinen.
Wenn Sie können, sollten Sie Ihr Glück teilen mit den Menschen, die es nicht ganz so gut angetroffen haben. Wenn die Zeit für mehr soziales Engagement nicht reicht, können Sie eine gute Sache vielleicht finanziell unterstützen.

Liebe, Familie, Freundschaft: Auch in der Liebe sollte der Spaß nicht zu kurz kommen. Manchmal mag es auf den ersten Blick etwas schwierig erscheinen, das im Alltag umzusetzen. Mit Drache und Affe an der Seite sollte das Ganze dem Pferd aber nicht allzu schwer fallen.
Wer trotzdem das Gefühl hat, dass in einer bestehenden Beziehung nicht mehr so richtig Freude aufkommt, der sollte den Monat nutzen, um sich mit dem Partner zusammenzusetzen. Gibt es die Möglichkeit, die bestehende Situation gemeinsam zum Besseren zu wenden oder ist es an der Zeit, eine Veränderung einzuläuten?

Beruf, Finanzen: Jetzt sollte es Ihnen um einiges leichter fallen, die eigenen Fähigkeiten selbstbewusst zu zeigen, ohne dabei Neider auf den Plan zu rufen. Das liegt sicher auch daran, dass der Wasser-Affe hervorragend mit Worten umgehen kann und Ihnen so die Kommunikation erleichtert.
Im Jahr des Drachen sind die Erwartungen generell hoch und alle Welt will Erfolge sehen. Davon sollten Sie sich nun aber bitte nicht unter Stress setzen lassen, sondern einfach weiter Ihrem Plan folgen. Es geht nicht darum, anderen zu gefallen, sondern die eigenen Visionen so umzusetzen, wie es sich für Sie richtig anfühlt.

Tipp des Monats:
Mit Worten allein lässt sich nicht alles regeln, aber vieles wieder in den Fluss bringen.

WEI
Ziege

Grundtendenz des Monats:
Sollte Ihnen in diesem Jahr bislang ein wenig der Zugang zu Ihrer Kreativität fehlen, kann Ihnen im August sicher geholfen werden. Nun begleitet ein agiler Wasser-Affe den Holz-Drachen, was vor allem schöpferische Tätigkeiten begünstigt. Vielleicht ist es an der Zeit für die Ziege, in diesem Bereich aktiver zu werden.
Ihre kommunikativen Fähigkeiten werden jetzt vielleicht auf die Probe gestellt. Bedenken Sie, dass man mit reinen Schmeicheleien nur kurzfristig voran kommt. Wer über einen längeren Zeitraum gute Beziehungen aufbauen will, muss schon mehr Substanz zeigen und sich vor allem auch wirklich für die andere Seite interessieren.

Liebe, Familie, Freundschaft: Spätestens jetzt darf wieder mehr Spontanität in Ihre Partnerschaft kommen. Auch ein stressiger Alltag sollte Sie nicht daran hindern, ab und an gemeinsame spontane Aktivitäten zu genießen. Es muss wirklich nicht immer alles wochenlang im Voraus geplant werden.
Die warmen Sommermonate eignen sich darüber hinaus hervorragend dazu, gemeinsam mit Familie und Freunden etwas zu unternehmen. Von der Gartenparty über die gemeinsame Sonntagswanderung oder ein schönes Konzert - umgeben Sie sich in Ihrer Freizeit mit den Menschen, die Ihnen gut tun!

Beruf, Finanzen: In diesen Wochen ist es sicher nicht nötig, sich auf die kleinsten Details zu stürzen. Vielmehr geht es mit dem Jahresregenten darum, das größere Bild im Auge zu haben. Es gibt also keinen Grund, sich in der Tiefe mit Dingen zu beschäftigen, die Sie weder interessieren noch einen wirklichen Nutzen haben.
Wenn Sie Ihre Kritik freundlich und ohne scharfen Unterton anbringen, werden Sie sicher gehört. So können Sie Veränderungen anstoßen, ohne dass Sie Kollegen oder Vorgesetzte auf die Füße treten. In wieweit das Ganze Bestand haben kann, zeigt sich im nächsten Jahr.

Tipp des Monats:
Behalten Sie Ihre Ausgaben im Auge und leben Sie nun nicht über Ihre Verhältnisse.

> Herbstbeginn / Ende der Hitze < August

SUNG
Affe

Grundtendenz des Monats:
Wenn Ihnen im August mit dem Wasser-Affen ein Artgenosse zur Seite steht, kann es zuweilen durchaus etwas chaotischer zugehen. Da wird nun Ihre ganze Konzentration gefordert sein, damit Sie sich nicht unnötig verzetteln. Damit Ihnen das schnelle Tempo nicht an die Substanz geht, sind regelmäßige Pausen unabdingbar. Hören Sie auf Ihrer innere Stimme und sagen Sie laut und deutlich nein, wenn Ihnen alles zu viel wird. Die Welt dreht sich auch durchaus einmal ohne Sie.
Der Einfluss des Drachen kann die besten Eigenschaften des Affen zum Vorschein bringen und Sie nun in Bereichen glänzen lassen, die Sie bislang vielleicht noch gar nicht im Visier hatten.

Liebe, Familie, Freundschaft: Mit Schmeicheleien alleine lässt sich auf Dauer vielleicht kein Herz gewinnen, aber ein guter Anfang ist es allemal. Achten Sie darauf, es nicht zu übertreiben mit Ihren schönen Worten. Komplimente sollten immer ehrlich gemeint sein!
In bestehenden Partnerschaften sollten Sie ruhig mehr das Gespräch suchen. Sicher findet sich auch in einem stressigen Alltag die Möglichkeit, sich in Ruhe gemeinsam hinzusetzen und sich auszutauschen. Dabei muss es gar nicht immer nur um die zu erledigenden Aufgaben oder das gerade Erlebte gehen.

Beruf, Finanzen: Der Affe verfügt in der Regel über eine ausgeprägte Fähigkeit, seine Talente gut in Szene zu setzen. Davon können Sie im August sicher profitieren und so vielleicht auch über die Bereiche hinwegtäuschen, die Sie noch nicht ganz so sicher beherrschen. Lehnen Sie sich aber bitte nicht zu weit aus dem Fenster, sonst stellt man Sie vielleicht auf die Probe.
Auch nicht ganz so spannende Aufgaben fühlen sich in diesem Monat leichter an - eine gute Gelegenheit, um Routineaufgaben hinter sich zu bringen.

Tipp des Monats:
Bleiben Sie konzentriert bei der Sache und fangen Sie nicht zu viel auf einmal an! Das Jahr des Drachen hat noch viele weitere Monate.

YU
Hahn

Grundtendenz des Monats:
Ihre kommunikativen Fähigkeiten sind im August ganz besonders gefragt. Vor allem, wenn Sie bestimmte Ziele durchsetzen wollen, sollten Sie Ihre Überzeugungskraft einsetzen. Achten Sie darauf, nicht zu sehr zu schmeicheln, sondern im Kern ehrlich bei der Sache zu bleiben.
Mit dem Wasser-Affen begleitet Sie nun ein eleganter Vertreter dieses Tierzeichens, der die Annehmlichkeiten des Lebens zu genießen weiß. Nach der Anspannung der letzten Wochen würde es Ihnen vielleicht gut tun, sich jetzt wieder mehr auf den Genuss als auf die Arbeit zu konzentrieren. Das heißt nicht, dass Sie dafür alles stehen und liegen lassen sollen. Versuchen Sie einfach, die Dinge etwas lockerer angehen zu lassen.

Liebe, Familie, Freundschaft: Drache und Affe sind ein wirklich kreatives Team, das zuweilen sicher ungewöhnliche Maßnahmen ergreift, um die gewünschte Aufmerksamkeit zu erzielen. Vielleicht wäre es gut, die eigene Taktik zu hinterfragen, wenn Sie nach einem neuen Partner suchen und einmal etwas Neues ausprobieren.
Im Kreis der Familie sollte der Spaß im August nicht zu kurz kommen. Das kann bedeuten, dass es nun nicht ganz so streng sein sollten, wenn es darum geht, dass die einzelnen Familienmitglieder Ihre Pflichten erfüllen. Das gilt natürlich auch für Sie selbst, lieber Hahn!

Beruf, Finanzen: Schon im letzten Monat war es nicht immer ganz einfach, den eigenen Ansprüchen am Arbeitsplatz gerecht zu werden. Jetzt im August ist das gar nicht nötig, denn weder Affe noch Drache legen gesteigerten Wert auf eine perfekte Performance. Sehen Sie lieber zu, dass Sie die kreative Energie dazu nutzen, Ihre Fühler auszustrecken und weitere spannende Projekte für sich zu entdecken.
Der einzige Bereich, in dem Sie nun lieber nicht improvisieren sollten, sind Ihre Finanzen.

Tipp des Monats:
Es darf sich nun alles leicht anfühlen. Lassen Sie sich ruhig ein wenig mehr treiben!

SHIH
Hund

Grundtendenz des Monats:
Sollte der kreative Funke im Jahr des Drachen bislang noch nicht auf den Hund übergesprungen sein, stehen die Chancen dafür nun im August nicht schlecht. In Begleitung des Affen dürfte es dem Hund deutlich leichter fallen, spielerischer an seine Aufgaben heranzugehen und so zu unerwarteten Lösungen zu kommen. Lassen Sie sich auf diese neue Leichtigkeit ein, sie macht Ihr Leben angenehmer!
Auch an Ihre gesetzten Ziele dürfen Sie nun etwas gelassener heran gehen. Anstatt sich darüber zu grämen, dass sie immer noch nicht erreicht sind, sollten Sie jetzt lieber feiern, wie viel Sie schon geschafft haben.

Liebe, Familie, Freundschaft: Ihnen fehlen zuweilen die Worte, wenn es um die Liebe geht? Dann dürften Sie sich nun über die Unterstützung des redegewandten Affen ganz besonders freuen. Schmeicheln Sie ruhig Ihrem Partner, aber bleiben Sie dabei immer nahe genug an der Wahrheit und vermeiden Sie ein zu aufgesetztes Verhalten. Ehrlich gemeinte Komplimente kommen immer noch am besten an.
Wenn Sie zurzeit alleine durchs Leben gehen und sich dabei wohl fühlen, gibt es keinen Grund, das zu ändern. Stehen Sie Freunden und Familie gegenüber offen dazu, dann ersparen Sie sich peinliche Verkupplungsversuche.

Beruf, Finanzen: Halten Sie mit Ihren Fähigkeiten bitte nicht hinter dem Berg. Falsche Bescheidenheit ist im Jahr des Drachen wirklich nicht angebracht. Wer interessante Aufgaben übernehmen will, muss das auch bitte sagen! Rechnen Sie lieber nicht damit, dass man Sie automatisch dafür vorsieht - Sie könnten schnell das Nachsehen haben.
Gerade im August sollten Sie besonders gut darauf achten, dass sich Ihre Ausgaben nicht verselbstständigen. Die Kombination aus Drache und Affe kann dafür sorgen, dass die Geldbörse in diesem Monat recht locker sitzt.

Tipp des Monats:
Lassen Sie den Genuss nicht zu kurz kommen! Man kann nicht immer nur arbeiten.

HAN
Schwein

Grundtendenz des Monats:
Für die Kombination aus Drache und Affe, die im August vorherrscht, gibt es wohl kaum ein Limit, wenn es um visionäre Ideen geht. Stellen Sie sich darauf ein, dass kein Gedanke verrückt genug ist, als dass man ihn von Anfang an verwerfen sollte. Wer weiß, was in diesen Wochen alles passieren kann. Schnallen Sie sich gut an und genießen Sie die Fahrt!
Mit seiner Gabe, aus jeder Situation das Beste zu machen, kann das Schwein sicher so manche eingefahrene Lage zum Guten wenden. Das gilt auch für die Menschen in Ihrem Umfeld, die nun von Ihren Fähigkeiten profitieren können und Sie gerne um Rat fragen.

Liebe, Familie, Freundschaft: Sicher ist es immer gut, wenn Sie einen potentiellen Partner mit Ihrem Tun überzeugen. Im August ist die richtige Wortwahl aber fast ebenso wichtig. Überlegen Sie genau, wie Sie vorgehen - es ist ein schmaler Grat zwischen übertriebenen Schmeicheleien und ernst gemeinten Komplimenten.
Ihr Alltag braucht mehr Schwung? Dann dürfte Ihnen die Energie dieser Wochen sehr entgegen kommen. An Ideen dürfte es Ihnen jetzt jedenfalls nicht mangeln. Die Frage ist, wie Sie das Ganze mit dem Partner, Familie oder Freunden umgesetzt bekommen. Machen Sie nicht alles alleine! Gemeinsam kann man nun tolle Dinge auf die Beine stellen.

Beruf, Finanzen: Wer sein Leben genießt, schaut vielleicht nicht immer ganz so genau auf das Budget, was ihm zur Verfügung steht. Achten Sie jetzt bitte darauf, dass Sie nicht über Ihre Verhältnisse leben!
Es ist manchmal notwendig, sich von alten Dingen zu trennen, bevor Neues entstehen kann. Wenn Sie es nicht schaffen, rechtzeitig Platz zu schaffen, lädt der Jahresregent jetzt möglicherweise jemand anderen zu einem Abenteuer ein, das eigentlich für Sie bestimmt war. Bringen Sie Ihre Angelegenheiten also rasch in Ordnung!

Tipp des Monats:
Lassen Sie Ihrer Kreativität freien Lauf und genießen Sie Ihre freie Zeit!

August 2024	Jahreskonstellation – Holz Drache Monatskonstellation – Wasser Affe

1. Feuer Hahn	Ratte Büffel Tiger Hase Drache Schlange Pferd Ziege Affe Hahn Hund Schwein **Günstig:** Umziehen, Reisen, Hochzeiten, Empfänge, wichtige Konferenzen. **Ungünstig:** geistige Arbeiten, Gartenarbeit, häusliche Tätigkeiten.
2. Erd Hund	Ratte Büffel Tiger Hase Drache Schlange Pferd Ziege Affe Hahn Hund Schwein **Günstig:** Versammlungen, gerechte Verteilungen, Hochzeit, Konferenzen, Umzug. **Ungünstig:** Gartenarbeit, Dinge zum Abschluss bringen.
3. Erd Schwein	Ratte Büffel Tiger Hase Drache Schlange Pferd Ziege Affe Hahn Hund Schwein **Günstig:** Gartenarbeit, Feiern, Hochzeit, Dinge zum Abschluss bringen. **Ungünstig:** keine Anschuldigungen gegen Dritte erheben.
4. Metall Ratte	Ratte Büffel Tiger Hase Drache Schlange Pferd Ziege Affe Hahn Hund Schwein **Günstig:** Gartenarbeit, Hochzeit, Dinge zum Abschluss bringen. **Ungünstig:** Umzug, Reisen, Geschäftseröffnung.
5. Metall Büffel	Ratte Büffel Tiger Hase Drache Schlange Pferd Ziege Affe Hahn Hund Schwein **Günstig:** Ausruhen, Meditation, seinen Hobbys nachgehen. **Ungünstig:** wichtige Unternehmungen.
6. Wasser Tiger	Ratte Büffel Tiger Hase Drache Schlange Pferd Ziege Affe Hahn Hund Schwein **Günstig:** Amüsieren, mit Freunden ausgehen, Freizeitaktivitäten. **Ungünstig:** geschäftliche Aktivitäten, neue Dinge anfangen.
7. Wasser Hase	Ratte Büffel Tiger Hase Drache Schlange Pferd Ziege Affe Hahn Hund Schwein **Günstig:** Amüsieren, mit Freunden ausgehen, Freizeitaktivitäten. **Ungünstig:** geschäftliche Aktivitäten, neue Dinge anfangen.
8. Holz Drache	Ratte Büffel Tiger Hase Drache Schlange Pferd Ziege Affe Hahn Hund Schwein **Günstig:** für die meisten Aktivitäten, Geschäftsabschlüsse, Partnerschaft. **Ungünstig:** negative Bemerkungen über andere Menschen.
9. Holz Schlange	Ratte Büffel Tiger Hase Drache Schlange Pferd Ziege Affe Hahn Hund Schwein **Günstig:** Handel, Geschäftseröffnungen, Hochzeiten und andere Feste planen. **Ungünstig:** Beerdigungen, Reisen, Arztbesuche.
10. Feuer Pferd	Ratte Büffel Tiger Hase Drache Schlange Pferd Ziege Affe Hahn Hund Schwein **Günstig:** Handwerkliche Aktivitäten, Handel, Hochzeiten, Reisen. **Ungünstig:** Trauerfeiern und Beerdigungen, schwere körperliche Arbeit.
11. Feuer Ziege	Ratte Büffel Tiger Hase Drache Schlange Pferd Ziege Affe Hahn Hund Schwein **Günstig:** Ankündigungen machen, Beerdigungen, Trauerfeiern. **Ungünstig:** Handel, Vergnügungen, Freizeitaktivitäten.
12. Erd Affe	Ratte Büffel Tiger Hase Drache Schlange Pferd Ziege Affe Hahn Hund Schwein **Günstig:** Kleidung schneidern, Handel, Buchhaltung, Ausflüge, neue Dinge beginnen. **Ungünstig:** Geschäfte eröffnen, Kraftanstrengungen, Reisen, Ersparnisse ausgeben.
13. Erd Hahn	Ratte Büffel Tiger Hase Drache Schlange Pferd Ziege Affe Hahn Hund Schwein **Günstig:** Putzen, waschen, fasten, seelische und körperliche Pflege, Arztbesuche. **Ungünstig:** Ausdauersport, Reisen, Hochzeit.
14. Metall Hund	Ratte Büffel Tiger Hase Drache Schlange Pferd Ziege Affe Hahn Hund Schwein **Günstig:** Umziehen, Reisen, Hochzeiten, Empfänge, wichtige Konferenzen. **Ungünstig:** geistige Arbeiten, Gartenarbeit, häusliche Tätigkeiten.
15. Metall Schwein	Ratte Büffel Tiger Hase Drache Schlange Pferd Ziege Affe Hahn Hund Schwein **Günstig:** Versammlungen, gerechte Verteilungen, Hochzeit, Konferenzen, Umzug. **Ungünstig:** Gartenarbeit, Dinge zum Abschluss bringen.

Ob ein Tag besonders günstig für Ihr Tierzeichen ist, sehen Sie an folgenden Farben:
Rot = sehr günstig, Grau = günstig, Schwarz = nicht günstig

Jahreskonstellation – Holz Drache Monatskonstellation – Wasser Affe	August 2024

16. Wasser Ratte	Ratte Büffel Tiger Hase Drache Schlange Pferd Ziege Affe Hahn Hund Schwein **Günstig:** Gartenarbeit, Feiern, Hochzeit, Dinge zum Abschluss bringen. **Ungünstig:** keine Anschuldigungen gegen Dritte erheben.
17. Wasser Büffel	Ratte Büffel Tiger Hase Drache Schlange Pferd Ziege Affe Hahn Hund Schwein **Günstig:** Gartenarbeit, Hochzeit, Dinge zum Abschluss bringen. **Ungünstig:** Umzug, Reisen, Geschäftseröffnung.
18. Holz Tiger	Ratte Büffel Tiger Hase Drache Schlange Pferd Ziege Affe Hahn Hund Schwein **Günstig:** Ausruhen, Meditation, seinen Hobbys nachgehen. **Ungünstig:** wichtige Unternehmungen.
19. Holz Hase	Ratte Büffel Tiger Hase Drache Schlange Pferd Ziege Affe Hahn Hund Schwein **Günstig:** Amüsieren, mit Freunden ausgehen, Freizeitaktivitäten. **Ungünstig:** geschäftliche Aktivitäten, neue Dinge anfangen.
20. Feuer Drache	Ratte Büffel Tiger Hase Drache Schlange Pferd Ziege Affe Hahn Hund Schwein **Günstig:** für die meisten Aktivitäten, Geschäftsabschlüsse, Partnerschaft. **Ungünstig:** negative Bemerkungen über andere Menschen.
21. Feuer Schlange	Ratte Büffel Tiger Hase Drache Schlange Pferd Ziege Affe Hahn Hund Schwein **Günstig:** Handel, Geschäftseröffnungen, Hochzeiten und andere Feste planen. **Ungünstig:** Beerdigungen, Reisen, Arztbesuche.
22. Erd Pferd	Ratte Büffel Tiger Hase Drache Schlange Pferd Ziege Affe Hahn Hund Schwein **Günstig:** Handwerkliche Aktivitäten, Handel, Hochzeiten, Reisen. **Ungünstig:** Trauerfeiern und Beerdigungen, schwere körperliche Arbeit.
23. Erd Ziege	Ratte Büffel Tiger Hase Drache Schlange Pferd Ziege Affe Hahn Hund Schwein **Günstig:** Ankündigungen machen, Beerdigungen, Trauerfeiern. **Ungünstig:** Handel, Vergnügungen, Freizeitaktivitäten.
24. Metall Affe	Ratte Büffel Tiger Hase Drache Schlange Pferd Ziege Affe Hahn Hund Schwein **Günstig:** Kleidung schneidern, Handel, Buchhaltung, Ausflüge, neue Dinge beginnen. **Ungünstig:** Geschäfte eröffnen, Kraftanstrengungen, Reisen, Ersparnisse ausgeben.
25. Metall Hahn	Ratte Büffel Tiger Hase Drache Schlange Pferd Ziege Affe Hahn Hund Schwein **Günstig:** Putzen, waschen, fasten, seelische und körperliche Pflege, Arztbesuche. **Ungünstig:** Ausdauersport, Reisen, Hochzeit.
26. Wasser Hund	Ratte Büffel Tiger Hase Drache Schlange Pferd Ziege Affe Hahn Hund Schwein **Günstig:** Umziehen, Reisen, Hochzeiten, Empfänge, wichtige Konferenzen. **Ungünstig:** geistige Arbeiten, Gartenarbeit, häusliche Tätigkeiten.
27. Wasser Schwein	Ratte Büffel Tiger Hase Drache Schlange Pferd Ziege Affe Hahn Hund Schwein **Günstig:** Versammlungen, gerechte Verteilungen, Hochzeit, Konferenzen, Umzug. **Ungünstig:** Gartenarbeit, Dinge zum Abschluss bringen.
28. Holz Ratte	Ratte Büffel Tiger Hase Drache Schlange Pferd Ziege Affe Hahn Hund Schwein **Günstig:** Gartenarbeit, Feiern, Hochzeit, Dinge zum Abschluss bringen. **Ungünstig:** keine Anschuldigungen gegen Dritte erheben.
29. Holz Büffel	Ratte Büffel Tiger Hase Drache Schlange Pferd Ziege Affe Hahn Hund Schwein **Günstig:** Gartenarbeit, Hochzeit, Dinge zum Abschluss bringen. **Ungünstig:** Umzug, Reisen, Geschäftseröffnung.
30. Feuer Tiger	Ratte Büffel Tiger Hase Drache Schlange Pferd Ziege Affe Hahn Hund Schwein **Günstig:** Ausruhen, Meditation, seinen Hobbys nachgehen. **Ungünstig:** wichtige Unternehmungen.
31. Feuer Hase	Ratte Büffel Tiger Hase Drache Schlange Pferd Ziege Affe Hahn Hund Schwein **Günstig:** Amüsieren, mit Freunden ausgehen, Freizeitaktivitäten. **Ungünstig:** geschäftliche Aktivitäten, neue Dinge anfangen.

TZE
Ratte

Grundtendenz des Monats:
Auch wenn man Ihnen das in diesen Wochen vielleicht weismachen will, ist der äußere Schein wirklich nicht alles. Lassen Sie sich also im September nicht von Äußerlichkeiten ablenken, sondern versuchen Sie lieber gleich, hinter die Fassade zu schauen. Damit können Sie sich nun unter Umständen einige Enttäuschungen ersparen.

Mit dem Wasser-Hahn rücken in diesen Wochen die spirituellen Aspekte Ihres Lebens mehr in den Vordergrund. Wenn es Ihr Bedürfnis ist, dürfen Sie sich nun gerne ein wenig zurückziehen und sich mit Themen beschäftigen, die Ihrem spirituellen Wachstum dienen.

Liebe, Familie, Freundschaft: Wer Ihre inneren Qualitäten nicht zu schätzen weiß, sondern zu sehr auf Ihr Äußeres fokussiert, hat Ihre Zuneigung vielleicht nicht in dem Maße verdient, wie Sie sie vergeben. Sie sind wunderbar und genau so richtig, wie Sie sind. Etwaige Unsicherheiten sollten Sie deshalb in der Partnerschaft gar nicht erst aufkommen lassen, sondern selbstbewußt zu Ihren Macken stehen.

Auf der Suche nach einem neuen Partner ist es nun keine gute Idee, zu sehr auf große Gesten zu setzen. Echte Gefühle zu zeigen macht Sie viel attraktiver und schont den Geldbeutel.

Beruf, Finanzen: Klappern gehört definitiv zum Handwerk, liebe Ratte. Es reicht also nicht, wenn Sie Ihre Erfolge für sich allein im Kopf feiern. Zeigen Sie selbstbewusst, was Sie drauf haben! Wenn Sie nicht übertreiben, sondern strikt bei der Wahrheit bleiben, erreichen Sie die nötige Aufmerksamkeit, ohne Kollegen oder Wettbewerber zu verärgern.

Ein bisschen mehr Genauigkeit kann der Ratte in der Umsetzung zuweilen nicht schaden. Auch wenn Sie sich nicht gerne mit den Details auseinandersetzen, kann der Hahn Ihnen im September helfen, sorgfältiger zu sein.

Tipp des Monats:
Versuchen Sie, bei der Sache zu bleiben, auch wenn das vielleicht nicht ganz so interessant ist, wie Sie sich das vorgestellt haben.

KIU
Büffel

Grundtendenz des Monats:
Der September kann sich für den Büffel in zwei verschiedene Richtungen entwickeln. Auf der einen Seite wird nun Ihr Draht nach oben gestärkt, so dass Sie sich verstärkt auf spirituelle Themen einlassen könnten. Auf der anderen Seite können Sie mit Hilfe eines geschäftstüchtigen Hahnes in den nächsten Wochen so manches Projekt zum Laufen bringen.

Auch zum Wohle der Allgemeinheit lässt sich jetzt einiges bewegen. Mit Hilfe von Drache und Hahn bekommen Sie spielend die Aufmerksamkeit, die dafür nötig ist.

Liebe, Familie, Freundschaft: Natürlich zählen die inneren Werte mehr als der äußere Schein. Trotzdem kann es jetzt von Vorteil sein, wenn Sie sich ein bisschen mehr Mühe mit Ihrer äußeren Erscheinung geben. Gerade, wenn Sie auf der Suche nach einer neuen Liebe sind, ist der erste Eindruck oft entscheidend. Hahn und Drache finden es vollkommen selbstverständlich, dass man sich herausputzt.

Vielleicht haben Sie sich bislang nicht getraut, Ihre spirituelle Seite dem Partner zu offenbaren. Im September spricht absolut nichts dagegen, offen über diesen Aspekt zu sprechen.

Beruf, Finanzen: Niemand erwartet von Ihnen, dass Sie immer alles perfekt machen. Sie haben allerdings vielleicht in der Vergangenheit die Messlatte sehr hoch gelegt und werden nun an Ihren eigenen Taten gemessen. Anstatt sich mit aller Kraft durchzubeißen, wäre es sicher einfacher, wenn Sie Unterstützung anfordern.

Wenn Sie nun die Leistung von Kollegen oder Mitarbeitern einschätzen sollen, ist Diplomatie von großem Vorteil. Natürlich sollten Sie dabei ehrlich sein. Allerdings ist es sicher nicht nötig, sich über jede Kleinigkeit aufzuregen, so lange das Gesamtergebnis stimmt. Gehen Sie großzügig über Lappalien hinweg. Das ist deutlich besser für das Betriebsklima.

Tipp des Monats:
Wenn es Ihnen jetzt ein bisschen an der Motivation fehlt, sollten Sie Ihrem Feuer-Element mehr Aufmerksamkeit schenken.

YING
Tiger

Grundtendenz des Monats:
Der Jahresregent wird im September von einem schmucken Hahn begleitet. In vielen Bereichen scheint es nun angesagt zu sein, dass man sich möglichst perfekt in der Öffentlichkeit präsentiert. Da kann der Tiger mitmachen - muss er aber nicht. Wenn es Ihnen also lieber ist, weiter im Verborgenen zu wirken, ist dagegen absolut nichts einzuwenden.
Der Monat bringt zudem einen guten Anteil an Yin-Wasser mit sich. Das könnte so manchen Tiger dazu motivieren, sich verstärkt auf seine spirituelle Entwicklung zu konzentrieren. Es ist ein guter Zeitpunkt, diesen Bereich genauer zu betrachten. Vielleicht kommen Sie dadurch innerlich besser zur Ruhe.
Liebe, Familie, Freundschaft: Der Tiger sollte sich vielleicht doch ein bisschen mehr anstrengen, wenn er nun auf Partnersuche ist. Investieren Sie also ruhig ein bisschen mehr Zeit und bereiten Sie sich äußerlich und innerlich auf neue Begegnungen vor.
Mit Blendern macht der Tiger in der Regel kurzen Prozess. Sollten Sie in diesen Wochen in Ihrem privaten Umfeld mit solchen Menschen konfrontiert werden, sollten Sie vielleicht erst einmal hinter die Fassade schauen, anstatt gleich emotional dicht zu machen.
Beruf, Finanzen: Irgendwie will in diesem Monat jeder das Sagen haben. Der Tiger tut jetzt gut daran, sich nicht zu sehr in den Vordergrund zu drängen und sich vornehm zurückzuhalten, wenn die Konkurrenz die Muskeln spielen lässt. Sie wissen genau, was Sie können und haben es nicht nötig, das an allen Ecken heraus zu posaunen. Der Tiger braucht für sein Selbstbewusstsein lange nicht so viel Bestätigung wie so manches anderes Tierzeichen.
Wenn allerdings Führungsqualitäten gefragt sind, sollten Sie sich nun nicht zurückhalten, sondern beherzt das Ruder ergreifen.
Tipp des Monats:
Innere Stärke muss nicht immer gleich für jeden ersichtlich sein! Es ist nicht nötig, jetzt damit hausieren zu gehen.

MAO
Hase

Grundtendenz des Monats:
Im September dürften Ihre Antennen nach oben besonders empfindlich sein. Nun gesellt sich nämlich zur Intuition des Hasen eine gute Portion Yin-Wasser, das unter anderem für spirituelle Themen steht. Sie tun nun wirklich gut daran, auf Ihr Bauchgefühl zu achten und ihm zu folgen, wann immer es sich meldet.
Wenn Sie sich dem Außen im Augenblick nicht so recht gewachsen fühlen, ist es vielleicht an der Zeit, einen Schritt zurück zu treten. Anstatt Ihre Energie darauf zu verwenden, es allen recht zu machen, können Sie so lieber in Ruhe Kraft sammeln. Auch im Jahr des extrovertierten Drachen ist es nicht immer nötig, ganz vorne mitzumischen.
Liebe, Familie, Freundschaft: Wer auf der Suche nach einem neuen Partner ist, sollte im September ganz genau hinschauen. Der Hahn, der den Monat begleitet, neigt wie auch der Drache dazu nach außen ein perfektes Bild abzugeben. Ob dieses dann auch wirklich der inneren Persönlichkeit entspricht, steht auf einem ganz anderen Blatt.
Wenn in den letzten Monaten in den eigenen vier Wänden ein wenig das Chaos regiert hat, wäre es nun an der Zeit, das zu ändern. Animieren Sie jetzt Ihre Mitbewohner, gemeinsam mit Ihnen für Ordnung zu sorgen.
Beruf, Finanzen: Der Hahn steht in der Chinesischen Astrologie in direkter Opposition zum Hasen. Im Jahr des Drachen kann das nun verstärkt dazu führen, dass Sie es mit Vorgesetzten oder Kunden zu tun bekommen können, die versuchen, Sie zu beeinflussen. Es ist definitiv nicht die Lösung, sich jetzt einfach wegzuducken und Anforderungen Folge zu leisten, die Ihnen überhaupt nicht entsprechen oder nicht Ihre Aufgaben sind. Wenn Sie sich trauen, den Konflikt selbstbewusst auszutragen, wird allen Beteiligten klar, dass Sie nicht alles mit sich machen lassen.
Tipp des Monats:
Vertrauen Sie auf Ihre Intuition und sagen Sie jetzt ruhig auch einmal nein.

SHENG
Drache

Grundtendenz des Monats:
Im September legt der aktuelle Herrscher viel Wert auf äußere Erscheinung. Das liegt sicher auch an dem stolzen Hahn, der den Monat begleitet und sein Gefieder gerne präsentiert. Machen Sie nicht den Fehler, Ihr Urteil allein nach dem ersten oberflächlichen Eindruck zu treffen. Nur weil eine Sache in einem wunderbaren Licht erscheint, muss sie nicht gut sein. Ihr guter Draht nach oben ist in diesen Wochen besonders gut ausgeprägt. Vielleicht wäre es an der Zeit, sich wieder mehr den inneren Themen und der eigenen Spiritualität zuzuwenden? Dadurch kann auch Ihre Urteilskraft gestärkt werden, so dass Sie die richtigen Weichen stellen können.

Liebe, Familie, Freundschaft: Auch bei der Partnersuche ist jetzt nicht alles Gold, was glänzt. Lassen Sie sich in diesem Monat deshalb nicht zu sehr von Äußerlichkeiten blenden, sondern versuchen Sie auf jeden Fall, auch hinter die Fassade zu schauen. Dort scheint vielleicht nicht alles perfekt zu sein, aber wenigstens wissen Sie, woran Sie sind. Für eine beständige Beziehung ist es wichtig, authentisch zu sein. Alles andere ist auf Dauer viel zu anstrengend.

Die meisten Drachen sind für Ihre Großzügigkeit bekannt, die sie jetzt ganz besonders offen zeigen wollen. Allein damit lassen sich aber sicher keine Herzen auf Dauer gewinnen.

Beruf, Finanzen: Mit dem Hahn an seiner Seite kann der Drache alle Aspekte seiner Führungspersönlichkeit ausleben. Ob das bei Kollegen und Kunden immer so gut ankommt, steht allerdings auf einem anderen Blatt. Am Ende des Tages ist der Erfolg immer auch dem engagierten Teameinsatz zuzuschreiben. Achten Sie also darauf, dass Sie alle Beteiligten mitnehmen.

Wenn es darum geht, Eindruck zu schinden, wird es in diesem Jahr wohl keinen besseren Zeitpunkt für den Drachen geben.

Tipp des Monats:
Bitte versprechen Sie nichts, was Sie nicht auch halten können! Nur so lässt sich langfristig Vertrauen aufbauen.

SZE
Schlange

Grundtendenz des Monats:
Mit dem stolzen Hahn an Ihrer Seite fühlt sich die Schlange im Rampenlicht gleich viel wohler. Das liegt sicher auch daran, dass diese beiden Tierzeichen sich in vielerlei Hinsicht gut ergänzen. Der Hahn sorgt wie der Drache dafür, dass die Schlange gesehen wird und jetzt die Anerkennung für ihr Tun erfährt, die sie verdient. Das Yin-Wasser, das der Monat zusätzlich mit sich bringt, verstärkt noch einmal alle spirituellen Aspekte. Sie dürfen nun also ruhig voll und ganz auf Ihren guten Draht nach oben vertrauen, wenn Entscheidungen zu treffen sind. Auch sonst tut die Schlange gut daran, sich nun verstärkt mit Ihrer Spiritualität auseinander zu setzen.

Liebe, Familie, Freundschaft: Einmal mehr vereinen sich alle fünf Elemente für Sie in diesen Wochen, diesmal wird die Yin-Ausprägung mehr betont. Das spricht dafür, dass Sie in Ihren persönlichen Beziehungen nun nicht immer die treibende Kraft sein müssen. Lassen Sie ruhig auch mal die andere Seite machen.

Lassen Sie sich nun nicht zu sehr von Äußerlichkeiten leiten, wenn Sie jemand Neues kennenlernen. Am Ende ist es immer wichtiger, wie es im Inneren aussieht und wie Ihre Interessen und Vorlieben harmonieren. Da lohnt es sich nun, ein bisschen tiefer unter die Oberfläche zu tauchen.

Beruf, Finanzen: Sowohl der aktuelle Jahresherrscher als auch der Hahn lieben es durchaus, im Luxus zu schwelgen. Allerdings sollten Sie nun lieber erst einmal schauen, ob Sie sich derartige Extravaganzen auch leisten können und wollen. Es wäre sicher vernünftiger, sich auf einem Niveau einzupendeln, was Sie auch dauerhaft halten können.

Besonders in geschäftlichen Angelegenheiten sind Schlange und Hahn oft ein unschlagbares Team. Gehen Sie nun extra gut vorbereitet in Ihre Meetings, dann bekommen Sie garantiert, was Sie sich wünschen.

Tipp des Monats:
Gehen Sie den Dingen auf den Grund! Das mag länger dauern, bewahrt aber vor Enttäuschungen.

WU
Pferd

Grundtendenz des Monats:
Lassen Sie im September Ihr persönliches Wohlbefinden die Richtung für Ihr Handeln bestimmen! Mit dem Wasser-Hahn an seiner Seite darf sich das Pferd jetzt mehr um sich selbst kümmern. Das bedeutet auch, dass Sie Ihrer Gesundheit ruhig etwas mehr Aufmerksamkeit schenken dürfen. Nun wäre sicher ein guter Zeitpunkt für eine Ernährungsumstellung, den Einstieg ins Fitnessstudio oder in die morgendliche Meditation.
Auch wenn Drache und Hahn dazu neigen, vor allem nach außen ein gutes Bild abgeben zu wollen, geht es in diesen Wochen auch um Ihre inneren Werte, die nun erforscht werden wollen.

Liebe, Familie, Freundschaft: Machen Sie sich jetzt nicht zu viele Gedanken, wie Sie auf Ihren Partner wirken. Wenn Sie Zweifel haben, können Sie einfach direkt fragen, anstatt sich innerlich zu zerreißen. Ein direktes und ehrliches Feedback hilft Ihnen dabei, die eigenen Selbstzweifel zu überwinden.
Sie brauchen nun unter Umständen einfach mehr Zeit für sich selbst. Ihre Lieben mögen nicht daran gewöhnt sein, dass das Pferd sich zuweilen zurückziehen möchte. Sie werden aber sicher Verständnis aufbringen, wenn Sie merken, wieviel besser Sie sich damit fühlen.

Beruf, Finanzen: Auch auf der beruflichen Ebene stellt man gewisse Erwartungen an Sie, die nicht immer einfach zu erfüllen sind. Sie sollten sich grundsätzlich überlegen, ob es sich für Sie wirklich lohnt, sich den herrschenden Zwängen zu beugen. Schließlich kann Ihnen niemand garantieren, dass es Ihnen wirklich etwas bringt, wenn Sie sich permanent verbiegen.
Was Sie sicher Ihren Zielen näher bringen kann, ist etwas mehr Organisation und Disziplin. So können Sie jetzt konkrete Ergebnisse erzielen und Ihre Träume Wirklichkeit werden lassen.

Tipp des Monats:
Bilden Sie nun ruhig einige Rücklagen, wenn Sie können. So brauchen Sie sich in den nächsten Monaten keine Sorgen zu machen.

WEI
Ziege

Grundtendenz des Monats:
Mit den Wasser-Hahn tritt nun ein Tierzeichen auf den Plan, was einiges mit dem Jahresregenten gemein hat. Beide lieben es zum Beispiel, im Rampenlicht zu stehen. Das kann die Ziege nun sicher nutzen, um sich selbst besser sichtbar zu machen. Begeistern Sie Ihre Umgebung für Ihre Projekte und Ideen.
Zudem wird in der aktuellen Kombination das Thema Spiritualität noch einmal besonders hervorgehoben. Das bedeutet, dass nun ein guter Zeitpunkt sein kann, den eigenen Draht nach oben zu schulen und sich mit den eigenen Glaubensgrundsätzen zu beschäftigen.

Liebe, Familie, Freundschaft: Bei der Suche nach einer neuen Liebe ist es nun besonders wichtig, sich nicht von der äußeren Erscheinung beeindrucken zu lassen. Ein imposantes Auftreten mag anfangs ansprechend sein, aber es reicht oft nicht für eine langfristige Beziehung.
Im Jahr des Drachen ist es generell nicht ganz so einfach, sich auf Dauer zu binden - der Jahresregent mag sich meistens nicht so schnell festlegen und hat mehr Abenteuer als Alltag im Kopf. Konzentrieren Sie sich deshalb gleich zu Beginn auf die inneren Werte, die im gemeinsamen Alltag eine größere Rolle spielen.

Beruf, Finanzen: Es ist wichtig, dass Sie in diesen Wochen nicht zu sehr vom äußeren Schein beeinflusst werden, wenn es um den Umgang mit dem Chef oder wichtigen Kunden geht. Werfen Sie einen Blick hinter die Fassade und lassen Sie sich nicht vom autoritären Auftreten täuschen. Wer seinem Gegenüber im Jahr des Drachen auf Augenhöhe begegnet, kann seine eigenen Anliegen besser vertreten.
Wird Ihnen nun die Möglichkeit gegeben, neue Kontakte zu knüpfen, sollten Sie sich das nicht entgehen lassen. Dabei sollten Sie nicht zu streng in Ihrem Urteil sein, sondern der Beziehung die Gelegenheit geben, sich zu entwickeln.

Tipp des Monats:
Wer ernst genommen werden will, muss zuweilen Stärke zeigen. Lassen Sie sich jetzt nicht einschüchtern!

SUNG
Affe

Grundtendenz des Monats:
Auch im Jahr des Drachen ist nicht alles Gold, was glänzt. Im September ist es deshalb besonders wichtig für den Affen, hinter die Fassade zu schauen und den Dingen auf den Grund zu gehen. Das gilt besonders für Ihre persönlichen Kontakte. Haben Sie das Gefühl, dass man zu sehr an der Oberfläche bleibt, dürfen Sie ruhig mehr nachhaken.
Das Yin-Wasser, was in diesem Monat vorherrscht, stärkt einmal mehr Ihre spirituelle Ader. Dabei dürfte es nun aber weniger darum gehen, die eigenen Erfahrungen breit mit anderen zu teilen. Manche Dinge gehören Ihnen ganz allein und wollen nicht in die Welt getragen werden.

Liebe, Familie, Freundschaft: Auch in der Liebe sollten Sie sich nicht vom schönen Schein blenden lassen. Was auf den ersten Blick perfekt erscheinen mag, kann sich zu einem späteren Zeitpunkt als deutlich weniger ideal erweisen. Vertrauen Sie Ihrem Instinkt, bevor Sie zu tief in eine Beziehung eintauchen, die Sie dauerhaft nicht glücklich macht.
Sie wünschen sich mehr Ordnung von Ihren Lieben? Dann fangen Sie am besten erst einmal bei sich selbst an! Es kommt nicht gut an, wenn für Sie selbst andere Regeln gelten als für den Rest der Familie.

Beruf, Finanzen: Mit dem Hahn tritt jetzt ein Tierzeichen in den Vordergrund, was sich im Grunde sehr gut mit dem Affen versteht. Die beiden teilen vor allem einen guten Sinn fürs Geschäft, was sich beruflich nur positiv für Sie auswirken kann. Das gepaart mit dem sprichwörtlichen Glück des Drachen sollte reichen, um Sie nun ein gutes Stück auf Ihrem Weg voran zu bringen. Ein bisschen mehr Genauigkeit steht dem Affen nun gut zu Gesicht. Geben Sie sich einfach ein bisschen mehr Mühe und arbeiten Sie von Anfang an exakter. Das erspart Ihnen später lästige Korrekturen.

Tipp des Monats
Eine schöne Fassade reicht nun nicht aus, um Herzen zu öffnen. Da müssen Sie schon noch andere Qualitäten zeigen.

YU
Hahn

Grundtendenz des Monats:
Hoffentlich haben Sie den vergangenen Monat genutzt, um sich ein wenig zu entspannen. Jetzt ist das nämlich leider nicht mehr ganz so einfach, lieber Hahn. Mit einem Artgenossen an der Seite kann es Ihnen im September schneller passieren, dass Sie in alte Muster zurückfallen.
Zumal der Einfluss des Jahresherrschers nun eine gewisse Ungeduld mit sich bringen kann, die den Hahn zusätzlich anstachelt. Es wäre sicher besser für Sie, wenn Sie nun den Yin Wasser Anteil des Monats nutzen und sich ein bisschen mehr zurückziehen. So können Sie die Batterien aufladen und sich gleichzeitig auch einmal wieder mehr mit Ihrem Inneren beschäftigen.

Liebe, Familie, Freundschaft: Es muss sich nicht immer alles um Sie drehen, lieber Hahn. Partner, Familie und Freunde haben durchaus auch eigene Themen, die Sie gerade beschäftigen. Sehen Sie das als Zeichen und halten Sie sich mit den eigenen Angelegenheiten jetzt zurück.
Auf dem Weg zum Traumpartner kann es immer mal wieder Enttäuschungen geben - vor allem, wenn Sie die Latte recht hoch gelegt haben. Vielleicht sollten Sie ein wenig unvoreingenommener an das Thema herangehen und sich einfach mehr auf Ihren Gegenüber einlassen, bevor Sie ein Urteil fällen.

Beruf, Finanzen: Mit Ihrem untrüglichen Blick für Details können Sie sicherlich eine wertvolle Rolle bei der Umsetzung von Plänen spielen, die vom Jahresherrscher geschmiedet wurden. Ihre Fähigkeit, sich mit den Einzelheiten auseinanderzusetzen, kann dabei helfen, dass die Projekte reibungsloser verlaufen und die Feinheiten berücksichtigt werden. Ihre Expertise kann nun durchaus zusätzliche Arbeit bedeuten. Wenn Sie einen wichtigen Beitrag leisten wollen, kommen Sie nicht darum herum - aber vielleicht lässt sich ja die eine oder andere Sache delegieren?

Tipp des Monats:
Finden Sie jetzt Ihre persönliche Balance zwischen Ihren eigenen Bedürfnissen und denen Ihrer Mitmenschen!

SHIH
Hund

Grundtendenz des Monats:
Der Hund kann mit der zuweilen etwas oberflächliche Art des Jahresregenten nicht besonders viel anfangen. Dennoch müssen Sie akzeptieren, dass äußere Erscheinung und Glanz 2024 eine nicht unwesentliche Rolle spielen. Im September gesellt sich zudem ein stolzer Hahn zum Drachen, der die Betonung auf das Äußere noch verstärkt. Wenn Sie gesehen werden möchten, müssen Sie sich wohl oder übel auf dieses Spiel einlassen.
Wer dagegen lieber seine inneren Welten mehr erforschen möchte, kann dies mit Hilfe des zusätzlichen Yin Wassers gerne tun. Im aktuellen Jahr werden spirituelle Themen auch für den pragmatischen Hund begünstigt.

Liebe, Familie, Freundschaft: Oberflächliche Gesten können nun niemanden groß beeindrucken. Das kommt dem Hund entgegen, der eher nach einer authentischen Beziehung Ausschau hält. Wenn es Ihnen gelingt, beizeiten hinter die Maske zu schauen, werden Sie schnell erkennen, ob man langfristig zueinander passt oder nicht. Der Drache mag auf Abenteuer aus sein - der Hund legt eher Wert auf Beständigkeit.
Wer ist zu Hause der Chef?Ist die Frage nicht geklärt, kann es im September zu Gerangel kommen. Vielleicht wäre es sinnvoll, die Aufgaben so zu verteilen, dass jeder mal den Ton angeben darf.

Beruf, Finanzen: Ihre Projekte und Ideen lassen sich jetzt viel erfolgreicher der Öffentlichkeit präsentieren. Nutzen Sie diese Gelegenheit, die Ihnen die Kombination aus Hahn und Drache nun bietet, und setzen Sie sich geschickt in Szene. So müssen Sie nicht mehr so sehr um Zustimmung kämpfen wie zu Beginn des Jahres.
Auch wenn der Drache den Eindruck vermittelt, dass sich die Dinge unter seiner Herrschaft fast von selbst erledigen, sollte sich der Hund davon nicht blenden lassen. Am Ende des Tages zählt immer noch der persönliche Einsatz.

Tipp des Monats:
Verstricken Sie sich nun nicht zu sehr in Details! Der Gesamteindruck ist deutlich wichtiger!

HAN
Schwein

Grundtendenz des Monats:
Im September geht es einmal mehr um den schönen Schein. Der Drache kombiniert nun mit einem Wasser-Hahn und konzentriert sich vor allem auf seine äußere Wirkung. Das Schwein sollte sich davon aber nicht allzu sehr blenden lassen. Sie werden feststellen, dass auch in diesem Monat nicht alles Gold ist, was glänzt.
Mit dem guten Anteil an Yin Wasser werden darüber hinaus nun sicher auch noch einmal die spirituellen Aspekte des aktuellen Jahres in den Vordergrund gerückt. Wer kann, mag das zum Beispiel für die lange geplante Teilnahme an einem Retreat nutzen oder sich einfach für eine intensive Innenschau zurückziehen.

Liebe, Familie, Freundschaft: Bei neuen Kontakten ist es wichtig, sich nicht von einer oberflächlichen Maske täuschen zu lassen. Vor allem, wenn das Schwein auf der Suche nach einem neuen Partner ist oder neue Freundschaften knüpfen möchte, sollte es sich mehr auf sein Gefühl als auf den ersten äußeren Eindruck verlassen.
Verabschieden Sie sich bitte davon, dass zu Hause immer alles perfekt laufen muss. Den leicht chaotischen Jahresregenten bekommt auch der diszipliniertestes Hahn nun nicht ganz in den Griff. Den zusätzlichen Aufwand können Sie sich also getrost sparen.

Beruf, Finanzen: So manche „geniale" Idee mag sich in diesen Wochen bei genauerer Betrachtung als Luftnummer entpuppen. Darüber muss sich das Schwein aber nicht ärgern. Sie haben sicher genug andere Dinge zu tun und brauchen ohnehin nicht noch zusätzliche Arbeit.
Mit dem Hahn im Monat ist es immer eine gute Idee, mehr auf die Details zu achten. Sollten Sie dabei allerdings feststellen, dass dabei viel zu viel Zeit drauf geht, müssen Sie selektiver vorgehen. Im Jahr des Drachens wird sicher von niemandem absolute Perfektion erwartet.

Tipp des Monats:
Lassen Sie sich nun nicht unter Druck setzen! Sie machen Ihre Sache gut und geben dabei auch ein gutes Bild ab.

September 2024	Jahreskonstellation – Holz Drache Monatskonstellation – Wasser Hahn

1. Erd Drache	Ratte Büffel Tiger Hase Drache Schlange Pferd Ziege Affe Hahn Hund Schwein **Günstig:** für die meisten Aktivitäten, Geschäftsabschlüsse, Partnerschaft. **Ungünstig:** negative Bemerkungen über andere Menschen.
2. Erd Schlange	Ratte Büffel Tiger Hase Drache Schlange Pferd Ziege Affe Hahn Hund Schwein **Günstig:** Handel, Geschäftseröffnungen, Hochzeiten und andere Feste planen. **Ungünstig:** Beerdigungen, Reisen, Arztbesuche.
3. Metall Pferd	Ratte Büffel Tiger Hase Drache Schlange Pferd Ziege Affe Hahn Hund Schwein **Günstig:** Handwerkliche Aktivitäten, Handel, Hochzeiten, Reisen. **Ungünstig:** Trauerfeiern und Beerdigungen, schwere körperliche Arbeit.
4. Metall Ziege	Ratte Büffel Tiger Hase Drache Schlange Pferd Ziege Affe Hahn Hund Schwein **Günstig:** Ankündigungen machen, Beerdigungen, Trauerfeiern. **Ungünstig:** Handel, Vergnügungen, Freizeitaktivitäten.
5. Wasser Affe	Ratte Büffel Tiger Hase Drache Schlange Pferd Ziege Affe Hahn Hund Schwein **Günstig:** Kleidung schneidern, Handel, Buchhaltung, Ausflüge, neue Dinge beginnen. **Ungünstig:** Geschäfte eröffnen, Kraftanstrengungen, Reisen, Ersparnisse ausgeben.
6. Wasser Hahn	Ratte Büffel Tiger Hase Drache Schlange Pferd Ziege Affe Hahn Hund Schwein **Günstig:** Putzen, waschen, fasten, seelische und körperliche Pflege, Arztbesuche. **Ungünstig:** Ausdauersport, Reisen, Hochzeit.
7. Holz Hund	Ratte Büffel Tiger Hase Drache Schlange Pferd Ziege Affe Hahn Hund Schwein **Günstig:** Putzen, waschen, fasten, seelische und körperliche Pflege, Arztbesuche. **Ungünstig:** Ausdauersport, Reisen, Hochzeit.
8. Holz Schwein	Ratte Büffel Tiger Hase Drache Schlange Pferd Ziege Affe Hahn Hund Schwein **Günstig:** Umziehen, Reisen, Hochzeiten, Empfänge, wichtige Konferenzen. **Ungünstig:** geistige Arbeiten, Gartenarbeit, häusliche Tätigkeiten.
9. Feuer Ratte	Ratte Büffel Tiger Hase Drache Schlange Pferd Ziege Affe Hahn Hund Schwein **Günstig:** Versammlungen, gerechte Verteilungen, Hochzeit, Konferenzen, Umzug. **Ungünstig:** Gartenarbeit, Dinge zum Abschluss bringen.
10. Feuer Büffel	Ratte Büffel Tiger Hase Drache Schlange Pferd Ziege Affe Hahn Hund Schwein **Günstig:** Gartenarbeit, Feiern, Hochzeit, Dinge zum Abschluss bringen. **Ungünstig:** keine Anschuldigungen gegen Dritte erheben.
11. Erd Tiger	Ratte Büffel Tiger Hase Drache Schlange Pferd Ziege Affe Hahn Hund Schwein **Günstig:** Gartenarbeit, Hochzeit, Dinge zum Abschluss bringen. **Ungünstig:** Umzug, Reisen, Geschäftseröffnung.
12. Erd Hase	Ratte Büffel Tiger Hase Drache Schlange Pferd Ziege Affe Hahn Hund Schwein **Günstig:** Ausruhen, Meditation, seinen Hobbys nachgehen. **Ungünstig:** wichtige Unternehmungen.
13. Metall Drache	Ratte Büffel Tiger Hase Drache Schlange Pferd Ziege Affe Hahn Hund Schwein **Günstig:** Amüsieren, mit Freunden ausgehen, Freizeitaktivitäten. **Ungünstig:** geschäftliche Aktivitäten, neue Dinge anfangen.
14. Metall Schlange	Ratte Büffel Tiger Hase Drache Schlange Pferd Ziege Affe Hahn Hund Schwein **Günstig:** für die meisten Aktivitäten, Geschäftsabschlüsse, Partnerschaft. **Ungünstig:** negative Bemerkungen über andere Menschen.
15. Wasser Pferd	Ratte Büffel Tiger Hase Drache Schlange Pferd Ziege Affe Hahn Hund Schwein **Günstig:** Handel, Geschäftseröffnungen, Hochzeiten und andere Feste planen. **Ungünstig:** Beerdigungen, Reisen, Arztbesuche.

Ob ein Tag besonders günstig für Ihr Tierzeichen ist, sehen Sie an folgenden Farben:
Rot = sehr günstig, Grau = günstig, Schwarz = nicht günstig

Jahreskonstellation – Holz Drache Monatskonstellation – Wasser Hahn	September 2024

16. Wasser Ziege	Ratte Büffel Tiger Hase Drache Schlange Pferd Ziege Affe Hahn Hund Schwein **Günstig:** Handwerkliche Aktivitäten, Handel, Hochzeiten, Reisen. **Ungünstig:** Trauerfeiern und Beerdigungen, schwere körperliche Arbeit.
17. Holz Affe	Ratte Büffel Tiger Hase Drache Schlange Pferd Ziege Affe Hahn Hund Schwein **Günstig:** Ankündigungen machen, Beerdigungen, Trauerfeiern. **Ungünstig:** Handel, Vergnügungen, Freizeitaktivitäten.
18. Holz Hahn	Ratte Büffel Tiger Hase Drache Schlange Pferd Ziege Affe Hahn Hund Schwein **Günstig:** Kleidung schneiden, Handel, Buchhaltung, Ausflüge, neue Dinge beginnen. **Ungünstig:** Geschäfte eröffnen, Kraftanstrengungen, Reisen, Ersparnisse ausgeben.
19. Feuer Hund	Ratte Büffel Tiger Hase Drache Schlange Pferd Ziege Affe Hahn Hund Schwein **Günstig:** Putzen, waschen, fasten, seelische und körperliche Pflege, Arztbesuche. **Ungünstig:** Ausdauersport, Reisen, Hochzeit.
20. Feuer Schwein	Ratte Büffel Tiger Hase Drache Schlange Pferd Ziege Affe Hahn Hund Schwein **Günstig:** Umziehen, Reisen, Hochzeiten, Empfänge, wichtige Konferenzen. **Ungünstig:** geistige Arbeiten, Gartenarbeit, häusliche Tätigkeiten.
21. Erd Ratte	Ratte Büffel Tiger Hase Drache Schlange Pferd Ziege Affe Hahn Hund Schwein **Günstig:** Versammlungen, gerechte Verteilungen, Hochzeit, Konferenzen, Umzug. **Ungünstig:** Gartenarbeit, Dinge zum Abschluss bringen.
22. Erd Büffel	Ratte Büffel Tiger Hase Drache Schlange Pferd Ziege Affe Hahn Hund Schwein **Günstig:** Gartenarbeit, Feiern, Hochzeit, Dinge zum Abschluss bringen. **Ungünstig:** keine Anschuldigungen gegen Dritte erheben.
23. Metall Tiger	Ratte Büffel Tiger Hase Drache Schlange Pferd Ziege Affe Hahn Hund Schwein **Günstig:** Gartenarbeit, Hochzeit, Dinge zum Abschluss bringen. **Ungünstig:** Umzug, Reisen, Geschäftseröffnung.
24. Metall Hase	Ratte Büffel Tiger Hase Drache Schlange Pferd Ziege Affe Hahn Hund Schwein **Günstig:** Ausruhen, Meditation, seinen Hobbys nachgehen. **Ungünstig:** wichtige Unternehmungen.
25. Wasser Drache	Ratte Büffel Tiger Hase Drache Schlange Pferd Ziege Affe Hahn Hund Schwein **Günstig:** Amüsieren, mit Freunden ausgehen, Freizeitaktivitäten. **Ungünstig:** geschäftliche Aktivitäten, neue Dinge anfangen.
26. Wasser Schlange	Ratte Büffel Tiger Hase Drache Schlange Pferd Ziege Affe Hahn Hund Schwein **Günstig:** für die meisten Aktivitäten, Geschäftsabschlüsse, Partnerschaft. **Ungünstig:** negative Bemerkungen über andere Menschen.
27. Holz Pferd	Ratte Büffel Tiger Hase Drache Schlange Pferd Ziege Affe Hahn Hund Schwein **Günstig:** Handel, Geschäftseröffnungen, Hochzeiten und andere Feste planen. **Ungünstig:** Beerdigungen, Reisen, Arztbesuche.
28. Holz Ziege	Ratte Büffel Tiger Hase Drache Schlange Pferd Ziege Affe Hahn Hund Schwein **Günstig:** Handwerkliche Aktivitäten, Handel, Hochzeiten, Reisen. **Ungünstig:** Trauerfeiern und Beerdigungen, schwere körperliche Arbeit.
29. Feuer Affe	Ratte Büffel Tiger Hase Drache Schlange Pferd Ziege Affe Hahn Hund Schwein **Günstig:** Ankündigungen machen, Beerdigungen, Trauerfeiern. **Ungünstig:** Handel, Vergnügungen, Freizeitaktivitäten.
30. Feuer Hahn	Ratte Büffel Tiger Hase Drache Schlange Pferd Ziege Affe Hahn Hund Schwein **Günstig:** Kleidung schneidern, Handel, Buchhaltung, Ausflüge, neue Dinge beginnen. **Ungünstig:** Geschäfte eröffnen, Kraftanstrengungen, Reisen, Ersparnisse ausgeben.

TZE
Ratte

Grundtendenz des Monats:
Sie möchten mehr gefordert werden, liebe Ratte? Dann müssen Sie das laut und deutlich zu Ausdruck bringen. Sie können kaum erwarten, dass man Ihnen an der Nasenspitze ansieht, wenn Sie sich nicht ausgelastet fühlen! Anstatt sich also auf die geistige Ebene zurückzuziehen, können Sie entweder selbst nach neuen spannenden Aktivitäten Ausschau halten oder Sie sprechen das Thema einfach in Ihrer Umgebung an und schauen, was dann an Sie herangetragen wird. Mit dem Drachen als Jahresregenten sollte es kein Problem sein, die passenden Aufgaben für Ihr kreatives Wesen zu finden.

Falls es so gar nichts zu tun gibt, wäre es vielleicht eine gute Idee, jetzt zum Herbst mal wieder gründlich auszumisten.

Liebe, Familie, Freundschaft: Auch im Jahr des aktiven Drachen können Sie Freunde und Familie nicht einfach vernachlässigen. Gerade in diesen Wochen ist es wichtig, dass Sie sich genug Zeit für die Belange nehmen, die mit Ihrem privaten Umfeld zu tun haben.

In der Liebe geht es im Monat des Hundes fast immer um das Thema Beständigkeit. Da hängt es jetzt von Ihnen ab, inwieweit Sie bereit sind, sich dauerhaft in Ihre Beziehung einzubringen. Erwarten Sie lieber nicht, dass die andere Seite sich an Ihre Bedürfnisse anpassen wird.

Beruf, Finanzen: Will die Ratte in diesen Wochen ein bisschen mehr innere Ruhe haben, muss sie sich nun ein paar Aufgaben suchen, die sie ausreichend beschäftigen. Dabei sollten Sie jetzt nicht zu wählerisch sein. Gerade einfache Aufgaben lenken Sie am besten vom Chaos im Kopf ab und helfen Ihnen, Ihr mentales Gleichgewicht zu finden.

Wenn es um Ihre Finanzen geht, sollten Sie sich jetzt eher konservativ verhalten. Auch wenn der Jahresregent Sie lockt, ist im Oktober Zurückhaltung angesagt.

Tipp des Monats:
Manchmal ist ein bisschen Langeweile gar nicht so schlecht, um die eigene Batterie aufzuladen.

KIU
Büffel

Grundtendenz des Monats:
Der Oktober wird von einem wachsamen Hund begleitet. Dieser steht zwar in direkter Opposition zum Drachen, teilt aber viele Werte mit dem Büffel. Das kann nun dazu führen, dass zwar nicht allzu viele kreative Pläne in die Tat umgesetzt werden können, der Büffel aber trotzdem auf seine Kosten kommt. Sie können die nächsten Wochen sinnvoll nutzen, indem Sie sich wieder ein wenig mehr auf die Dinge konzentrieren, die wirklich Hand und Fuß haben. Auch wenn jetzt nicht ganz so viel passiert, muss für den Büffel keine Langeweile aufkommen. Es gibt sicher genug angefangene Aktionen, die nun ohne großen Aufwand abgeschlossen werden können.

Liebe, Familie, Freundschaft: Achten Sie in diesem Monat besonders auf den Familienzusammenhalt. Der kann nun zum einen darunter leiden, dass im Jahr des Drachen jeder mehr seinen eigenen Interessen nachgeht. Zum anderen herrscht speziell für den Büffel im Oktober eine Tierkonstellation vor, die zu fehlenden Familienbanden führen kann.

Wenn Sie in der jüngeren Vergangenheit schwelende Konflikte im Kreise Ihrer Lieben wahrgenommen haben, sollten Sie diese jetzt besonders gut im Auge behalten. Es geht nun nicht unbedingt darum, aktiv zu werden, aber im Zweifelsfall ist es besser, gut vorbereitet zu sein.

Beruf, Finanzen: Wer sich im Job nicht ausgelastet fühlt, sollte sich nun nicht wahllos in neue Projekte einbringen. Nehmen Sie sich Zeit, um Ihre Möglichkeiten zu evaluieren. Schließlich kann es passieren, dass Sie zukünftig viel Zeit auf die neue Aufgabe verwenden müssen. Da sollte das Ganze Ihnen nicht nur Geld bringen, sondern besser auch Freude machen.

Der Kontrast zwischen Drache und Hund kann nun unter Umständen zu Spannungen am Arbeitsplatz führen, die nicht unbedingt mit Ihnen zu tun haben müssen.

Tipp des Monats:
Bestehende Bande lassen sich nun festigen, wenn Sie mehr Gefühl zeigen.

YING Tiger

Grundtendenz des Monats:
Mit dem Hund bekommt der Jahresregent in diesem Monat durchaus etwas Gegenwind. Für den Tiger kann das bedeuten, dass sich nun die Prioritäten mehr in Richtung Sicherheit verschieben. Das ist vielleicht nicht ganz so spannend, hilft Ihnen aber dabei, Ihre Ressourcen zu schonen.

Wer sich in den letzten Monaten daran gewöhnt hat, gut beschäftigt zu sein, wird sich mit dem bedächtigen Hund im Oktober vielleicht ein bisschen langweilen.

Liebe, Familie, Freundschaft: Der Schutz und die Unterstützung Ihrer Lieben ist jetzt besonders wichtig. Was nützen die tollsten Abenteuer, wenn das Privatleben dabei auf der Strecke bleibt.

In bestehenden Partnerschaften mag es nun auch um das Thema Treue gehen. Der aktuelle Jahresregent mag das nicht immer ganz so ernst nehmen. Um so mehr pocht der Hund im Oktober darauf, dass der Tiger sich eindeutig zu seiner Liebe bekennt und für klare Verhältnisse sorgt. Wenn Sie das Gefühl haben, dass Sie damit im Augenblick noch überfordert sind, sollten Sie wenigstens ehrlich sein und keine falschen Erwartungen wecken.

Beruf, Finanzen: Neue Projekte werden nun unter Umständen erst einmal auf Eis gelegt, weil einfach nicht klar ist, wie das Ganze am besten laufen sollte. Mit guten Ideen allein lässt sich kein Geschäft aufbauen. Da braucht es nun schon auch einiges an Struktur und guter Planung. Vielleicht ist an der Zeit für den Tiger, sich loyale Mitstreiter zu suchen.

Eine saubere Kalkulation ist unabdingbar, wenn Sie bis zum Ende der Regentschaft etwas Neues auf die Beine stellen wollen. Sorgen Sie für eine solide Finanzierung und vertrauen Sie lieber nicht auf vage Zusagen. Im Jahr des Drachens kann es nicht schaden, wenn man in Gelddingen auf schriftliche Vereinbarungen besteht.

Tipp des Monats:
Wenn Sie den Eindruck haben, dass man Sie nun nicht genug fordert, müssen Sie sich Ihre Herausforderungen vielleicht selber suchen.

MAO Hase

Grundtendenz des Monats:
Im Oktober wird der visionäre Drache von einem realistischen Hund begleitet, und diese beiden Energien sind leider nicht immer einig über die Richtung, in die sie sich bewegen sollen. Das bedeutet jedoch nicht zwangsläufig, dass Sie automatisch zwischen die Fronten geraten. Es kann nun einfach manchmal eine größere Herausforderung sein, ein gesundes Gleichgewicht zwischen Vernunft und Gefühl zu finden.

Wem es gelingt, auf sein Gefühl zu vertrauen, der wird auf dem richtigen Pfad bleiben. Wichtig ist, das weder die eine noch die andere Seite die Oberhand gewinnt.

Liebe, Familie, Freundschaft: In Ihrer Partnerschaft könnte jetzt möglicherweise ein Beweis Ihrer Treue erforderlich sein. Betrachten Sie dies als zusätzliche Gelegenheit, Ihre Zuneigung zu zeigen und nicht als Kontrolle Ihrer Gefühle. Vielleicht fühlt sich Ihr Partner manchmal ebenso unsicher wie Sie selbst.

Was wünscht sich der Hase von einer neuen Beziehung? Mehr Abenteuer? Mehr Sicherheit? Diese Fragen könnten im Oktober vermehrt aufkommen und wollen beantwortet werden, bevor Sie sich auf eine neue Liebe einlassen.

Beruf, Finanzen: So mancher Hase mag sich in diesen Wochen zunehmend aufs Tagträumen verlegen. Das mag in Ordnung sein, wenn gerade nicht viel zu tun ist, kommt aber nicht gut an, wenn dadurch wichtige Dinge liegenbleiben.

Lassen Sie sich nicht von den gelegentlich extravaganten Anforderungen des Drachens aus der Ruhe bringen. Stress entsteht nur dann, wenn Sie sich der Herausforderung nicht gewachsen fühlen. Solange Sie auf Ihre Fähigkeiten vertrauen können, gibt es keinen Grund zur Panik. Sollten Sie jedoch feststellen, dass Sie Defizite haben, ist es ratsam, diese schnellstmöglich zu beheben. Es ist immer erlaubt, fachlichen Rat einzuholen, wenn man nicht weiter weiß.

Tipp des Monats:
Vertrauen Sie auf Ihre eigene Urteilskraft! Am Ende des Tages wissen Sie selbst am besten, was gut für Sie ist.

> Kalter Tau / Frost kommt herab < **Oktober**

SHENG
Drache

Grundtendenz des Monats:
Halten Sie in diesen Wochen unbedingt die Augen auf, lieber Drache! Auch wenn es im Augenblick eher ruhig zuzugehen scheint, könnten sich immer dann Probleme ergeben, wenn Sie sich zu sehr ablenken lassen. Wenn Sie im Oktober Unannehmlichkeiten umgehen wollen, ist Wachsamkeit unabdingbar!
Der Hund, der den Monat begleitet, steht in direkter Opposition zum Drachen. Das kann nun dazu führen, dass Sie sich ein wenig in Ihren Freiheiten beschnitten fühlen. Die Vorsicht mag nun aber durchaus berechtigt sein und Ihnen dabei helfen, auf dem Teppich zu bleiben und unnötige Fehler zu vermeiden.

Liebe, Familie, Freundschaft: Wer auf der Suche nach einem Partner ist, sollte nun bei seiner Wahl darauf achten, dass die Bedürfnisse ähnlich gestrickt sind. Stellen Sie vor allem sicher, dass Sie der anderen Seite genug Sicherheit und Geborgenheit geben können. Wenn sich das nicht mit Ihrer persönlichen Unabhängigkeit kombinieren lässt, sollten Sie das lieber gleich sagen und so spätere Enttäuschungen vermeiden.
Bleiben Sie bitte mit Ihrer Aufmerksamkeit voll bei der Sache, wenn Ihre Lieben nun mit ihren Problemen zu Ihnen kommen. Sonst entgehen Ihnen vielleicht Details, die später noch wichtig werden. Außerdem kommt es bei Partner oder Familie nicht gut an, wenn man das Gefühl bekommt, nicht ernst genommen zu werden.

Beruf, Finanzen: Natürlich ist es 2024 reizvoll, dass Risiko zu erhöhen. So mancher Drache fühlt sich in seinem eigenen Jahr fast unbesiegbar und mag deshalb auch auf der beruflichen und finanziellen Ebene Dinge versuchen, an die er sich in der Vergangenheit nicht herangetraut hätte. Es ist gut, dass Sie mehr wagen, solange Sie dabei die Realität nicht aus den Augen verlieren. Gerade in diesem Monat kann ein etwas pragmatischer Ansatz sinnvoll sein.

Tipp des Monats:
Sie sollten wirklich nur dann Ihre Flügel ausbreiten und abheben, wenn Sie auch garantiert wieder sicher landen können.

SZE
Schlange

Grundtendenz des Monats:
Mit dem Auftauchen des Hundes im Oktober mag sich so manche Schlange vielleicht innerlich ein bisschen zerrissen fühlen. Auf der einen Seite spornt Sie der Drache zu mehr Individualität an, auf der anderen Seite wünschen Sie sich aber auch geordnete Verhältnisse und einen festen Platz in der Gemeinschaft.
Es ist nicht ungewöhnlich, dass Sie jetzt etwas unsicher sind, wem Sie folgen sollen. Vertrauen Sie einfach auf Ihr Bauchgefühl und treffen Sie Ihre Entscheidungen aus dem Inneren heraus. Möglicherweise sind die Dinge weniger kompliziert, als sie erscheinen.

Liebe, Familie, Freundschaft: Es ist ratsam, in dieser Zeit keine Konflikte zu provozieren - weder mit Ihrem Partner, Ihrer Familie noch Ihren Kindern. Der Einfluss des Drachen kann jetzt dazu führen, dass Sie impulsiver reagieren, als Sie es normalerweise tun würden. Bitte halten Sie Ihre Emotionen unter Kontrolle - nur so stellen Sie sicher, dass Sie nun niemanden verletzen.
Was hoffen Sie, in einer neuen Partnerschaft zu finden? Vielleicht ist es nun an der Zeit, sich darüber Gedanken zu machen. Ist es mehr das Gefühl von Sicherheit oder suchen Sie eher das Abenteuer? Beides lässt sich wahrscheinlich im Augenblick eher nicht vereinen.

Beruf, Finanzen: Nehmen Sie sich Zeit, um die Situation von verschiedenen Perspektiven zu betrachten, und die Lösung wird sich Ihnen offenbaren. Wenn Sie im Oktober auf der sicheren Seite bleiben wollen, folgen Sie lieber dem etwas konservativeren Ansatz. Der Jahresregent mag Ihnen zwar etwas anderes einflüstern, aber in diesem Monat sind Sie damit besser bedient als mit riskanten Geschäften.
Es mag in diesen Wochen nicht so viel zu tun sein wie in den vergangenen Monaten. Bevor sich Ihr Geist deshalb auf Wanderschaft begibt, beschäftigen Sie sich lieber mit Routinearbeiten.

Tipp des Monats:
Verlieren Sie nun nicht Ihren Fokus! Nur wenn Sie das Ziel im Auge behalten, können Sie sich in die richtige Richtung bewegen.

WU
Pferd

Grundtendenz des Monats:
Mit einem beständigen Hund an Ihrer Seite stehen Sie nun vielleicht vor der Entscheidung, ob Sie dem fantasievollen Drachen folgen oder lieber doch auf vertrautem Terrain bleiben sollten. Wahrscheinlich liegt die Lösung irgendwo in der Mitte. Vertrauen Sie einfach auf Ihr Gefühl, dann werden Sie schon merken, welcher Weg der richtige für Sie ist.
Hund und Pferd sind immer dann eine besonders gute Kombination, wenn es darum geht, die eigenen Ambitionen auszuleben. Dabei steht Ihnen der Jahresherrscher im Oktober garantiert nicht im Weg. Ganz im Gegenteil - der Drache wünscht sich, dass seine Untertanen in allen Bereichen des Lebens glänzen können.

Liebe, Familie, Freundschaft: Traditionelle Werte können in der Partnerschaft nun wieder mehr in den Vordergrund treten. Während der Drache mehr das Abenteuer sucht, steht der Hund mehr für Beständigkeit und Loyalität. Wenn Sie langfristig mit Ihrer besseren Hälfte glücklich sein wollen, sollten Sie nun zeigen, dass man sich auf Sie verlassen kann.
Beim eigenen Nachwuchs stellt sich nun vielleicht die Frage, wie locker man die Zügel lassen kann. Sicher ist es gut, die Kinder zu mehr Unabhängigkeit zu erziehen. Ohne gewisse Regeln geht es aber im Alltag leider nicht.

Beruf, Finanzen: Der Kontrast zwischen Freiheit und Verpflichtung macht sich nun auch auf der beruflichen Ebene bemerkbar. Wenn sich dadurch Streitpunkte ergeben, wollen diese ausdiskutiert werden. Dabei ist es ganz entscheidend, wie Sie kommunizieren. Achten Sie auf einen respektvollen und sachlichen Ton, dann werden Sie sicher einen Kompromiss finden.
Wenn es nun eher wenig zu tun gibt, sollten Sie trotzdem versuchen, konzentriert bei der Sache zu sein. Sonst können sich nun leicht Fehler einschleichen, die Sie in den kommenden Monaten viel Zeit kosten können.

Tipp des Monats:
Im Jahr des Drachen ist alles möglich - achten Sie einfach darauf, die Balance zu halten.

WEI
Ziege

Grundtendenz des Monats:
Auch wenn die Dinge sich manchmal nicht gleich so entwickeln, wie Sie es sich wünschen würden, ist das kein Grund, die Flinte ins Korn zu werfen, liebe Ziege! Gerade in diesem Monat mag es Ihnen zuweilen etwas schwerer fallen, die nötige Ausdauer zu zeigen, um ans Ziel zu kommen. Wenn es Ihnen zu anstrengend wird mit dem innovativen Drachen, dürfen Sie sich ruhig die Zeit zum durchatmen nehmen. Komplett aufgeben sollten Sie aber auf keinen Fall!
Sie fühlen sich hin und her gerissen zwischen Vernunft und Fantasie? Wer hat behauptet, dass sich diese beiden Aspekte nicht kombinieren lassen.

Liebe, Familie, Freundschaft: Ein recht konservativ eingestellter Hund begleitet Sie im Oktober. Das ist gut fürs Familienleben, weil jetzt der Schwerpunkt mehr auf das gemeinsame Bewältigen des Alltags gelegt werden kann. Nicht ganz so gut können sich nun dagegen die persönlichen Ambitionen weiterentwickeln. Damit sich da etwas bewegt, müssen Sie wahrscheinlich noch bis Ende des Jahres warten.
Natürlich dürfen Sie ein Auge auf die Aktivitäten von Partner und Nachwuchs haben. Das heißt aber nicht, dass Sie ständig kontrollieren müssen. Vertrauen Sie ihren Lieben - sie kommen auch ab und zu ganz gut ohne Ihre Hilfe aus.

Beruf, Finanzen: Auf den ersten Blick mag es nun etwas ruhiger zugehen. Bei genauerer Betrachtung gibt es aber nach wie vor genug Aufgaben, die erledigt werden wollen.
Hund und Drache stehen im Chinesischen Tierkreis in direkter Opposition zueinander. Das könnte jetzt auf der beruflichen Ebene dazu führen, dass die Meinungen recht weit auseinander laufen. Überlegen Sie sich gut, für was und für wen Sie nun Partei ergreifen. Unter Umständen macht es mehr Sinn, sich erst einmal rauszuhalten.

Tipp des Monats:
Bleiben Sie am Ball! Ohne eine gewisse Beharrlichkeit wird das nichts mit Ihren Plänen.

> Kalter Tau / Frost kommt herab < **Oktober**

SUNG
Affe

Grundtendenz des Monats:
Hat der Affe die Wahl zwischen Sicherheit und Abenteuer, wird er wahrscheinlich erst einmal in Richtung Abenteuer tendieren. Im Oktober kann es aber durchaus sinnvoll sein, auch den Sicherheitsaspekt nicht aus den Augen zu verlieren. Mit einem loyalen Hund bekommen Sie nun Unterstützung, die vor allem darauf abzielt, dass sich die Dinge stabilisieren können. Je nachdem, in welcher Situation Sie sich im Augenblick befinden, ist es sicher keine schlechte Idee, einen sicheren Hafen anzusteuern.
Hund und Drache stehen im Chinesischen Tierkreis in direkter Opposition zueinander. Da kann es nun schon mal an einigen Ecken und Enden ein wenig im Getriebe knirschen.

Liebe, Familie, Freundschaft: Während der Drache es mit der Loyalität manchmal nicht ganz so ernst nimmt, ist der Hund eine wirklich treue Seele. Welche Seite Sie in diesem Monat einnehmen, hängt sicher davon ab, wie wichtig Ihnen Ihre persönlichen Beziehungen sind. Weder Freundschaften noch Liebesbeziehungen halten lange, wenn Sie nicht ehrlich handeln.
Ein gewisser Pragmatismus kann dem Affen sicher nicht schaden, wenn es nun darum geht, den Alltag mit der Familie zu organisieren. Viele Dinge mögen Ihnen auf den ersten Blick leichter erscheinen, als Sie wirklich sind.

Beruf, Finanzen: Komplexe Situationen erfordern Ihre volle Aufmerksamkeit und eine ernsthafte Herangehensweise. Nehmen Sie sich die Zeit, den Sachverhalt gründlich zu erfassen, bevor Sie mit Lösungsvorschlägen aufwarten. Wer die Angelegenheit nicht ernst nimmt und deshalb eine vorschnelle Entscheidung trifft, hat unter Umständen schon bald das Nachsehen.
Konservative Investments sind eigentlich nichts für den risikofreudigen Drachen. Aber vielleicht für den Affen, der sich jetzt durchaus auch ein paar sichere Finanzanlagen gönnen darf.

Tipp des Monats:
Bleiben Sie bei der Sache, auch wenn es sie ein wenig langweilt. Manchmal muss man einfach durchhalten.

YU
Hahn

Grundtendenz des Monats:
Auch wenn Ihnen die unorthodoxen Lösungsansätze des Drachen jetzt gut gefallen, sollten Sie im Oktober vielleicht doch nicht komplett darauf setzen. Mit dem konservativen Holz-Hund kommt jetzt ein Tierzeichen ins Spiel, das sich lieber auf den Spatz in der Hand verlässt, als sich nach der Taube auf dem Dach zu sehnen. Das bedeutet nicht, dass Sie sich nun zu abwartend verhalten sollten. Nehmen Sie sich einfach mehr Zeit, um die Vor- und Nachteile sorgfältig abzuwägen.
Wer das Gefühl hat, seine Möglichkeiten im Jahr des Drachen bislang nicht optimal genutzt zu haben, sollte sich nicht grämen. Analysieren Sie lieber, woran es liegt und schauen Sie dann, was Sie anders machen können.

Liebe, Familie, Freundschaft: Freundschaften wollen auch im Jahr des impulsiven Drachen gepflegt werden. Dabei sollten Sie sich nicht davon leiten lassen, wer Ihnen nun am meisten nützt, sondern lieber schauen, wen Sie wirklich gerne einmal wiedersehen möchten. Sie müssen gar nichts Großes planen - Hauptsache, man verbringt mal wieder Zeit miteinander.
Wenn ein Partner mehr unternehmen und der andere lieber zu Hause bleiben will, ist der Konflikt vorprogrammiert. Wenn Sie sich nun mehr unters Volk mischen wollen, wäre es wahrscheinlich gut, Ihrer besseren Hälfte in punkto Häuslichkeit ein wenig entgegen zu kommen.

Beruf, Finanzen: Nach der oft hektischen Aktivität der letzten Monate tut es dem Hahn nun vielleicht ganz gut, wenn im Oktober nicht ganz so viel los ist. Allerdings sollte das nun nicht dazu führen, dass Ihr Kopfkino anspringt und Sie sich zu viele Gedanken um Dinge und Projekte machen, die noch gar nicht aktuell sind. Die zusätzliche Zeit lässt sich besser nutzen, in dem Sie sich entweder mit nötigen Aufräumarbeiten beschäftigen oder Kollegen unter die Arme greifen.

Tipp des Monats:
Einmal tief durchatmen, lieber Hahn! Jetzt ist ein guter Zeitpunkt, das Tempo ein wenig zu drosseln.

SHIH
Hund

Grundtendenz des Monats:
Mit einem Artgenossen an der Seite ist es nun wahrscheinlich nicht ganz so einfach, sich auf spontane Aktionen einzulassen. Aber gerade, wenn Sie im Augenblick freie Kapazitäten haben, vertun Sie sich nichts, wenn Sie sich einmal ein wenig abseits der gängigen Wege umschauen. Im schlechtesten Fall haben Sie ein wenig Ihrer Zeit vertan. Im besten Fall ergibt sich etwas unerwartet Gutes daraus.
Kritik kommt in diesen Wochen vielleicht nicht ganz so gut an. Vor allem, wenn es Ihnen nicht gelingt, dabei den richtigen Ton zu treffen. Ehe sich daraus eine unschöne Auseinandersetzung ergibt, ist es nun wohl besser, den Mund nicht allzu weit aufzumachen.

Liebe, Familie, Freundschaft: Wann haben Sie sich das letzte Mal voller Vertrauen in Ihrer Partnerschaft fallen lassen? Es würde Ihnen so gut tun, wenn Sie sich von der sorglosen Art des Drachens ein wenig mehr anstecken lassen würden. Legen Sie also jetzt nicht gleich jedes Wort auf die Waagschale und vermuten Sie nicht hinter jeder Ecke Verrat.
Der Kontrast zwischen Drache und Hund zeigt sich in diesem Monat noch einmal überdeutlich. Das bekommen auch Ihre Lieben zu spüren, die nun unter Umständen mit Ihrer Achterbahn der Emotionen klarkommen müssen.

Beruf, Finanzen: Auch Kleinvieh macht Mist, lieber Hund. Daher sollten Sie sich nicht davor scheuen, auch Aufgaben zu übernehmen, die auf den ersten Blick unwichtig erscheinen und Sie nicht wirklich interessieren. Erledigen Sie diese kleinen Details reibungslos, dann müssen Sie sich nicht mehr darüber ärgern.
Sorgen Sie dafür, dass Sie nicht nur Befehle empfangen, sondern auch gewisse Dinge selbstständig entscheiden können. Wenn es Ihnen gelungen ist, das Vertrauen von Kunden und Vorgesetzten zu gewinnen, werden Ihnen mehr Freiheiten zugestanden.

Tipp des Monats:
Machen Sie sich nicht zu viele Gedanken, sondern versuchen Sie lieber, im Fluss zu bleiben.

HAN
Schwein

Grundtendenz des Monats:
Für so manches Schwein mag sein Leben im Augenblick ein wenig vor sich hin plätschern. Im Anbetracht des Chaos, das an einigen Stellen herrscht, ist das jetzt vielleicht gar nicht so schlecht, liebes Schwein. Auf jeden Fall hält sich Ihr Stresslevel im Rahmen und Sie fühlen sich wahrscheinlich nicht so unter Druck gesetzt wie Ihr restliches Umfeld. Dafür kann man sicher in Kauf nehmen, dass der Drache viele seine Abenteuer bislang ohne Sie gestartet hat.
Mit dem beständigen Hund bekommen Sie nun einen Begleiter zur Seite gestellt, der sich mehr auf dem Boden der Tatsachen aufhält als im Reich der Fantasie.

Liebe, Familie, Freundschaft: Hund und Drache stehen im Chinesischen Tierkreis in der direkten Opposition. Das könnte nun der Grund dafür sein, dass Sie in der Partnerschaft nun mit einigen Unstimmigkeiten zu kämpfen haben.
Wünschen Sie sich auf Dauer stabilere Verhältnisse oder haben Sie einfach mehr Lust auf Abenteuer? Vielleicht können Sie ein bisschen von beidem bekommen, wenn Sie das Ganze mit Ihrem Partner besprechen.
Wer sich im Oktober einsam fühlt, sollte ein paar bestehende Kontakte wieder auffrischen und alte Freundschaften wiederbeleben.

Beruf, Finanzen: Mit dem Hund an seiner Seite sollte es dem Schwein nicht schwerfallen, aufmerksam bei der Sache zu bleiben. Es ist jetzt allerdings auch nichts dagegen einzuwenden, wenn Ihre Gedanken zuweilen auf Wanderschaft gehen. Solange Sie in den entscheidenden Momenten voll da sind, fällt das wahrscheinlich niemandem besonders auf.
Ein gewisser Stress mit Kollegen oder Kunden lässt sich sicher nicht immer vermeiden. Achten Sie auf Ihren Ton und versuchen Sie nicht zwischen die Fronten zu geraten. Mit einer neutralen Einstellung ersparen Sie sich viel Ärger.

Tipp des Monats:
Familie und Freunde sind wichtig. Aber sie sollten jetzt nicht ihre komplette Freizeit in Anspruch nehmen.

Oktober 2024	Jahreskonstellation – Holz Drache Monatskonstellation – Holz Hund

1. Erd Hund	Ratte Büffel Tiger Hase Drache Schlange Pferd Ziege Affe Hahn Hund Schwein **Günstig:** Putzen, waschen, fasten, seelische und körperliche Pflege, Arztbesuche. **Ungünstig:** Ausdauersport, Reisen, Hochzeit.
2. Erd Schwein	Ratte Büffel Tiger Hase Drache Schlange Pferd Ziege Affe Hahn Hund Schwein **Günstig:** Umziehen, Reisen, Hochzeiten, Empfänge, wichtige Konferenzen. **Ungünstig:** geistige Arbeiten, Gartenarbeit, häusliche Tätigkeiten.
3. Metall Ratte	Ratte Büffel Tiger Hase Drache Schlange Pferd Ziege Affe Hahn Hund Schwein **Günstig:** Versammlungen, gerechte Verteilungen, Hochzeit, Konferenzen, Umzug. **Ungünstig:** Gartenarbeit, Dinge zum Abschluss bringen.
4. Metall Büffel	Ratte Büffel Tiger Hase Drache Schlange Pferd Ziege Affe Hahn Hund Schwein **Günstig:** Gartenarbeit, Feiern, Hochzeit, Dinge zum Abschluss bringen. **Ungünstig:** keine Anschuldigungen gegen Dritte erheben.
5. Wasser Tiger	Ratte Büffel Tiger Hase Drache Schlange Pferd Ziege Affe Hahn Hund Schwein **Günstig:** Gartenarbeit, Feiern, Hochzeit, Dinge zum Abschluss bringen. **Ungünstig:** keine Anschuldigungen gegen Dritte erheben.
6. Wasser Hase	Ratte Büffel Tiger Hase Drache Schlange Pferd Ziege Affe Hahn Hund Schwein **Günstig:** Ausruhen, Meditation, seinen Hobbys nachgehen. **Ungünstig:** wichtige Unternehmungen.
7. Holz Drache	Ratte Büffel Tiger Hase Drache Schlange Pferd Ziege Affe Hahn Hund Schwein **Günstig:** Amüsieren, mit Freunden ausgehen, Freizeitaktivitäten. **Ungünstig:** geschäftliche Aktivitäten, neue Dinge anfangen.
8. Holz Schlange	Ratte Büffel Tiger Hase Drache Schlange Pferd Ziege Affe Hahn Hund Schwein **Günstig:** Amüsieren, mit Freunden ausgehen, Freizeitaktivitäten. **Ungünstig:** geschäftliche Aktivitäten, neue Dinge anfangen.
9. Feuer Pferd	Ratte Büffel Tiger Hase Drache Schlange Pferd Ziege Affe Hahn Hund Schwein **Günstig:** für die meisten Aktivitäten, Geschäftsabschlüsse, Partnerschaft. **Ungünstig:** negative Bemerkungen über andere Menschen.
10. Feuer Ziege	Ratte Büffel Tiger Hase Drache Schlange Pferd Ziege Affe Hahn Hund Schwein **Günstig:** Handel, Geschäftseröffnungen, Hochzeiten und andere Feste planen. **Ungünstig:** Beerdigungen, Reisen, Arztbesuche.
11. Erd Affe	Ratte Büffel Tiger Hase Drache Schlange Pferd Ziege Affe Hahn Hund Schwein **Günstig:** Handwerkliche Aktivitäten, Handel, Hochzeiten, Reisen. **Ungünstig:** Trauerfeiern und Beerdigungen, schwere körperliche Arbeit.
12. Erd Hahn	Ratte Büffel Tiger Hase Drache Schlange Pferd Ziege Affe Hahn Hund Schwein **Günstig:** Ankündigungen machen, Beerdigungen, Trauerfeiern. **Ungünstig:** Handel, Vergnügungen, Freizeitaktivitäten.
13. Metall Hund	Ratte Büffel Tiger Hase Drache Schlange Pferd Ziege Affe Hahn Hund Schwein **Günstig:** Kleidung schneidern, Handel, Buchhaltung, Ausflüge, neue Dinge beginnen. **Ungünstig:** Geschäfte eröffnen, Kraftanstrengungen, Reisen, Ersparnisse ausgeben.
14. Metall Schwein	Ratte Büffel Tiger Hase Drache Schlange Pferd Ziege Affe Hahn Hund Schwein **Günstig:** Putzen, waschen, fasten, seelische und körperliche Pflege, Arztbesuche. **Ungünstig:** Ausdauersport, Reisen, Hochzeit.
15. Wasser Ratte	Ratte Büffel Tiger Hase Drache Schlange Pferd Ziege Affe Hahn Hund Schwein **Günstig:** Umziehen, Reisen, Hochzeiten, Empfänge, wichtige Konferenzen. **Ungünstig:** geistige Arbeiten, Gartenarbeit, häusliche Tätigkeiten.

Ob ein Tag besonders günstig für Ihr Tierzeichen ist, sehen Sie an folgenden Farben:
Rot = sehr günstig, Grau = günstig, Schwarz = nicht günstig

Jahreskonstellation – Holz Drache
Monatskonstellation – Holz Hund

Oktober 2024

16. Wasser Büffel	Ratte Büffel Tiger Hase Drache Schlange Pferd Ziege Affe Hahn Hund Schwein **Günstig:** Versammlungen, gerechte Verteilungen, Hochzeit, Konferenzen, Umzug. **Ungünstig:** Gartenarbeit, Dinge zum Abschluss bringen.
17. Holz Tiger	Ratte Büffel Tiger Hase Drache Schlange Pferd Ziege Affe Hahn Hund Schwein **Günstig:** Gartenarbeit, Feiern, Hochzeit, Dinge zum Abschluss bringen. **Ungünstig:** keine Anschuldigungen gegen Dritte erheben.
18. Holz Hase	Ratte Büffel Tiger Hase Drache Schlange Pferd Ziege Affe Hahn Hund Schwein **Günstig:** Gartenarbeit, Hochzeit, Dinge zum Abschluss bringen. **Ungünstig:** Umzug, Reisen, Geschäftseröffnung.
19. Feuer Drache	Ratte Büffel Tiger Hase Drache Schlange Pferd Ziege Affe Hahn Hund Schwein **Günstig:** Ausruhen, Meditation, seinen Hobbys nachgehen. **Ungünstig:** wichtige Unternehmungen.
20. Feuer Schlange	Ratte Büffel Tiger Hase Drache Schlange Pferd Ziege Affe Hahn Hund Schwein **Günstig:** Amüsieren, mit Freunden ausgehen, Freizeitaktivitäten. **Ungünstig:** geschäftliche Aktivitäten, neue Dinge anfangen.
21. Erd Pferd	Ratte Büffel Tiger Hase Drache Schlange Pferd Ziege Affe Hahn Hund Schwein **Günstig:** für die meisten Aktivitäten, Geschäftsabschlüsse, Partnerschaft. **Ungünstig:** negative Bemerkungen über andere Menschen.
22. Erd Ziege	Ratte Büffel Tiger Hase Drache Schlange Pferd Ziege Affe Hahn Hund Schwein **Günstig:** Handel, Geschäftseröffnungen, Hochzeiten und andere Feste planen. **Ungünstig:** Beerdigungen, Reisen, Arztbesuche.
23. Metall Affe	Ratte Büffel Tiger Hase Drache Schlange Pferd Ziege Affe Hahn Hund Schwein **Günstig:** Handwerkliche Aktivitäten, Handel, Hochzeiten, Reisen. **Ungünstig:** Trauerfeiern und Beerdigungen, schwere körperliche Arbeit.
24. Metall Hahn	Ratte Büffel Tiger Hase Drache Schlange Pferd Ziege Affe Hahn Hund Schwein **Günstig:** Ankündigungen machen, Beerdigungen, Trauerfeiern. **Ungünstig:** Handel, Vergnügungen, Freizeitaktivitäten.
25. Wasser Hund	Ratte Büffel Tiger Hase Drache Schlange Pferd Ziege Affe Hahn Hund Schwein **Günstig:** Kleidung schneidern, Handel, Buchhaltung, Ausflüge, neue Dinge beginnen. **Ungünstig:** Geschäfte eröffnen, Kraftanstrengungen, Reisen, Ersparnisse ausgeben.
26. Wasser Schwein	Ratte Büffel Tiger Hase Drache Schlange Pferd Ziege Affe Hahn Hund Schwein **Günstig:** Putzen, waschen, fasten, seelische und körperliche Pflege, Arztbesuche. **Ungünstig:** Ausdauersport, Reisen, Hochzeit.
27. Holz Ratte	Ratte Büffel Tiger Hase Drache Schlange Pferd Ziege Affe Hahn Hund Schwein **Günstig:** Umziehen, Reisen, Hochzeiten, Empfänge, wichtige Konferenzen. **Ungünstig:** geistige Arbeiten, Gartenarbeit, häusliche Tätigkeiten.
28. Holz Büffel	Ratte Büffel Tiger Hase Drache Schlange Pferd Ziege Affe Hahn Hund Schwein **Günstig:** Versammlungen, gerechte Verteilungen, Hochzeit, Konferenzen, Umzug. **Ungünstig:** Gartenarbeit, Dinge zum Abschluss bringen.
29. Feuer Tiger	Ratte Büffel Tiger Hase Drache Schlange Pferd Ziege Affe Hahn Hund Schwein **Günstig:** Gartenarbeit, Feiern, Hochzeit, Dinge zum Abschluss bringen. **Ungünstig:** keine Anschuldigungen gegen Dritte erheben.
30. Feuer Hase	Ratte Büffel Tiger Hase Drache Schlange Pferd Ziege Affe Hahn Hund Schwein **Günstig:** Gartenarbeit, Hochzeit, Dinge zum Abschluss bringen. **Ungünstig:** Umzug, Reisen, Geschäftseröffnung.
31. Erd Drache	Ratte Büffel Tiger Hase Drache Schlange Pferd Ziege Affe Hahn Hund Schwein **Günstig:** Ausruhen, Meditation, seinen Hobbys nachgehen. **Ungünstig:** wichtige Unternehmungen.

> Großer Schnee / Kleiner Schnee < November

TZE
Ratte

Grundtendenz des Monats:
So manche Ratte mag in diesen Wochen ein wenig unruhig werden und würde sich am liebsten auf den Weg machen. Das liegt sicher auch am Holz-Schwein, das den Monat begleitet und laut der Chinesischen Mythologie gemeinsam mit dem Mönch Xuan Zang heilige Schriften in den Tempel bringt.
Wenn Sie also schon länger eine Reise geplant haben, wäre nun sicher ein guter Zeitpunkt, sie anzutreten. Vor allem, wenn es dabei um einen selbstlosen Zweck oder die spirituelle Entwicklung geht, steht das Ganze im November unter einem sehr guten Stern.
Wer lieber zu Hause bleiben möchte, kann es sich ohne Probleme in den eigenen vier Wänden so richtig gemütlich machen.
Liebe, Familie, Freundschaft: Auch wenn oberflächlich betrachtet alles rund läuft, dürfen Sie ruhig einmal etwas genauer hinschauen. Die Kombination aus Drache und Schwein lässt jetzt ansonsten vielleicht die Zügel an Stellen schleifen, die eigentlich ein bisschen mehr Richtung gebrauchen könnte. Gerade wenn es um den eigenen Nachwuchs geht, kann es nun sicher nicht schaden, noch präsenter zu sein.
In der Liebe geht es nun auch darum, in wieweit Sie Ihrer besseren Hälfte vertrauen wollen und können. Das Schwein ist dafür bekannt, schnell und ohne Bedingungen sein Herz zu öffnen. Die Frage ist allerdings, ob die Ratte das auch kann.
Beruf, Finanzen: Manchmal ist einfach nur Fleiß nötig, um gewisse Dinge zu einem guten Ende zu bringen. Sie sollten nun also lieber nicht zu viel in die gestellten Aufgaben hinein interpretieren. Machen Sie einfach Ihren Job und bringen Sie das Ganze voran!
Wenn man Sie nun bittet, sich finanziell für einen guten Zweck einzusetzen, ist das sicher eine gute Sache. Allerdings sollten Sie darauf achten, nicht über Ihre Verhältnisse großzügig zu sein.
Tipp des Monats:
Wer in Bewegung bleibt, bekommt mehr zu sehen! Wagen Sie sich jetzt vor die Tür.

KIU
Büffel

Grundtendenz des Monats:
Auch wenn es in den eigenen vier Wänden noch so schön ist, könnte es den Büffel in diesem Monat nach draußen ziehen. Es spricht nichts dagegen, wenn Sie sich jetzt eine kleine Reise gönnen und sich mit dem fantasievollen Drachen auf Entdeckungstour begeben. Besonders begünstigt sind im November übrigens Ausflüge, die dem Entdecken und Pflegen der Spiritualität dienen.
Auch im Jahr des Drachen wird nicht von Ihnen erwartet, dass Sie Ihre bestehenden Werte komplett über Bord werfen. Aber vielleicht können Sie in einigen Bereichen die Perspektive ein wenig ändern und so Ihren Horizont erweitern.
Liebe, Familie, Freundschaft: Da mag der Drache Sie noch so sehr zu Abenteuern anstacheln - zu Hause im Kreise Ihrer Lieben ist es doch am schönsten. Das wird so manchem Büffel sicher verstärkt bewusst, wenn das trübe Novemberwetter zu gemütlichen Abenden daheim einlädt.
Wer das Vertrauen des Büffels gewinnen möchte, muss sich schon kräftig anstrengen. Vielleicht versuchen Sie einmal, in diesen Wochen nicht ganz so streng zu sein und machen es Ihrem Gegenüber leichter, Ihr Herz zu öffnen?
Beruf, Finanzen: Fleiß und Durchhaltevermögen führen am Ende so gut wie immer zum gewünschten Ergebnis. Im Jahr des Holz-Drachen gesellt sich dazu zuweilen noch eine gute Portion Glück, die Sie ohne Bedenken annehmen dürfen. Wenn Sie nun also die Gelegenheit bekommen, einflussreiche Menschen zu treffen, sollten Sie nicht lange zögern. Bereiten Sie sich gut auf die Begegnung vor, dann sind Sie bestens gewappnet.
Wer seinen Geldbeutel im Jahr des Drachen geschont hat, darf nun etwas großzügiger mit seinen Ausgaben sein. Wenn es Ihnen möglich ist, sollten Sie diejenigen unterstützen, die alleine nicht so recht auf die Füsse kommen.
Tipp des Monats:
Tun Sie Gutes, aber sprechen Sie nicht darüber. Wer im Verborgenen wirkt, kann jetzt mehr erreichen.

YING
Tiger

Grundtendenz des Monats:
Im Oktober mag es für den Tiger ein bisschen langsamer vorangegangen sein, so dass er sich zuweilen sogar etwas unterfordert gefühlt hat. Damit dürfte im November Schluss sein, denn nun kommt mit dem „reisenden" Schwein wieder mehr Bewegung in sein Leben.
Machen Sie sich nun vor allem dann auf den Weg, wenn es um Ihre spirituelle Entwicklung geht. Mit dem Jahresregenten wird der Draht nach oben wunderbar gestärkt, so dass Sie hier ganz neue Dimensionen erreichen können. Aber auch, wenn Sie das Wohl ihrer Mitmenschen mehr in den Mittelpunkt rücken, macht es nun Sinn, sich vom Platz zu bewegen.
Liebe, Familie, Freundschaft: Das Schwein gehört zu den Tierzeichen, denen die Harmonie in den eigenen vier Wänden sehr wichtig ist. Streitereien sollten Sie zu Hause jetzt tunlichst vermeiden und dafür sorgen, dass der Haussegen nicht wegen Nichtigkeiten schief hängt. Gestehen Sie bitte allen Beteiligten zu, offen Ihre Meinung sagen zu können. Konstruktive Kritik sollte der Tiger annehmen können, ohne gleich in den Verteidigungsmodus zu gehen.
Wenn Sie sich zurzeit zu Hause wohl fühlen, spricht nichts dagegen, im November mehr Zeit in Ihrem gewählten Refugium zu verbringen.
Beruf, Finanzen: Auch mit einem extrovertierten Jahresregenten wie dem Drachen sollte der Tiger es mit dem Arbeitspensum nicht übertreiben. Wenn Sie im Augenblick einige Projekte am Laufen haben, fangen Sie deshalb nicht noch etwas Neues an. Es bringt gar nichts, wenn Sie am Ende des Monats so erschöpft sind, dass Sie Begonnenes nicht fertig stellen können.
Wenn Sie auf der anderen Seite den Eindruck haben, dass man Sie nicht genug fordert, müssen Sie sich Ihre Herausforderungen jetzt vielleicht selber suchen. Dafür ist es unter Umständen nötig, sich auf neues Terrain zu begeben.
Tipp des Monats:
Zeigen Sie sich offen für mögliche Veränderungen. Flexibilität steht im Jahr des Drachen hoch im Kurs.

MAO
Hase

Grundtendenz des Monats:
Im Ihre sanften Qualitäten sind in diesen Wochen besonders gefragt, denn jetzt kommt ein freundliches Schwein mit ins Spiel. Achten Sie nun ganz besonders darauf, dass Ihre Freundlichkeit nicht ausgenutzt wird. Denken Sie daran, lieber Hase: Selbst wenn man Sie noch so charmant bittet, sollten Sie nur zustimmen, wenn es Ihnen aus vollem Herzen entspricht. Niemand zwingt Sie, im Jahr des Holz-Drachen unnötige Kompromisse einzugehen.
Wer die Zeit dazu hat, sollte sich nun vermehrt sozial engagieren. Das muss gar nicht bedeuten, dass Sie sich mehr ins Rampenlicht stellen müssen. Man kann auch im Verborgenen Gutes tun.
Liebe, Familie, Freundschaft: Die Kombination aus Schwein und Hase sollte für Harmonie im privaten Bereich sorgen. Sie kann aber auch dazu führen, dass das Wohl von Partner, Nachwuchs oder Eltern in den Vordergrund rückt und den Hasen mehr auf Trab hält als in den Monaten zuvor. Wenn Sie bei aller Unterstützung nicht vergessen, zuweilen auch die eigene Batterie aufzuladen, schaffen Sie das ohne Probleme.
Im November ist es sicher keine schlechte Idee, eine kleine Reise zu planen - am besten mit einem lieben Menschen, dem Sie wirklich nahestehen. Noch günstiger ist es, wenn das Ganze Ihre innere Entwicklung voran bringt.
Beruf, Finanzen: Es ist jetzt wichtig, Einsatz zu zeigen, insbesondere wenn es darum geht, bereits erreichte Etappenziele dauerhaft zu festigen. Wenn Sie jetzt nachgeben, müssen Sie möglicherweise in den kommenden Monaten wieder von vorne beginnen. Wollen Sie wirklich das Erreichte aufs Spiel setzen? Bleiben Sie fleißig und behalten Sie Ihre Errungenschaften im Blick.
Wenn es Ihnen im grauen November ein wenig an Energie fehlt, sollten Sie sich vielleicht fragen, wie Sie sich wieder neu für Ihre Tätigkeit begeistern können. Die Liebe zum Job ist der beste Motivation.
Tipp des Monats:
Vergessen Sie nicht Ihre eigenen Ziele, während Sie anderen dabei helfen, die ihren zu erreichen!

SHENG Drache

Grundtendenz des Monats:
Mit dem Schwein, das den Monat begleitet, teilt der Drache das Vertrauen in sein persönliches Glück. Das lässt sich jetzt immer dann finden, wenn Sie sich auf Ihre Umgebung einlassen und Ihrem Bauchgefühl vertrauen. Und wenn es mal nicht ganz so rund läuft, können Sie sich im November darauf verlassen, dass es Ihnen gelingt, aus jeder Situation das Beste zu machen.

Das Yin Holz wird jetzt zusätzlich unterstützt und regt die Kreativität des Drachen an. Vielleicht möchten Sie in diesem Wochen einmal etwas vollkommen Neues probieren? Lassen Sie Ihren Gedanken ruhig freien Lauf.

Liebe, Familie, Freundschaft: Es ist schön, wenn Sie vollstes Vertrauen zu den Menschen in Ihrem direkten Umfeld haben. Trotzdem kann es manchmal gut sein, bestehende Beziehungen zu überdenken. Wenn Sie nun das Gefühl haben, dass man Ihre Freundlichkeit ausnutzt, sollten Sie das schleunigst zur Sprache bringen. Herrscht auf der anderen Seite Uneinsichtigkeit, wäre es besser, sich zurückzuziehen.

Die Familie braucht nun vielleicht mehr Aufmerksamkeit, als es Ihnen lieb ist. Wegschauen ist allerdings keine Option! Die Probleme verschwinden nämlich nicht von alleine, nur weil Sie sich weigern, sich damit zu beschäftigen.

Beruf, Finanzen: Eine zusätzliche Portion Fleiß könnte Ihnen derzeit sicherlich nicht schaden. Wenn Ihnen nun unliebsame Aufgaben übertragen werden, packen Sie die Herausforderungen mit Entschlossenheit an. Je schneller Sie das Ganze hinter sich bringen, um so schneller können Sie sich neuen Projekten widmen. Das freundliche Schwein hilft Ihnen nun dabei, bei allen Stress positiv gestimmt zu bleiben.

Wenn Sie gut gearbeitet haben, dürfen Sie sich ruhig auch einmal auf die eigene Schulter klopfen und sich für Ihren Einsatz belohnen.

Tipp des Monats:
Zeigen Sie sich von Ihrer großzügigen Seite und tun Sie denjenigen Gutes, die es gebrauchen können!

SZE Schlange

Grundtendenz des Monats:
Im November mögen die Dinge für so manche Schlange ein wenig ins Stocken geraten. Das kann daran liegen, dass nun mit dem Schwein im Monat genau das Tierzeichen erscheint, dass in direkter Opposition zur Schlange steht. Vielleicht geht es nun einfach darum, kurz inne zu halten und die eigenen Prioritäten zu überdenken. So können Sie in Ruhe entscheiden, in welche Richtung Sie sich wirklich entwickeln wollen.

Es schadet nichts, wenn Sie sich nun mehr für soziale Zwecke engagieren. Wer viel Gutes erfährt in seinem Leben, tut gut daran, der Gemeinschaft beizeiten etwas zurückzugeben.

Liebe, Familie, Freundschaft: Mit dem Erscheinen des Schweins kann es nun sein, das familiäre Themen wieder mehr in den Vordergrund rücken. Wenn Sie sich damit in den letzten Monaten nicht wirklich beschäftigt haben, wird es nun Zeit! Wenn Sie sich in Ruhe hinsetzen und konzentriert zuhören, wird sicher schnell eine gute Lösung für alle Seiten gefunden.

Vertrauen ist das Fundament einer jeden Partnerschaft. Fehlt es, kann das selbst die nach außen harmonischsten Beziehungen langfristig vergiften. Wenn Sie jetzt in diesem Bereich Zweifel haben, wird es Zeit, das Ganze anzusprechen.

Beruf, Finanzen: Fleiß und Ausdauer stehen in diesen Wochen am Arbeitsplatz ganz besonders hoch im Kurs. Der Drache mag zuweilen den Eindruck erwecken, dass sich alles irgendwie von selbst erledigt, aber Sie wissen sehr genau, dass dem nicht so ist. Krempeln Sie also jetzt die Ärmel hoch, liebe Schlange!

Wenn auf der familiären Ebene im Augenblick sehr viel los ist, spricht nichts dagegen, beruflich im November ein wenig zurückzustecken. Kümmern Sie sich lieber um die nun dringenderen privaten Probleme. Dafür hat jetzt sicher jeder Verständnis.

Tipp des Monats:
Jedes Ding hat seine Zeit! Schauen Sie genau hin und entscheiden Sie, wo Ihr Einsatz nun am meisten gebraucht wird.

WU
Pferd

Grundtendenz des Monats:
Vielleicht mag sich das Pferd in diesen Wochen noch einmal auf eine Reise begeben. Vor allem, wenn Sie in den vergangenen Monaten ein bisschen mehr Ihre spirituelle Ader erforscht haben, wäre nun noch einmal eine gute Gelegenheit, sich für derartige Themen auf den Weg zu machen. Das Holz-Schwein, dass den November begleitet, hat in der chinesischen Mythologie heilige Schriften in den Tempel gebracht. Da macht es nun durchaus Sinn, wenn sich das Pferd jetzt auf Pilgerschaft begibt.
Bitte glauben Sie nicht alles, was Ihnen jetzt erzählt wird! Gerade jetzt sind viele Informationen, die Ihnen zugetragen werden, nicht unbedingt verlässlich.
Liebe, Familie, Freundschaft: Ein bisschen mehr Stabilität im Privatleben würde vielen Pferden sicherlich guttun. Betrachten Sie diesen Bereich Ihres Lebens als sichere Grundlage, die Ihnen hilft, leistungsfähig und gesund zu bleiben. Abgesehen davon ist es einfach wunderbar, nach einem langen Arbeitstag in eine harmonische Umgebung zurückzukehren und die Sorgen des Tages an der Haustür abzulegen. Mit Hilfe des freundlichen Schweins dürfte es Ihnen nun gut gelingen, eine Atmosphäre in den eigenen Wänden zu schaffen, in der sich alle wohlfühlen.
Beruf, Finanzen: Informationen aus erster Hand sind in diesem Monat enorm wichtig, um ein korrektes Bild von der Situation zu bekommen. Verlassen Sie sich also bitte nicht auf die sozialen Medien oder aufs Hörensagen. Vor allem, wenn es darum geht, langfristige Weichen zu stellen, müssen Sie sicherstellen, dass die Grundvoraussetzungen wirklich stimmen.
Finanzielle Transaktionen sollte das Pferd jetzt nur mit Bedacht und einem entsprechenden Vorlauf tätigen. Sowohl Schwein als auch Drache neigen zuweilen dazu, in diesen Dingen ein wenig naiv zu sein. Schützen Sie also Ihre Ressourcen indem Sie sich vorher schlau machen.
Tipp des Monats:
Es gibt nichts Gutes, außer man tut es… zeigen Sie sich nun von Ihrer mitfühlenden Seite!

WEI
Ziege

Grundtendenz des Monats:
Die Ziege bevorzugt normalerweise leisere Töne und meidet direkte Konfrontationen. Doch im Jahr des Holz-Drachen ist es manchmal unumgänglich, die Dinge auf eine energischere Art anzugehen. Wenn Sie bisher Schwierigkeiten hatten, Ihre Rechte lautstark einzufordern, wurden Sie wahrscheinlich öfter übersehen. Um dies im November zu vermeiden, brauchen Sie Mut, liebe Ziege. Springen Sie über Ihren Schatten und melden Sie Ihre Ansprüche rechtzeitig an.
Im Bereich der zwischenmenschlichen Beziehungen dürfen Sie nun ruhig ein bisschen mehr auf Ihr Bauchgefühl vertrauen.
Liebe, Familie, Freundschaft: In der Liebe darf sich die Ziege nun durchaus auch einmal überraschen lassen. Schließlich ist der aktuelle Jahresherrscher bekannt für seine Fantasie. So mangelt es nun sicher nicht an guten Einfällen, um eine bestehende Beziehung zu beleben oder eine neue Liebe zu starten.
Mit dem häuslichen Schwein an ihrer Seite kann die Ziege nun die eigenen vier Wände besonders genießen. Nutzen Sie Ihr Heim für Zusammenkünfte mit der Familie, Treffen mit Freunden oder auch romantische Stunden zu zweit.
Beruf, Finanzen: Vertrauen ist gut, aber Kontrolle ist im November definitiv besser. Vor allem wenn es um finanzielle Transaktionen geht, sollten Sie sich nun lieber nicht einfach nur auf die Aussagen Einzelner verlassen. Vor allem, wenn auf eine schnelle Entscheidung gedrängt wird, ist nun Vorsicht geboten. Machen Sie sich bitte erst einmal schlau!
Die Arbeit für wohltätige Zwecke ist in diesem Monat besonders günstig für die Ziege. Ihr Einsatz wird nicht nur wohlwollend wahrgenommen, sondern öffnet Ihnen unter Umständen zu einem späteren Zeitpunkt einige Türen. Mit Ihrer angeborenen Hilfsbereitschaft sollte es kein Problem sein, sich ehrenamtlich zu engagieren.
Tipp des Monats:
Mit Fleiß und Ausdauer kommen Sie am Ende immer weiter - ein bisschen mehr Mut zum Risiko kann manchmal aber auch nicht schaden.

SUNG
Affe

Grundtendenz des Monats:
Richten Sie sich nun ruhig voll und ganz nach Ihrem Bauchgefühl. Der aktuelle Jahresherrscher kann nun ein sehr impulsives und intuitives Verhalten an den Tag legen. Das entspricht zum einen seiner Natur, zum anderen wird mit einem guten Anteil an Yin Holz nun generell das innere Gefühl gestärkt. Für den Affen bedeutet das, dass er sich nun nicht ausschließlich auf die präsentierten Fakten verlassen sollte, sondern immer auch auf seinen inneren Kompass.
Mit dem freundlichen Schwein kann es nun im November passieren, dass Sie sich noch einmal auf den Weg machen müssen - vor allem, wenn das Ganze einem spirituellen oder wohltätigen Zweck dienen kann.
Liebe, Familie, Freundschaft: Der November kann für den Affen in einer festen Beziehung eine gemütliche und gesellige Zeit im häuslichen Umfeld bedeuten. Damit Sie Ihr Privatleben mehr genießen können, ist es allerdings wichtig, dass Sie genug Ruhe finden. Viele Dinge lassen sich sicher auch noch später erledigen, oder?
Lassen Sie Ihren Worten nun auf jeden Fall auch Taten folgen. Wer Partner oder Nachwuchs jetzt etwas verspricht und es dann nicht hält, steht wirklich schlecht da. Überlegen Sie sich also gut, was Sie nun wirklich leisten können.
Beruf, Finanzen: Vertrauen Sie nun lieber nicht einfach blind darauf, dass es der Drache mit seinem glücklichen Händchen schon richten wird. Auch 2024 muss der Affe schon eigenen Einsatz zeigen. Im Grunde dürfte Ihnen das ganz recht sein, denn schließlich liegt es Ihnen nicht wirklich, die Hände untätig in den Schoß zu legen.
Lösen Sie sich von dem Versuch, es allen Recht machen zu wollen. Das ist in diesem Jahr einfach zu anstrengend. Außerdem verlieren Sie so viel zu schnell die eigenen Ambitionen aus dem Auge.
Tipp des Monats:
Konzentrieren Sie sich auf Ihre eigenen Belange, ohne dabei jedoch die Bedürfnisse Ihrer Mitmenschen außer Acht zu lassen.

YU
Hahn

Grundtendenz des Monats:
Im November geht es nun vermehrt darum, mit den eigenen Aktivitäten anderen etwas Gutes zu tun. Mit dem reisenden Schwein bekommen Sie nun Gesellschaft von einem Tierzeichen, welches einmal mehr den spirituellen Aspekt des Drachen-Jahres betont. Dazu gehört auch ein kontinuierliches Geben und der selbstlose Einsatz für andere.
Damit Sie sich dabei nicht verausgaben, bieten sich regelmäßige Pausen an, in denen Sie sich einfach Zeit für sich selbst nehmen. Füllen Sie diese bitte nicht mit zu vielen Aktivitäten, sonst können Sie sich weder auf der mentalen noch auf der körperlichen Ebene erholen.
Liebe, Familie, Freundschaft: Mit dem Schwein im Monat geht es nun weniger um das äußere Erscheinungsbild als in den Wochen zuvor. Machen Sie sich nicht zu viele Gedanken um Ihr Aussehen - Ihren Lieben ist es vollkommen egal, ob Sie sich schick machen oder nicht, solange Sie genug Zeit miteinander verbringen können.
Ein Gefühl von Geborgenheit und unterstützender Präsenz kann sich nun nur dann in Ihren vier Wänden entwickeln, wenn Sie auch ausreichend Zeit dort verbringen. Auch wenn Sie in Bewegung bleiben wollen, sollten Sie regelmäßig nach Hause zurückkommen.
Beruf, Finanzen: Auch wenn es dem Jahresregenten in der Regel nicht schnell genug gehen kann, sollten Sie sich nun nicht unter Druck setzen lassen. Ein erster wichtiger Schritt ist ein gutes Zeitmanagement mit Terminen, die sich auch ohne zu viel Stress einhalten lassen. Respektieren Sie Ihre eigenen Grenzen der Belastbarkeit und bitte auch die Ihrer Mitstreiter.
Sicher hat man schon in den vergangenen Monaten immer mal wieder riskante Investitionen an Sie herangetragen, die Sie sich hoffentlich ganz genau angeschaut haben, bevor Sie Zusagen gemacht haben. Im November ist noch einmal besondere Vorsicht geboten.
Tipp des Monats:
Auch mit dem Drachen an der Seite macht es Sinn, sich auf sein Innenleben zu konzentrieren.

SHIH
Hund

Grundtendenz des Monats:
Herausforderungen können im Jahr des Drachen deutlich besser bewältigt werden, wenn der Hund sich auf eine positive Einstellung konzentriert. Mit dem Schwein an der Seite sollte es in diesem Monat sicher wieder besser gelingen, das Leben mit Leichtigkeit zu betrachten. Sicher gibt es immer Situationen, in denen eine gewisse Ernsthaftigkeit angebracht ist. Genauso gibt es aber auch unbeschwerte Momente, die genossen werden wollen.
Sicher haben Sie schon gemerkt, dass sich im Jahr des Drachen nicht immer alles mit der Vernunft erklären lässt. Die Frage ist nun, ob Sie bereit sind, das zu akzeptieren.

Liebe, Familie, Freundschaft: Schwein und Hund bilden eine Einheit, die vor allem das häusliche Zusammensein fördert. Gerade an einem tristen Novembertag kann es wunderbar sein, ein gemütliches Heim zu haben, dass man mit seinen Liebsten teilen kann. Nehmen Sie sich jetzt genug Zeit für gute Gespräche!
Das Glück liegt auch im Jahr des Drachen durchaus in den kleinen Dingen, auch wenn man Ihnen in den letzten Monaten zuweilen etwas anderes erzählt hat. Zeigen Sie sich dankbar für die lieben Menschen in Ihrer Umgebung und halten Sie sich von Leuten fern, die versuchen, Ihnen Ihr Leben madig zu machen.

Beruf, Finanzen: Am Ende des Tages kann auch der charismatische Drache keine Wunder bewirken, wenn man nicht selbst mit anpackt. Dem pragmatischen Hund sollte das im Grunde schon länger klar sein. Wenn Sie in letzter Zeit trotzdem Ihre Hoffnungen auf windige Angebote gesetzt haben, ist es nun an der Zeit, die Situation realistisch einzuschätzen.
Generell ist nun ein guter Zeitpunkt für einen Kassensturz. Mit dem aktuellen Jahresherrscher ist es nicht so einfach, sich mit den eigenen Ausgaben zurückzuhalten.

Tipp des Monats:
Glauben Sie fest daran, dass Sie Ihre Pläne am Ende umsetzen können, auch wenn es noch ein bisschen dauern mag.

HAN
Schwein

Grundtendenz des Monats:
Neue Impulse hat der Drache dem Schwein bislang sicher genug gegeben. Die Frage war bisher nur, ob Sie das überhaupt brauchen. Wer mit seinem Leben so weit zufrieden und mit sich selbst im Reinen ist, ist dem Ruf des aktuellen Herrschers bislang vielleicht deshalb nicht gefolgt. Gerade jetzt im November sollten Sie aber vielleicht doch noch einmal etwas genauer hinschauen. Unter Umständen gibt es doch Bereiche, in denen Ihnen ein bisschen frischer Wind gut tun würde.
In diesem Monat kreuzt ein weiteres Schwein Ihren Pfad. Das wäre nun sicher eine gute Gelegenheit, Ihr offenes Wesen mit den Visionen des Drachens zu verbinden.

Liebe, Familie, Freundschaft: Sie kommen sich nun vielleicht zuweilen so vor, als ob Sie sich im Auge des Sturmes befinden. Rund herum herrscht Aufregung, aber dort wo Sie sind, kann Sie das Ganze gar nicht sonderlich betreffen. Mischen Sie sich nicht ein, wenn in Ihrer persönlichen Umgebung Dramen abspielen, sondern bleiben Sie auf Ihrem Beobachtungsposten. Erst wenn man Sie ausdrücklich bittet, dürfen Sie sich zu der Sache äußern. Aber selbst dann gilt es, nicht voreilig Partei zu ergreifen, sondern die Angelegenheit möglichst neutral zu betrachten.

Beruf, Finanzen: Mittlerweile sollten Sie sich an das gewisse Maß an Unberechenbarkeit gewöhnt haben, das der aktuelle Regent mit sich bringt. Mit seiner unkonventionellen Art fegt er alte Glaubenssätze und Gewohnheiten über den Haufen und sorgt dafür, dass daraus etwas Neues entstehen kann. Jetzt können Sie seine kreative Energie noch einmal für sich nutzen und sich selbst ein wenig neu erfinden.
In Finanzfragen sollten Sie sich dagegen lieber nicht vom risikobereiten Drachen inspirieren lassen. Hier verlassen Sie sich besser auf die Meinung echter Fachleute.

Tipp des Monats:
Immer schön ruhig bleiben! Sie haben die Dinge im Griff, auch wenn es für Außenstehende nicht so scheinen mag.

November 2024	Jahreskonstellation – Holz Drache Monatskonstellation – Holz Schwein

1. Erd Schlange	Ratte Büffel Tiger Hase Drache Schlange Pferd Ziege Affe Hahn Hund Schwein **Günstig:** Amüsieren, mit Freunden ausgehen, Freizeitaktivitäten. **Ungünstig:** geschäftliche Aktivitäten, neue Dinge anfangen.
2. Metall Pferd	Ratte Büffel Tiger Hase Drache Schlange Pferd Ziege Affe Hahn Hund Schwein **Günstig:** für die meisten Aktivitäten, Geschäftsabschlüsse, Partnerschaft. **Ungünstig:** negative Bemerkungen über andere Menschen.
3. Metall Ziege	Ratte Büffel Tiger Hase Drache Schlange Pferd Ziege Affe Hahn Hund Schwein **Günstig:** Handel, Geschäftseröffnungen, Hochzeiten und andere Feste planen. **Ungünstig:** Beerdigungen, Reisen, Arztbesuche.
4. Wasser Affe	Ratte Büffel Tiger Hase Drache Schlange Pferd Ziege Affe Hahn Hund Schwein **Günstig:** Handwerkliche Aktivitäten, Handel, Hochzeiten, Reisen. **Ungünstig:** Trauerfeiern und Beerdigungen, schwere körperliche Arbeit.
5. Wasser Hahn	Ratte Büffel Tiger Hase Drache Schlange Pferd Ziege Affe Hahn Hund Schwein **Günstig:** Ankündigungen machen, Beerdigungen, Trauerfeiern. **Ungünstig:** Handel, Vergnügungen, Freizeitaktivitäten.
6. Holz Hund	Ratte Büffel Tiger Hase Drache Schlange Pferd Ziege Affe Hahn Hund Schwein **Günstig:** Kleidung schneidern, Handel, Buchhaltung, Ausflüge, neue Dinge beginnen. **Ungünstig:** Geschäfte eröffnen, Kraftanstrengungen, Reisen, Ersparnisse ausgeben.
7. Holz Schwein	Ratte Büffel Tiger Hase Drache Schlange Pferd Ziege Affe Hahn Hund Schwein **Günstig:** Kleidung schneidern, Handel, Buchhaltung, Ausflüge, neue Dinge beginnen. **Ungünstig:** Geschäfte eröffnen, Kraftanstrengungen, Reisen, Ersparnisse ausgeben.
8. Feuer Ratte	Ratte Büffel Tiger Hase Drache Schlange Pferd Ziege Affe Hahn Hund Schwein **Günstig:** Putzen, waschen, fasten, seelische und körperliche Pflege, Arztbesuche. **Ungünstig:** Ausdauersport, Reisen, Hochzeit.
9. Feuer Büffel	Ratte Büffel Tiger Hase Drache Schlange Pferd Ziege Affe Hahn Hund Schwein **Günstig:** Umziehen, Reisen, Hochzeiten, Empfänge, wichtige Konferenzen. **Ungünstig:** geistige Arbeiten, Gartenarbeit, häusliche Tätigkeiten.
10. Erd Tiger	Ratte Büffel Tiger Hase Drache Schlange Pferd Ziege Affe Hahn Hund Schwein **Günstig:** Versammlungen, gerechte Verteilungen, Hochzeit, Konferenzen, Umzug. **Ungünstig:** Gartenarbeit, Dinge zum Abschluss bringen.
11. Erd Hase	Ratte Büffel Tiger Hase Drache Schlange Pferd Ziege Affe Hahn Hund Schwein **Günstig:** Gartenarbeit, Feiern, Hochzeit, Dinge zum Abschluss bringen. **Ungünstig:** keine Anschuldigungen gegen Dritte erheben.
12. Metall Drache	Ratte Büffel Tiger Hase Drache Schlange Pferd Ziege Affe Hahn Hund Schwein **Günstig:** Gartenarbeit, Hochzeit, Dinge zum Abschluss bringen. **Ungünstig:** Umzug, Reisen, Geschäftseröffnung.
13. Metall Schlange	Ratte Büffel Tiger Hase Drache Schlange Pferd Ziege Affe Hahn Hund Schwein **Günstig:** Ausruhen, Meditation, seinen Hobbys nachgehen. **Ungünstig:** wichtige Unternehmungen.
14. Wasser Pferd	Ratte Büffel Tiger Hase Drache Schlange Pferd Ziege Affe Hahn Hund Schwein **Günstig:** Amüsieren, mit Freunden ausgehen, Freizeitaktivitäten. **Ungünstig:** geschäftliche Aktivitäten, neue Dinge anfangen.
15. Wasser Ziege	Ratte Büffel Tiger Hase Drache Schlange Pferd Ziege Affe Hahn Hund Schwein **Günstig:** für die meisten Aktivitäten, Geschäftsabschlüsse, Partnerschaft. **Ungünstig:** negative Bemerkungen über andere Menschen.

Ob ein Tag besonders günstig für Ihr Tierzeichen ist, sehen Sie an folgenden Farben:
Rot = sehr günstig, Grau = günstig, Schwarz = nicht günstig

16. Holz Affe	Ratte Büffel Tiger Hase Drache Schlange Pferd Ziege Affe Hahn Hund Schwein **Günstig:** Handel, Geschäftseröffnungen, Hochzeiten und andere Feste planen. **Ungünstig:** Beerdigungen, Reisen, Arztbesuche.
17. Holz Hahn	Ratte Büffel Tiger Hase Drache Schlange Pferd Ziege Affe Hahn Hund Schwein **Günstig:** Handwerkliche Aktivitäten, Handel, Hochzeiten, Reisen. **Ungünstig:** Trauerfeiern und Beerdigungen, schwere körperliche Arbeit.
18. Feuer Hund	Ratte Büffel Tiger Hase Drache Schlange Pferd Ziege Affe Hahn Hund Schwein **Günstig:** Ankündigungen machen, Beerdigungen, Trauerfeiern. **Ungünstig:** Handel, Vergnügungen, Freizeitaktivitäten.
19. Feuer Schwein	Ratte Büffel Tiger Hase Drache Schlange Pferd Ziege Affe Hahn Hund Schwein **Günstig:** Kleidung schneidern, Handel, Buchhaltung, Ausflüge, neue Dinge beginnen. **Ungünstig:** Geschäfte eröffnen, Kraftanstrengungen, Reisen, Ersparnisse ausgeben.
20. Erd Ratte	Ratte Büffel Tiger Hase Drache Schlange Pferd Ziege Affe Hahn Hund Schwein **Günstig:** Putzen, waschen, fasten, seelische und körperliche Pflege, Arztbesuche. **Ungünstig:** Ausdauersport, Reisen, Hochzeit.
21. Erd Büffel	Ratte Büffel Tiger Hase Drache Schlange Pferd Ziege Affe Hahn Hund Schwein **Günstig:** Umziehen, Reisen, Hochzeiten, Empfänge, wichtige Konferenzen. **Ungünstig:** geistige Arbeiten, Gartenarbeit, häusliche Tätigkeiten.
22. Metall Tiger	Ratte Büffel Tiger Hase Drache Schlange Pferd Ziege Affe Hahn Hund Schwein **Günstig:** Versammlungen, gerechte Verteilungen, Hochzeit, Konferenzen, Umzug. **Ungünstig:** Gartenarbeit, Dinge zum Abschluss bringen.
23. Metall Hase	Ratte Büffel Tiger Hase Drache Schlange Pferd Ziege Affe Hahn Hund Schwein **Günstig:** Gartenarbeit, Feiern, Hochzeit, Dinge zum Abschluss bringen. **Ungünstig:** keine Anschuldigungen gegen Dritte erheben.
24. Wasser Drache	Ratte Büffel Tiger Hase Drache Schlange Pferd Ziege Affe Hahn Hund Schwein **Günstig:** Gartenarbeit, Hochzeit, Dinge zum Abschluss bringen. **Ungünstig:** Umzug, Reisen, Geschäftseröffnung.
25. Wasser Schlange	Ratte Büffel Tiger Hase Drache Schlange Pferd Ziege Affe Hahn Hund Schwein **Günstig:** Ausruhen, Meditation, seinen Hobbys nachgehen. **Ungünstig:** wichtige Unternehmungen.
26. Holz Pferd	Ratte Büffel Tiger Hase Drache Schlange Pferd Ziege Affe Hahn Hund Schwein **Günstig:** Amüsieren, mit Freunden ausgehen, Freizeitaktivitäten. **Ungünstig:** geschäftliche Aktivitäten, neue Dinge anfangen.
27. Holz Ziege	Ratte Büffel Tiger Hase Drache Schlange Pferd Ziege Affe Hahn Hund Schwein **Günstig:** für die meisten Aktivitäten, Geschäftsabschlüsse, Partnerschaft. **Ungünstig:** negative Bemerkungen über andere Menschen.
28. Feuer Affe	Ratte Büffel Tiger Hase Drache Schlange Pferd Ziege Affe Hahn Hund Schwein **Günstig:** Handel, Geschäftseröffnungen, Hochzeiten und andere Feste planen. **Ungünstig:** Beerdigungen, Reisen, Arztbesuche.
29. Feuer Hahn	Ratte Büffel Tiger Hase Drache Schlange Pferd Ziege Affe Hahn Hund Schwein **Günstig:** Handwerkliche Aktivitäten, Handel, Hochzeiten, Reisen. **Ungünstig:** Trauerfeiern und Beerdigungen, schwere körperliche Arbeit.
30. Erd Hund	Ratte Büffel Tiger Hase Drache Schlange Pferd Ziege Affe Hahn Hund Schwein **Günstig:** Ankündigungen machen, Beerdigungen, Trauerfeiern. **Ungünstig:** Handel, Vergnügungen, Freizeitaktivitäten.

TZE
Ratte

Grundtendenz des Monats:
Theoretisch gibt es noch viel zu tun für die Ratte im Jahr des Holz-Drachen. Je länger Sie über die verschiedenen Möglichkeiten nachdenken, desto weniger bekommen Sie allerdings jetzt im Dezember geschafft. Am besten fangen Sie einfach mal an einem Ende an. Der Rest ergibt sich dann ganz von selbst!

Mit einer weiteren Ratte an Ihrer Seite mangelt es Ihnen jetzt sicher nicht an tollen Ideen. Wenn Sie diese nun gut aufbereiten, können Sie im nächsten Monat noch einiges umsetzen.

Liebe, Familie, Freundschaft: Vielleicht kann man Ihnen in Ihrem persönlichen Umfeld dabei helfen, die Gedanken zu sortieren. Es ist wirklich nicht nötig, dass Sie immer alles erst einmal mit sich selbst ausmachen. Zumal Sie von Ihren Lieben deutlich mehr Unterstützung erwarten können, wenn Sie offen legen, was Sie im Augenblick beschäftigt.

Die Prioritäten mögen sich noch einmal deutlich in Richtung Beruf verschieben. Das kann leider schnell zu Lasten Ihrer Partnerschaft gehen, für die in diesen Wochen vielleicht nicht so viel Zeit bleibt, wie Sie und Ihre bessere Hälfte es sich wünschen. Stellen Sie auf jeden Fall klar, dass dieser Zustand nicht von Dauer sein wird!

Beruf, Finanzen: Warten Sie lieber nicht ab, bis andere die ersten Schritte tun. Im Dezember ist klar Eigeninitiative gefragt, wenn man vom Platz kommen will. Das gilt übrigens nicht nur für die angenehmen Aufgaben, sondern leider auch für die Dinge, vor denen Sie sich bislang vielleicht gedrückt haben. Wer jetzt engagiert Einsatz zeigt, hinterlässt einen bleibenden Eindruck. Dafür lohnt es sich allemal, den inneren Schweinehund zu überwinden.

Sie möchten zum Jahreswechsel beruflich ein neues Kapitel aufschlagen? Dann gilt es nun, die eigenen Vorstellungen zu konkretisieren und offen zu legen.

Tipp des Monats:
Seien Sie zufrieden, mit dem was Sie haben und genießen Sie es, sich einmal nicht ganz so anstrengen zu müssen.

KIU
Büffel

Grundtendenz des Monats:
Mit der Kombination aus Ratte und Drache kann der Büffel zum Ende des Kalenderjahres sein kreatives Potential entdecken. Das Gute daran ist, dass Sie jetzt nicht nur neue Impulse bekommen, sondern auch gleich mit der Umsetzung loslegen können. Damit Sie sich nicht zu viel auf einmal zumuten ist es wichtig, gleich von Anfang an eine logische Struktur aufzubauen, an die Sie sich auf jeden Fall halten sollten.

Den meisten Büffeln sollte klar sein, dass sie allein die Verantwortung für ihr persönliches Glück tragen. Wenn Sie die Ärmel hochkrempeln, kommen Sie Ihren Zielen ein gutes Stück näher.

Liebe, Familie, Freundschaft: Viel Zeit bleibt Ihnen im Dezember vielleicht nicht für die Liebe. Dafür gibt es nun zu viele Gelegenheiten, die noch vor dem Ende der Regentschaft des Drachen erledigt werden wollen. Je weniger Zeit Sie gemeinsam haben, desto mehr sollten Sie nun daraus machen. Setzen Sie den kreativen Funken also ruhig auch für besondere Liebesbeweise und die wenigen gemeinsame Stunden ein.

Auch im Privatleben gibt es immer mal wieder unangenehme Dinge, die erledigt werden müssen. Diese sollten Sie nun nicht aufschieben.

Beruf, Finanzen: Wer es in den letzten Monaten etwas langsamer hat angehen lassen, sollte spätestens jetzt wieder einen Gang zulegen und sich vor allem für Dinge engagieren, die wirklich dringlich sind. Der Büffel hat ohnehin den Ruf, seine Aufgaben ohne Wenn und Aber zu einem guten Ende zu bringen. Werden Sie diesem Anspruch nun gerecht und kümmern Sie sich vor allem um Projekte, die Andere nicht so recht anpacken wollen. So sichern Sie sich die Anerkennung von Kollegen und Vorgesetzten.

Sie sollten inzwischen gemerkt haben, dass mit reiner Pragmatik im Jahr des charismatischen Drachen kein Blumenstrauß zu gewinnen ist. Da braucht es schon auch immer ein bisschen Fantasie.

Tipp des Monats:
Je mehr Sie im Dezember an kleinen Projekten zum Abschluss bringen, um so besser!

YING
Tiger

Grundtendenz des Monats:
Eine quirlige Ratte begleitet nun den Jahresregenten. Gemeinsam können die beiden wirklich für ein wahres Feuerwerk an Ideen sorgen. Ob der Tiger sich darauf einlässt und mitzieht, steht allerdings auf einem anderen Blatt. In wieweit Sie sich engagieren, hängt nun wahrscheinlich vor allem von Ihrem Zeitkonto ab und wie sehr es gelingt, Sie von der Aktion zu begeistern.
Soziale Kontakte sind nicht nur wertvoll für Ihr Vorankommen, sondern auch unverzichtbar für das emotionale Gleichgewicht des Tigers. Gehen Sie also ruhig mehr vor die Tür und mischen sich unters Volk.

Liebe, Familie, Freundschaft: Wer immer noch auf der Suche nach einem neuen Partner ist, wird sich vielleicht fragen, wie sich die charismatische Ausstrahlung des Jahresregenten jetzt doch noch für die eigenen Zwecke nutzen lässt. Sie sollten sich darüber im Klaren sein, dass es der aktuelle Jahresregent nicht darauf anlegt, dauerhafte Beziehungen aufzubauen. Deshalb sind unverbindliche Bekanntschaften nun einfacher zu finden als ein Partner fürs Leben.
Ist die Zeit nun zu kurz für schöne Stunden zu zweit, könnten sie vielleicht versuchen, Ihren Partner für die Aktivitäten zu begeistern, die Sie selbst im Augenblick von zu Hause fern halten.

Beruf, Finanzen: Die Kombination aus Ratte und Drache lässt sich nur schwer kontrollieren. Das dürfte der Tiger zum Ende des Kalenderjahres recht schnell merken. Sie können dagegen ankämpfen und versuchen, Ihre gewünschte Ordnung herzustellen. Einfacher wäre es, sich einfach den Umständen anzupassen und nicht zu viel Widerstand zu leisten.
Sicher gibt es nun noch einige Dinge zu erledigen, die nicht unbedingt zu Ihren Lieblingsbeschäftigungen gehören. Aufschieben macht das Ganze nur schlimmer, lieber Tiger. Bringen Sie es lieber rasch hinter sich!

Tipp des Monats:
Mit einer gut ausgearbeiteten Struktur kommen Sie nun am besten vom Platz.

MAO
Hase

Grundtendenz des Monats:
Es muss nicht immer der ganz große Wurf sein, auch wenn man Ihnen das in den vergangenen Monaten versucht hat, weiszumachen. Wenn Sie auch mit weniger zufrieden sind, können Sie jetzt im Dezember die Dinge einfach so annehmen, wie sie sind. Man kann auch im kleineren Rahmen sein persönliches Glück genießen.
Mit der Feuer-Ratte kommt jetzt zum Ende des Kalenderjahres durchaus noch einmal die Inspiration zurück, die der Hase in den vergangenen Monaten vielleicht vermisst hat. Das kann Sie nun motivieren, sich auch an Aufgaben zu wagen, die zum Wohle aller erledigt werden müssen.

Liebe, Familie, Freundschaft: Vielleicht sollten Sie sich von Ihrem Anspruch an Perfektion verabschieden, lieber Hase. Für Familie und Partner ist es anstrengend, Ihnen gerecht zu werden, wenn immer alles zweihundertprozentig sein soll. Nehmen Sie sich ein Beispiel am Drachen, der kleine Macken galant ins rechte Licht rückt.
Manchmal müssen die privaten Interessen hintenan stehen, denn es gibt Wichtigeres zu tun. Sollte das für Sie nun der Fall sein, wäre es allerdings wichtig, Ihre Lieben mit ins Boot zu nehmen, damit Sie sich nicht vernachlässigt fühlen.

Beruf, Finanzen: Vielleicht sollten Sie sich vorerst mit einer kleineren Lösung zufrieden geben. Der aktuelle Jahresregent würde den Hasen in diesen Wochen gerne zu visionären Taten anregen. Wenn Ihnen das im Moment jedoch zu überwältigend erscheint, müssen Sie nicht auf diesen Zug aufspringen. Allerdings kann man nur Großes erreichen, wenn man auch einmal außergewöhnliche Wege geht.
Inzwischen sollten Sie gemerkt haben, dass im Jahr des Drachen Klappern zum Handwerk gehört. Zum Ende des Kalenderjahres ist es wichtig, dass Sie auf sich aufmerksam machen, wenn Sie Ihre Karriere voranbringen möchten.

Tipp des Monats:
Viele Hindernisse bestehen wirklich nur in Ihrem Kopf. Sie sollten sich wirklich mehr zutrauen!

SHENG Drache

Grundtendenz des Monats:
Mit der agilen Ratte steht dem Drache zum Ende des Kalenderjahres noch einmal ein wahrer Unterstützer zur Seite. Die Kombination dieser beiden Tierzeichen begünstigt vor allem neue Projekte, die nun entstehen dürfen. Damit es dabei nicht nur bei der Planung bleibt, kann es sinnvoll sein, sich gleich zu Beginn tatkräftige Hilfe zu suchen. So werden mögliche Startschwierigkeiten gleich im Keim erstickt.
Wer nicht so recht weiß, wohin er seine Energie lenken soll, mag sich nun vielleicht mit Dingen beschäftigen, die vor allem der Allgemeinheit zugute kommen. Es müssen ja nicht immer die eigenen Interessen im Vordergrund stehen.

Liebe, Familie, Freundschaft: Wenn sich Ihre Aufmerksamkeit weniger auf die Familie konzentriert, ist das wahrscheinlich den aktuellen Umständen geschuldet. Sie sollten dann aber auf jeden Fall das Gespräch suchen und sich nicht einfach rar machen. Ihre Lieben können ja nicht wissen, mit was Sie sich sonst noch so beschäftigen müssen.
In Ihrem Kopf spielen sich derzeit viele Gedanken ab. Anstatt sich in Spekulationen zu verlieren, ist es ratsam, einen Realitätscheck durchzuführen. Es ist wahrscheinlich, dass Ihr Partner eine andere Sichtweise auf die Angelegenheit hat, als Sie es sich vorgestellt haben.

Beruf, Finanzen: Im Dezember kann der Drache noch einmal alle Register ziehen. Dabei dürfte es jetzt vor allem darum gehen, neue Ideen zu entwickeln und zu präsentieren. Inwieweit Sie gleich auch mit der Umsetzung loslegen können, steht allerdings auf einem anderen Blatt. Wenn das Ganze sich zu anstrengend anfühlt, spricht nichts dagegen, den eigentlichen Startschuss nach hinten zu schieben.
Ratte und Drache sind immer dann eine besonders gute Kombination, wenn es um kreative Belange geht. Für schnelle Erfolge sollten Sie sich nun auf diesen Bereich konzentrieren.

Tipp des Monats:
Setzen Sie klare Prioritäten! Sie können nicht alles auf einmal erledigen.

SZE Schlange

Grundtendenz des Monats:
Haben Sie sich im letzten Monat die Zeit genommen, Ihre Prioritäten zu ordnen? Dann können Sie sich nun voll darauf konzentrieren, diese wirklich umzusetzen. Lassen Sie sich dabei nicht vom Drachen oder der ideenreichen Ratte ablenken, die Sie im Dezember begleiten!
Es mag sein, dass mit der quirligen Ratte an Ihrer Seite zum Ende des Kalenderjahres die Gedanken heiß laufen. Machen Sie nun bitte nicht den Fehler, sich zu sehr auf die geistige Ebene zurückzuziehen - der Drache erwartet von Ihnen, dass Sie aktiv werden. Das ist schlecht möglich, wenn Sie ständig versuchen, perfekte Pläne zu schmieden.

Liebe, Familie, Freundschaft: Auch im Jahr des Drachen gibt es für die Schlange zuweilen unangenehme Dinge, die erledigt werden wollen. Dafür muss die Familie in diesem Monat unter Umständen ein wenig zurückstecken. Man wird aber sicher verstehen, wenn Sie Ihren Verpflichtungen nun folgen.
Wer sich in Liebesdingen nun etwas unsicher fühlt, sollte sich dennoch nicht zurückziehen. Stellen Sie sich der Herausforderung und zeigen Sie offen, wie es um Ihr Gefühlsleben bestellt ist. Wahrscheinlich werden Sie feststellen, dass es der anderen Seite ganz ähnlich geht.

Beruf, Finanzen: Auch im Jahr des visionären Drachen sollte jeder in erster Linie das tun, was ihm am besten liegt. Machen Sie sich also nicht zu viele Gedanken, wenn Sie jetzt nicht einen brillanten Einfall nach dem anderen haben. Konzentrieren Sie sich einfach auf Ihre eigenen Qualitäten und verschwenden Sie keine Zeit mit Dingen, die andere besser erledigen können. Es gibt sicher genug Menschen in Ihrem Umfeld, die den kreativen Anteil übernehmen und Sie inspirieren können.

Tipp des Monats:
Zum Ende des Kalenderjahres sollte die Schlange nicht nachlassen. Nutzen Sie die kreativen Kräfte und arbeiten Sie daran, Ihre Träume Wirklichkeit werden zu lassen.

WU
Pferd

Grundtendenz des Monats: Zum Ende des Kalenderjahres unterstützt eine geistig wendige Ratte den Jahresregenten. Das bedeutet auf der einen Seite, dass es nun vermehrt um kreative Ideen geht, die angesehen und vielleicht auch noch auf den Weg gebracht werden wollen. Auf der anderen Seite könnte dem Pferd in diesen Wochen aber auch der Wind ein bisschen stärker ins Gesicht blasen.

Wer sich selbst treu bleibt, kann sicher einen Weg finden, die kreative Kraft in sein Leben zu integrieren, ohne dabei zu viel Staub aufzuwirbeln oder bei anderen Menschen anzuecken.

Liebe, Familie, Freundschaft: Gewissen Verpflichtungen sollten Sie nun nachkommen, auch wenn es Sie nicht unbedingt begeistert. Für Ihre Lieben können Sie die eigenen Interessen sicher ein wenig hintenan stellen.

Einmal mehr geht in der Partnerschaft darum, das Gleichgewicht zu halten. Mit der Ratte im Monat besteht latent die Gefahr, dass Sie sich zu sehr auf die geistige Ebene zurückzieht, anstatt anzusprechen, was Ihnen missfällt oder Sie sich wünschen. Kommunikation ist der Schlüssel zu jeder guten Beziehung.

Beruf, Finanzen: Wenn man nun nicht Ihrer Meinung ist, ist das kein Grund, die Flinte ins Korn zu werfen. Sehen Sie die Opposition lieber als Ansporn und arbeiten Sie an Ihrer Argumentation. So können Sie nun vielleicht noch den einen oder anderen Zweifler überzeugen.

Sie mögen nun feststellen, dass manche Pläne aus den vergangenen Monaten wirklich noch nicht Hand und Fuss haben. Vielleicht wäre es eine gute Idee, noch einmal in die Planungsphase einzutauchen und die Sache aus einem anderen Winkel zu betrachten. Der aktuelle Jahresherrscher ist nämlich kein besonders zuverlässiger Ratgeber, wenn es um die Details geht.

Tipp des Monats:

Konzentrieren Sie sich nun auf die Dinge, die wirklich noch erledigt werden müssen! Wenn Sie wissen, was zu tun ist, geht Ihnen alles leicht von der Hand.

WEI
Ziege

Grundtendenz des Monats: Zum Ende des Kalenderjahres dürfte es vor allem darum gehen, die Prioritäten richtig zu setzen. Nehmen Sie sich nun Zeit und überlegen Sie sich genau, wohin Sie im nächsten Jahr Ihre Aufmerksamkeit lenken wollen. Sicher gibt es immer Dinge, die erledigt werden müssen, aber das darf und kann wirklich nicht alles sein, was Ihr Leben bestimmt, liebe Ziege.

Ratte und Drache bilden im Dezember ein wirklich gutes Team. Davon kann die Ziege immer dann profilieren, wenn Sie sich nicht zu sehr auf konservativen Pfaden bewegt. Brechen Sie nun ruhig aus Ihrer Routine aus!

Liebe, Familie, Freundschaft: Wer im Jahr des Drachen zu empfindsam war, hat auf der privaten Ebene sicher so manche Verletzung erleben müssen. In den meisten Fällen dürfte Gedankenlosigkeit der Auslöser gewesen sein und wirklich keine böse Absicht dahinter gesteckt haben. Von daher wäre es sicher gut, wenn Sie jetzt verzeihen könnten. Suchen Sie das klärende Gespräch und sorgen Sie dafür, dass Sie die Sache nicht unnötig weiter beschäftigt.

Die meisten Ziegen sind sich der moralischen Verantwortung bewusst, die Sie für Partner und Familie haben. Lassen Sie sich in den letzten Wochen des Drachenjahres bitte nicht davon abbringen, Ihre Verpflichtungen einzuhalten.

Beruf, Finanzen: Sicher war es für die methodische Ziege nicht immer einfach, im Jahr des Drachens eine vernünftige Planung hinzubekommen. Der Jahresherrscher hat nun einmal eine gewisse Neigung zum Chaos… Auch in diesem Monat kann es noch einmal passieren, dass Pläne über den Haufen geworfen und Meinungen geändert werden. Darüber sollten Sie sich jedoch nicht entmutigen lassen, liebe Ziege. Hier wird letztendlich nur Ihre Fähigkeit zu mehr Flexibilität getestet. Am Ende wird das Ergebnis sicher für Sie passen.

Tipp des Monats:

Es wird viel geredet in diesem Monat. Es liegt an Ihnen, ob den Worten in den kommenden Wochen auch Taten folgen.

SUNG
Affe

Grundtendenz des Monats: Zum Ende des Kalenderjahres darf der Affe noch einmal so ein richtiges kreatives Feuerwerk abfeuern, denn der Jahresregent vereint sich nun mit einer ideenreichen Ratte. Wie Sie sich in dieser Konstellation selbst verwirklichen, bleibt Ihrem Einfallsreichtum überlassen. Die Ideen werden Ihnen im Dezember sicher nicht ausgehen.

Damit Sie nicht wieder einmal zu viel auf einmal machen, wäre es allerdings sinnvoll, eine realistische Planung aufzustellen. Sonst kann Ihr Zeitmanagement mächtig leiden und am Ende bekommen Sie nichts so richtig geschafft. Das wäre doch schade, wenn Sie am Ende des Jahres nur halbgare Dinge vorweisen können.

Liebe, Familie, Freundschaft: Vielleicht haben Sie nun nicht immer die Zeit für Ihre Lieben, die Sie sich wünschen. Wenn es noch Verpflichtungen zu erfüllen gibt, ist das im Augenblick wahrscheinlich wichtiger. Am Besten ziehen Sie das Ganze schnell durch, dann sind Sie auch wieder freier in der Gestaltung Ihres Privatlebens.

Auch in der Liebe darf sich der Affe nun einfallsreich zeigen und den inspirierenden Einfluss von Drache und Ratte nutzen - sei es in einer bestehenden Beziehung oder in einer neuen. Ihre unkonventionelle Art öffnet sicher die Herzen und bringt jetzt viel Freude.

Beruf, Finanzen: Setzen Sie sich nun bitte nicht unnötig unter Druck! Am Besten machen Sie sich eine Liste und setzen Prioritäten. Das Wichtigste gehört zuerst erledigt, dann sind Kopf und Hände frei für zusätzliche Aufgaben.

Schöpferisch dürfte der Dezember für die meisten Affen sehr erfüllend sein, denn nun können Sie Ihr Potential voll ausleben. Dabei braucht es Sie im Augenblick nicht zu scheren, ob Ihr berufliches Umfeld Ihnen direkt in allen Gedankengängen folgen kann. Jetzt steht klar im Vordergrund, dass Sie erfüllt, was Sie tun. Erklären können Sie das Ganze auch noch später.

Tipp des Monats:

Geben Sie zum Ende des Jahres noch einmal alles! Einsatz wird nun belohnt.

YU
Hahn

Grundtendenz des Monats: Das Bestreben, etwas hundertprozentig gut zu machen, kann manchmal ganz schön anstrengend sein, lieber Hahn. Dem aktuellen Jahresherrscher ist diese Art von Perfektionismus in der Regel eher fremd., auch wenn er oft den Eindruck erweckt, genauestens im Bilde zu sein. Es wäre sicher wünschenswert, wenn es Ihnen im Dezember gelingen könnte, sich ein bisschen mehr von der Lässigkeit des Drachens anzueignen. Wenn Sie die Dinge mehr fließen lassen, haben Sie mehr Freude und weniger Arbeit.

Mit einem harmonischen Elementekreis sollte der Hahn gesund und ausgeglichen das Kalenderjahr beenden können.

Liebe, Familie, Freundschaft: Mit der Feuer-Ratte im Monat kann der Hahn seine kommunikativen Fähigkeiten noch einmal stärker auf der persönlichen Ebene zum Einsatz bringen. Wenn Sie nicht miteinander reden, können Sie auch nicht lernen, was den anderen wirklich bewegt, was ihn glücklich macht oder was ihn verletzt. Es nützt wenig, ein schönes Bild aufrecht zu erhalten, das nach innen nicht stimmig ist.

Im Jahr des Drachen mag es so manche Versuchung für den Hahn gegeben haben, für die er um so anfälliger war, desto mehr Dinge in der Partnerschaft im Argen lagen. Vielleicht ist es doch möglich, Veränderungen jetzt noch gemeinsam anzustoßen.

Beruf, Finanzen: Wenn Sie Ihr Augenmerk nun noch einmal auf Ihre Karriere legen wollen, müssen Sie wahrscheinlich einige Aufgaben in Angriff nehmen, die Sie bislang eher vermieden haben. Manchmal müssen die Dinge einfach erledigt werden und es gibt wenige, die das aktiv anpacken wollen.

Gute Ideen dürfen sich mit Unterstützung von Ratte und Drache nun noch einmal entwickeln. Es ist allerdings fraglich, ob jetzt noch Zeit für die unmittelbare Umsetzung bleibt.

Tipp des Monats:

Eigene Interessen müssen nun unter Umständen erst noch einmal zurückgesteckt werden. Kümmern Sie sich um die dringenden Anliegen!

SHIH
Hund

Grundtendenz des Monats:
Zum Ende des Kalenderjahres wird noch einmal an Ihr Pflichtbewusstsein appelliert, lieber Hund. Das bedeutet, dass die eigenen Interessen unter Umständen nun zum Wohle der Allgemeinheit etwas zurückstecken müssen. Auch wenn der Drache Ihnen ins Ohr flüstert, dass Sie den Ruf ignorieren können, tun Sie besser daran, sich zu engagieren.
Die Ratte, die den Dezember begleitet, unterstützt auf der einen Seite sicher die visionären Ansichten des Jahresregenten. Auf der anderen Seite steht Sie mit Ihren cleveren Einfällen aber sicher auch dem Hund zur Seite, der nun ein bisschen Inspiration gebrauchen kann.

Liebe, Familie, Freundschaft: Wenn Sie immer noch nicht genau wissen, was Sie wollen, kann Ihnen bei der Partnersuche nicht wirklich geholfen werden. Vielleicht ist es das Beste, wenn Sie sich einfach erst einmal ausprobieren, anstatt gleich Verpflichtungen einzugehen, die Ihnen im Grunde nicht behagen. Das wäre auch dem potentiellen Partner gegenüber deutlich fairer.
Wer in diesen Wochen ein Zeitproblem hat, sollte das nicht auf die Familie schieben, sondern sich lieber erst einmal an die eigene Nase fassen. Sie sind schließlich der Herr über Ihren Terminkalender, oder?

Beruf, Finanzen: So manches will nun noch erledigt werden, auch wenn Sie dazu im Grunde keine große Lust haben. Wenn es Ihnen gelingt, sich im Dezember noch einmal am Riemen zu reißen, macht sich das sicher positiv zum Start in die nächste Regentschaft bemerkbar. Auch der Rest der Belegschaft mag nun nicht mehr besonders motiviert sein - da können Sie sich mit Ihrem Einsatz sehr positiv hervortun.
Frische Ideen mag es nun einige geben. Die Frage ist, ob Sie genug Zeit haben, sich ihrer anzunehmen. Wenn Sie die Ansätze weiterverfolgen wollen, sehen Sie sich am besten jetzt schon nach Unterstützung um.

Tipp des Monats:
Hören Sie auf Ihr Gewissen, wenn Sie nun die Prioritäten für die nächsten Wochen setzen.

HAN
Schwein

Grundtendenz des Monats:
Das Schwein kann aus den vergangenen Monaten durchaus lernen, dass es erfüllender sein kann, sich in einer vertrauten Umgebungen auszuleben, anstatt sich auf völlig unbekanntem Terrain zu verlieren. Auch vor der eigenen Haustür gibt es Abenteuer zu erleben.
Dennoch sollten Sie im Dezember noch einmal darauf achten, dass Ihre persönlichen Abenteuer nicht nur in Ihrer Vorstellung stattfinden. Gehen Sie zum Ende des Kalenderjahres Ihre Träume aktiver an. Mit Hilfe der fantasievollen Ratte können Sie hervorragend planen und der Holz-Drache hilft Ihnen bei der Umsetzung.

Liebe, Familie, Freundschaft: Auch wenn der Drache vielleicht versucht hat, Ihnen das Gras auf anderen Weiden schmackhaft zu machen, so sollten Sie nun wissen, was Sie an Ihrem aktuellen Partner haben. Schenken Sie Ihrer besseren Hälfte die Aufmerksamkeit, die sie verdient hat und lassen Sie sich nicht länger von dem abenteuerlustigen Jahresregenten ablenken.
Ihre eigenen Interessen müssen nun noch einmal hintenan gestellt werden. Manchmal gibt es einfach wichtigere Dinge, die erledigt werden müssen. Sollte das Personen in Ihrem familiären oder freundschaftlichen Umfeld betreffen, bieten Sie unbedingt Ihre Unterstützung an!

Beruf, Finanzen: Wenn Drache und Ratte zusammentreffen, muss das nicht unbedingt ein solides Ergebnis zur Folge haben. So kann es sein, dass am Ende des Kalenderjahres zwar viel geredet, aber wenig geschafft wird. Dem müssen Sie sich nicht unbedingt aussetzen. Wenn Sie wissen, wo es für Sie langgeht, können Sie sich den fruchtlosen Diskussionen entziehen und einfach Ihr Ding machen.
Vielleicht fehlt es nun ein wenig an denjenigen, die wirklich die Arbeit tun. Sie können sich da gerne freiwillig melden, sind aber auf keinen Fall verpflichtet dazu.

Tipp des Monats:
Mit einem reinen Gewissen können Sie nun beruhigt in den Jahreswechsel gehen. Sie haben alles richtig gemacht.

Dezember 2024	Jahreskonstellation – Holz Drache Monatskonstellation – Feuer Ratte

1. Erd Schwein	Ratte Büffel Tiger Hase Drache Schlange Pferd Ziege Affe Hahn Hund Schwein **Günstig:** Kleidung schneidern, Handel, Buchhaltung, Ausflüge, neue Dinge beginnen. **Ungünstig:** Geschäfte eröffnen, Kraftanstrengungen, Reisen, Ersparnisse ausgeben.
2. Metall Ratte	Ratte Büffel Tiger Hase Drache Schlange Pferd Ziege Affe Hahn Hund Schwein **Günstig:** Putzen, waschen, fasten, seelische und körperliche Pflege, Arztbesuche. **Ungünstig:** Ausdauersport, Reisen, Hochzeit.
3. Metall Büffel	Ratte Büffel Tiger Hase Drache Schlange Pferd Ziege Affe Hahn Hund Schwein **Günstig:** Umziehen, Reisen, Hochzeiten, Empfänge, wichtige Konferenzen. **Ungünstig:** geistige Arbeiten, Gartenarbeit, häusliche Tätigkeiten.
4. Wasser Tiger	Ratte Büffel Tiger Hase Drache Schlange Pferd Ziege Affe Hahn Hund Schwein **Günstig:** Versammlungen, gerechte Verteilungen, Hochzeit, Konferenzen, Umzug. **Ungünstig:** Gartenarbeit, Dinge zum Abschluss bringen.
5. Wasser Hase	Ratte Büffel Tiger Hase Drache Schlange Pferd Ziege Affe Hahn Hund Schwein **Günstig:** Gartenarbeit, Feiern, Hochzeit, Dinge zum Abschluss bringen. **Ungünstig:** keine Anschuldigungen gegen Dritte erheben.
6. Holz Drache	Ratte Büffel Tiger Hase Drache Schlange Pferd Ziege Affe Hahn Hund Schwein **Günstig:** Gartenarbeit, Hochzeit, Dinge zum Abschluss bringen. **Ungünstig:** Umzug, Reisen, Geschäftseröffnung.
7. Holz Schlange	Ratte Büffel Tiger Hase Drache Schlange Pferd Ziege Affe Hahn Hund Schwein **Günstig:** Gartenarbeit, Hochzeit, Dinge zum Abschluss bringen. **Ungünstig:** Umzug, Reisen, Geschäftseröffnung.
8. Feuer Pferd	Ratte Büffel Tiger Hase Drache Schlange Pferd Ziege Affe Hahn Hund Schwein **Günstig:** Ausruhen, Meditation, seinen Hobbys nachgehen. **Ungünstig:** wichtige Unternehmungen.
9. Feuer Ziege	Ratte Büffel Tiger Hase Drache Schlange Pferd Ziege Affe Hahn Hund Schwein **Günstig:** Amüsieren, mit Freunden ausgehen, Freizeitaktivitäten. **Ungünstig:** geschäftliche Aktivitäten, neue Dinge anfangen.
10. Erd Affe	Ratte Büffel Tiger Hase Drache Schlange Pferd Ziege Affe Hahn Hund Schwein **Günstig:** für die meisten Aktivitäten, Geschäftsabschlüsse, Partnerschaft. **Ungünstig:** negative Bemerkungen über andere Menschen.
11. Erd Hahn	Ratte Büffel Tiger Hase Drache Schlange Pferd Ziege Affe Hahn Hund Schwein **Günstig:** Handel, Geschäftseröffnungen, Hochzeiten und andere Feste planen. **Ungünstig:** Beerdigungen, Reisen, Arztbesuche.
12. Metall Hund	Ratte Büffel Tiger Hase Drache Schlange Pferd Ziege Affe Hahn Hund Schwein **Günstig:** Handwerkliche Aktivitäten, Handel, Hochzeiten, Reisen. **Ungünstig:** Trauerfeiern und Beerdigungen, schwere körperliche Arbeit.
13. Metall Schwein	Ratte Büffel Tiger Hase Drache Schlange Pferd Ziege Affe Hahn Hund Schwein **Günstig:** Ankündigungen machen, Beerdigungen, Trauerfeiern. **Ungünstig:** Handel, Vergnügungen, Freizeitaktivitäten.
14. Wasser Ratte	Ratte Büffel Tiger Hase Drache Schlange Pferd Ziege Affe Hahn Hund Schwein **Günstig:** Kleidung schneidern, Handel, Buchhaltung, Ausflüge, neue Dinge beginnen. **Ungünstig:** Geschäfte eröffnen, Kraftanstrengungen, Reisen, Ersparnisse ausgeben.
15. Wasser Büffel	Ratte Büffel Tiger Hase Drache Schlange Pferd Ziege Affe Hahn Hund Schwein **Günstig:** Putzen, waschen, fasten, seelische und körperliche Pflege, Arztbesuche. **Ungünstig:** Ausdauersport, Reisen, Hochzeit.

Ob ein Tag besonders günstig für Ihr Tierzeichen ist, sehen Sie an folgenden Farben:
Rot = sehr günstig, Grau = günstig, Schwarz = nicht günstig

Jahreskonstellation – Holz Drache Monatskonstellation – Feuer Ratte	Dezember 2024

16. Holz Tiger	Ratte Büffel Tiger Hase Drache Schlange Pferd Ziege Affe Hahn Hund Schwein **Günstig:** Umziehen, Reisen, Hochzeiten, Empfänge, wichtige Konferenzen. **Ungünstig:** geistige Arbeiten, Gartenarbeit, häusliche Tätigkeiten.
17. Holz Hase	Ratte Büffel Tiger Hase Drache Schlange Pferd Ziege Affe Hahn Hund Schwein **Günstig:** Versammlungen, gerechte Verteilungen, Hochzeit, Konferenzen, Umzug. **Ungünstig:** Gartenarbeit, Dinge zum Abschluss bringen.
18. Feuer Drache	Ratte Büffel Tiger Hase Drache Schlange Pferd Ziege Affe Hahn Hund Schwein **Günstig:** Gartenarbeit, Feiern, Hochzeit, Dinge zum Abschluss bringen. **Ungünstig:** keine Anschuldigungen gegen Dritte erheben.
19. Feuer Schlange	Ratte Büffel Tiger Hase Drache Schlange Pferd Ziege Affe Hahn Hund Schwein **Günstig:** Gartenarbeit, Hochzeit, Dinge zum Abschluss bringen. **Ungünstig:** Umzug, Reisen, Geschäftseröffnung.
20. Erd Pferd	Ratte Büffel Tiger Hase Drache Schlange Pferd Ziege Affe Hahn Hund Schwein **Günstig:** Ausruhen, Meditation, seinen Hobbys nachgehen. **Ungünstig:** wichtige Unternehmungen.
21. Erd Ziege	Ratte Büffel Tiger Hase Drache Schlange Pferd Ziege Affe Hahn Hund Schwein **Günstig:** Amüsieren, mit Freunden ausgehen, Freizeitaktivitäten. **Ungünstig:** geschäftliche Aktivitäten, neue Dinge anfangen.
22. Metall Affe	Ratte Büffel Tiger Hase Drache Schlange Pferd Ziege Affe Hahn Hund Schwein **Günstig:** für die meisten Aktivitäten, Geschäftsabschlüsse, Partnerschaft. **Ungünstig:** negative Bemerkungen über andere Menschen.
23. Metall Hahn	Ratte Büffel Tiger Hase Drache Schlange Pferd Ziege Affe Hahn Hund Schwein **Günstig:** Handel, Geschäftseröffnungen, Hochzeiten und andere Feste planen. **Ungünstig:** Beerdigungen, Reisen, Arztbesuche.
24. Wasser Hund	Ratte Büffel Tiger Hase Drache Schlange Pferd Ziege Affe Hahn Hund Schwein **Günstig:** Handwerkliche Aktivitäten, Handel, Hochzeiten, Reisen. **Ungünstig:** Trauerfeiern und Beerdigungen, schwere körperliche Arbeit.
25. Wasser Schwein	Ratte Büffel Tiger Hase Drache Schlange Pferd Ziege Affe Hahn Hund Schwein **Günstig:** Ankündigungen machen, Beerdigungen, Trauerfeiern. **Ungünstig:** Handel, Vergnügungen, Freizeitaktivitäten.
26. Holz Ratte	Ratte Büffel Tiger Hase Drache Schlange Pferd Ziege Affe Hahn Hund Schwein **Günstig:** Kleidung schneidern, Handel, Buchhaltung, Ausflüge, neue Dinge beginnen. **Ungünstig:** Geschäfte eröffnen, Kraftanstrengungen, Reisen, Ersparnisse ausgeben.
27. Holz Büffel	Ratte Büffel Tiger Hase Drache Schlange Pferd Ziege Affe Hahn Hund Schwein **Günstig:** Putzen, waschen, fasten, seelische und körperliche Pflege, Arztbesuche. **Ungünstig:** Ausdauersport, Reisen, Hochzeit.
28. Feuer Tiger	Ratte Büffel Tiger Hase Drache Schlange Pferd Ziege Affe Hahn Hund Schwein **Günstig:** Umziehen, Reisen, Hochzeiten, Empfänge, wichtige Konferenzen. **Ungünstig:** geistige Arbeiten, Gartenarbeit, häusliche Tätigkeiten.
29. Feuer Hase	Ratte Büffel Tiger Hase Drache Schlange Pferd Ziege Affe Hahn Hund Schwein **Günstig:** Versammlungen, gerechte Verteilungen, Hochzeit, Konferenzen, Umzug. **Ungünstig:** Gartenarbeit, Dinge zum Abschluss bringen.
30. Erd Drache	Ratte Büffel Tiger Hase Drache Schlange Pferd Ziege Affe Hahn Hund Schwein **Günstig:** Gartenarbeit, Feiern, Hochzeit, Dinge zum Abschluss bringen. **Ungünstig:** keine Anschuldigungen gegen Dritte erheben.
31. Erd Schlange	Ratte Büffel Tiger Hase Drache Schlange Pferd Ziege Affe Hahn Hund Schwein **Günstig:** Gartenarbeit, Feiern, Hochzeit, Dinge zum Abschluss bringen. **Ungünstig:** keine Anschuldigungen gegen Dritte erheben.

> Kleine Kälte / Große Kälte <

Januar 2025

TZE
Ratte

Grundtendenz des Monats:
Der scheidende Jahresregent ist der perfekte Helfer für die Ratte, um auf sich aufmerksam zu machen. Wenn Sie sich wünschen, dass Ihre Projekte im Licht der Öffentlichkeit scheinen sollen, dann sollten Sie die herrschende Energie im Januar noch einmal nutzen. Zumal Ihnen nun mit dem Feuer-Büffel ein Tierzeichen zur Seite steht, dass Ihnen das nötige Durchhaltevermögen mit auf den Weg gibt.
Vielleicht haben Sie sich aber auch in den letzten Monaten vom Tempo des Drachen leicht überfordert gefühlt. Dann wäre nun sicher der passende Zeitpunkt für eine wohlverdiente Pause.

Liebe, Familie, Freundschaft: Frische Beziehungen dürfen nun durchaus an Tiefe gewinnen - vorausgesetzt, die Ratte lässt dies zu! Es gibt wohl kaum einen besseren Monat im Jahr, um eine gesunde Basis für die Liebe zu schaffen. Darauf lässt sich im kommenden Jahr der Holz-Schlange vortrefflich aufbauen.
Wenn Sie immer noch auf der Suche nach einem neuen Partner sind, wäre es vielleicht an der Zeit, die eigenen Erwartungen zu überprüfen. Unter Umständen wissen Sie gar nicht so recht, nach was Sie Ausschau halten oder lassen sich zu sehr von Außenstehenden beeinflussen. Finden Sie heraus, was Sie wirklich wollen. Dann findet sich auch der passende Partner.

Beruf, Finanzen: Wer in den letzten Wochen ordentlich Gas gegeben hat, muss sich zum Ausklang des Drachenjahres wirklich nicht mehr hetzen. Nutzen Sie die verbleibenden Wochen lieber dafür, die vielen liegen gebliebenen Kleinigkeiten zu erledigen. Dann starten Sie in die neue Regentschaft mit einem klaren Kopf und ohne unnötigen Ballast.
Wer jetzt im Januar ein Angebot bekommt, sollte sich überlegen, es anzunehmen, auch wenn es vielleicht nicht ganz genau das ist, was Sie wollen.

Tipp des Monats:
Lassen Sie das Gedankenkarussell ruhen und erfreuen Sie sich lieber daran, was Sie alles in den vergangenen 12 Monaten geschafft haben.

KIU
Büffel

Grundtendenz des Monats:
Im Verlauf der letzten zwölf Monate haben Sie sicherlich bemerkt, dass es nicht immer ausreicht, das Geschehen aus der zweiten Reihe zu betrachten und im Anschluss die Arbeit anderer zu erledigen. Der scheidende Jahresregent hat Sie ermutigt, aktiver einzugreifen und einfach mehr zu wagen. Dafür mussten Sie vielleicht Ihre vertraute Umgebung verlassen.
Zum Ende des Drachenjahres steht Ihnen nun ein Artgenosse zur Seite und der Büffel kann wieder stärker die Rolle des Beobachters einnehmen. Je mehr Informationen Sie nun sammeln, desto besser können Sie ins kommende Jahr der Schlange starten.

Liebe, Familie, Freundschaft: Vielleicht ist es Ihnen trotz Unterstützung des charismatischen Drachen nicht gelungen, in den vergangenen Monaten den perfekten Partner zu finden. Das mag unter Umständen auch daran liegen, dass Ihre eigentlichen Wünsche sich klar von dem unterscheiden, was der Drache Ihnen präsentiert hat. Am besten, Sie setzen sich zum Jahresausklang in Ruhe hin und bringen Ihre innersten Bedürfnisse zu Papier. Im nächsten Jahr stehen die Chancen in der Liebe für den Büffel deutlich besser.
Auch der stärkste Büffel braucht mal eine Pause vom Familienalltag. Wenn Sie jetzt zu viel Druck verspüren, nehmen Sie sich eine Auszeit.

Beruf, Finanzen: Die Erwartungen sind in den letzten Monaten unter Umständen nicht komplett erfüllt worden. Trotzdem dürften Sie ein gutes Stück vorangekommen sein. Drache und Büffel haben einfach sehr unterschiedliche Ansichten, was eine erfolgreiche Karriere angeht und welchen Einsatz man dafür zu zeigen hat.
Gut für Sie, wenn Sie sich nicht verbogen haben, um Ihrem Umfeld zu gefallen und Ihren Aufstieg zu beschleunigen. Am Ende des Tages bekommen Sie das, was Sie sich wünschen, wenn Sie sich selbst und Ihren Idealen treu bleiben.

Tipp des Monats:
Versuchen Sie, ein wenig von der visionären Kraft des Drachen mit in die neue Regentschaft zu nehmen.

YING
Tiger

Grundtendenz des Monats:
Das Jahr des Holz-Drachen neigt sich dem Ende zu. Mit dem Feuer-Büffel nimmt der visionäre Einfluss des scheidenden Jahresherrschers schon deutlich ab. Nun geht es verstärkt darum, den einmal eingeschlagenen Weg bis zum Ende zu gehen und sich dabei nicht ablenken zu lassen. Für den Tiger kann das bedeuten, dass er sich auf der Ziellinie vielleicht ein bisschen durchbeißen muss.
Wer sich wieder einmal tiefer mit bestimmten Themen beschäftigen will, darf sich auf den Start des Jahres der Schlange im nächsten Monat freuen.
Liebe, Familie, Freundschaft: Wenn Sie in diesen Wochen im Umgang mit Partner oder Nachwuchs deutlichen Gegenwind spüren, muss das kein Zeichen von mangelndem Respekt sein. Hören Sie sich die Gegenseite ruhig erst einmal an, bevor Sie gleich die Krallen ausfahren. Sie müssen die Ansicht der anderen Seite ja nicht teilen, aber Sie sollten sie akzeptieren.
Wer im Jahr des Drachen das Abenteuer gesucht hat, wurde sicher nicht enttäuscht. Allerdings stellt sich spätestens jetzt wahrscheinlich heraus, dass eine derart gestartete Beziehung nicht unbedingt alltagstauglich ist.
Beruf, Finanzen: Vielleicht haben sich im Jahr des Drachen nicht alle beruflichen Erwartungen für den Tiger erfüllt. Das kann unter anderem auch daran gelegen haben, dass Sie zu viel Energie in Dinge gesteckt haben, die mehr die Fantasie beflügelt als den Geldbeutel gefüllt haben. Auf jeden Fall sollten Sie nicht bereuen, wenn Sie in den letzten zwölf Monate auch Dinge ausprobiert haben, die nicht ganz so vielversprechend waren, aber jede Menge Spaß gemacht haben.
Wer seine Schäfchen in den letzten Monaten gut ins Trockene gebracht hat, hat nun definitiv etwas Entspannung verdient.
Tipp des Monats:
Manchmal ist der Spatz in der Hand besser als die Taube auf dem Dach. Zeigen Sie sich zufrieden mit dem, was Sie erreicht haben!

MAO
Hase

Grundtendenz des Monats:
Wieder neigt sich ein Jahr dem Ende zu, und es ist an der Zeit, eine Bilanz zu ziehen. Für viele Hasen war es in den vergangenen zwölf Monaten sicherlich nicht einfach, das Gleichgewicht zu bewahren. Der Drache mit seiner extrovertierten Art hatte einfach zu unterschiedliche Vorstellungen davon, wie Sie Ihr Leben gestalten sollten. Doch vielleicht konnten Sie auch von ihm lernen, mehr zu wagen und selbstbewusster aufzutreten.
Zum Ende der alten Regentschaft ist es noch einmal wichtig zu verinnerlichen, was in den letzten zwölf Monaten alles geschehen ist. Sicher war es nicht immer ganz einfach zu erreichen, was Sie sich gewünscht haben, aber das kann im kommenden Jahr ganz anders aussehen.
Liebe, Familie, Freundschaft: Es mag sein, dass Sie sich zum Ende der aktuellen Regentschaft im familiären Umfeld nun überfordert fühlen. Verabschieden Sie sich davon, es allen recht machen zu wollen und kümmern Sie sich noch einmal ganz bewusst um sich selbst.
Mit dem besonnenen Büffel im Monat dürfte wieder mehr Beständigkeit im Privatleben einkehren. Die Zeiten der Unruhe vor allem in der Partnerschaft sollten vorbei sein. Wenn ab nächsten Monat die Schlange das Zepter übernimmt, sollte es für die meisten Hasen wunderbar harmonisch in Liebesdingen zugehen.
Beruf, Finanzen: Sie müssen jetzt im Januar nicht mehr selbst aktiv in das Geschehen eingreifen. Am Ergebnis können Sie wahrscheinlich ohnehin nichts mehr ändern. Zeigen Sie sich zufrieden mit dem, was Sie erreicht haben und hadern Sie nicht mit verpassten Gelegenheiten - das ist reine Zeitverschwendung!
Wer in den vergangenen Monaten vom Drachen gelernt hat, konnte sicher seinen Horizont erweitern und jede Menge neue Impulse sammeln. Das ist definitiv etwas, auf das Sie 2025 aufbauen können.
Tipp des Monats:
Bleiben Sie gelassen und vertrauen Sie weiter auf Ihre Intuition!

SHENG Drache

Grundtendenz des Monats:
Das letzte Jahr wird für die meisten Drachen wie im Nu verflogen sein. Immer wieder hat der Jahresregent versucht, Sie mit neuen Optionen zu begeistern. Vielleicht konnten Sie nicht immer so unmittelbar reagieren, wie Sie es sich erhofft hatten. Aber sicher konnten Sie einige Ihrer Pläne in die Tat umsetzen.
Mit dem Feuer-Büffel an Ihrer Seite geht es nun darum, Angefangenes abzuschließen und einige Aufräumarbeiten zu erledigen. So stellen Sie sicher, dass Sie in die neue Regentschaft mit reichlich freien Ressourcen starten können.

Liebe, Familie, Freundschaft: Der Drache konnte in den vergangenen Monaten im Bereich seiner persönlichen Beziehungen wirklich ein breites Spektrum an Erfahrungen machen. Waren Ihnen die emotionalen Höhen und Tiefen auf Dauer zu anstrengend, dürfen Sie sich darauf freuen, dass es ab sofort deutlich harmonischer zugehen dürfte. Wem es in der Liebe 2024 dagegen nicht aufregend genug sein konnte, der wird sich ab nächsten Monat dagegen vielleicht ein wenig langweilen.
Es mag sein, dass der Drache Alltagspflichten am liebsten auf Partner oder Familie abwälzen würde. Das ist im Januar keine gute Idee - es wird erwartet, dass Sie Ihren Anteil leisten.

Beruf, Finanzen: Im kommenden Jahr hat der Drache die Möglichkeit, seine Projekte zu vertiefen und zu perfektionieren. Fangen Sie damit nun ruhig schon an - der Büffel unterstützt Sie vor allem in den Bereichen, die Durchhaltevermögen und Geduld brauchen.
Rückblickend betrachtet mag das eine oder andere Ziel in den vergangenen Monaten ein wenig gewagt gewesen sein. Der Drache ist dafür bekannt, in größeren Dimensionen zu denken. Überlegen Sie nun genau, ob sich der Aufwand lohnt. Falls nicht, lassen sich die ursprünglichen Pläne nun sicher pragmatisch überarbeiten.

Tipp des Monats:
Lassen Sie nun nicht nach! Auch in den kommenden zwölf Monaten lassen sich Ihre Wünsche umsetzen.

SZE Schlange

Grundtendenz des Monats:
Haben Sie wirklich alles getan, um das Optimale aus dem Jahr des Drachen für sich herauszuholen? Dann dürfen Sie sich im letzten Monat unter seiner Regentschaft entspannt zurücklehnen. Nehmen Sie sich nun die verdiente Auszeit und lassen Sie den Start in das eigene Jahr ab nächstem Monat ruhig angehen.
Wer dagegen das Gefühl hat, dass durchaus noch mehr drin ist, der darf mit Hilfe des durchsetzungsstarken Büffels nun noch einmal alles geben. Setzen Sie sich dabei nicht zu sehr unter Druck, liebe Schlange! Manchmal ist der Spatz in der Hand wirklich besser als die Taube auf dem Dach.

Liebe, Familie, Freundschaft: Vielleicht hat Ihnen der Holz-Drache zeigen können, wie Sie im Bereich der persönlichen Beziehungen mit einem guten Selbstvertrauen auftreten können. Wer von seinem Charme und seiner Ausstrahlung profitiert hat, hat sich sowohl in bestehenden als auch in neuen Partnerschaften deutlich leichter getan. Achten Sie darauf, dass Sie in den kommenden Monaten offen und aufgeschlossen bleiben, dann darf sich in der Liebe 2025 sicher so einiges entwickeln.
Beständigkeit in den persönlichen Beziehungen war im Jahr des Drachens vielleicht nicht Ihre Priorität. Um so wichtiger ist es jetzt, ruhende Freundschaften neu zu beleben.

Beruf, Finanzen: In Kombination mit dem Büffel können ehrgeizige Schlangen jetzt im Januar noch einmal die Gunst der Stunde nutzen und sich für ihre Karriere ins rechte Licht setzen. Bedenken Sie, dass es im eigenen Jahr ungleich schwerer für Sie werden dürfte, im Rampenlicht zu bestehen.
Der Büffel kann außerdem jetzt noch einmal dabei helfen, auch schwierigere Projekte wieder in geregelte Bahnen zu lenken. Wenn Sie dann noch auf Ihr Gefühl vertrauen, dürfte die Sache in den nächsten Monaten wie von selbst laufen.

Tipp des Monats:
Folgen Sie auch im kommenden Jahr Ihrem Gefühl, wenn es um wichtige Entscheidungen geht.

WU Pferd

Grundtendenz des Monats:
Sie werden in den vergangenen zwölf Monaten sicher gemerkt haben, dass der Drache ganz hervorragend darin ist, ordentlich Staub aufzuwirbeln und sich damit die ungeteilte Aufmerksamkeit zu sichern. Ob am Ende aber auch Ergebnis vorzuweisen ist, steht auf einem anderen Blatt. Es liegt nun an Ihnen, liebes Pferd, auf den letzten Metern noch einmal alles daran zu setzen, die Zielgerade zu erreichen. Mit Hilfe des beständigen Büffel kann das im Januar durchaus gelingen. Strengen Sie sich also noch einmal so richtig an!
Wenn Sie nun das Gefühl haben, dass Sie vor dem Start in das Jahr der Holz-Schlange noch einmal ein bisschen Erholung brauchen, sollten Sie sich diese ruhig gönnen.

Liebe, Familie, Freundschaft: Für diejenigen, die sich in der Liebe mehr Leidenschaft gewünscht haben, hatte das Jahr des Holz-Drachen sicher einiges zu bieten. In den kommenden Monaten besteht die Möglichkeit, entstandene Beziehungen zu vertiefen. Mit der Schlange, die ab dem nächsten Monat das Zepter übernimmt, kann das Pferd die Liebe genießen, ohne dabei große Aufmerksamkeit zu erregen.
Mehr Beständigkeit wünscht sich das Pferd vielleicht schon jetzt, denn der Büffel hat im Gegensatz zum Drachen eher konservative Ansichten, was Liebesdinge angeht.

Beruf, Finanzen: Mit dem Ende der Regentschaft des Drachens scheint sich sein Verhalten etwas ergebnisorientierter zu gestalten. Dies könnte Ihnen die Möglichkeit geben, konkrete Ziele zu definieren und sie möglicherweise noch zu erreichen. Es ist jedoch nichts auszusetzen, wenn Sie jetzt noch nicht bis an die Spitze gelangen.
Mit Sturheit erreichen Sie im Januar bei Ihren Kollegen reichlich wenig. Legen Sie sich deshalb nicht unnötig mit anderen an, sondern versuchen Sie lieber sachlich und mit Argumenten zu überzeugen.

Tipp des Monats:
Sie haben getan, was Sie konnten. Nun heißt es abwarten, wie sich die Dinge für Sie entwickeln.

WEI Ziege

Grundtendenz des Monats:
Mit den innovativen Ideen des Drachen konnte die Ziege vielleicht nicht immer etwas anfangen. Wenn Sie die scheinbar verwegenen Pläne in den vergangenen Monaten nicht direkt verworfen haben, haben Sie beim genaueren Hinschauen sicher gemerkt, das doch einige brauchbare Ansätze dabei waren.
Mit dem Büffel im Monat macht sich nun schon wieder eine etwas konservativere Energie bemerkbar. Es dürfte deshalb jetzt nicht mehr so einfach sein, spontane Gedanken einfach umzusetzen. Das dürfte auch bedeuten, dass Sie vielleicht nun doch nicht ganz das bekommen, was Sie sich gewünscht haben. Trotzdem können Sie zufrieden sein.

Liebe, Familie, Freundschaft: Wen das vergangene Jahr etwas erschöpft hat, der darf sich nun eine Pause gönnen. Das geht allerdings nur, wenn Sie Ihren Anspruch bei der Familie anmelden und sich dann auch konsequent daran halten.
Der Ziege fällt es in der Regel nicht so leicht, so extrovertiert wie der scheidende Jahresregent aufzutreten. Vielleicht reicht es für Ihre Beziehung aber vollkommen aus, wenn Sie sich einfach so geben, wie Sie sind. 2024 konnten Sie sicher lernen, sich nicht um des lieben Friedens willen zu verstellen.

Beruf, Finanzen: Auch wenn der Drache auf der finanziellen Ebene zu riskanten Aktionen neigt, dürften die meisten Ziegen daraus in den vergangenen Monaten kaum Schaden davon getragen haben. Vielleicht waren Sie ein bisschen mutiger und konnten mit vorsichtigen Investitionen Ihren Wohlstand mehren. Wenn im nächsten Monat die Schlange übernimmt, können Sie Ihre Finanzen auf eine solide Basis stellen.
Wer auf der Karriereleiter noch nicht den gewünschten Schritt nach oben machen konnte, sollte sich nicht allzu sehr grämen. Im nächsten Jahr gibt es sicher neue Gelegenheiten.

Tipp des Monats:
Veränderungen machen das Leben erst interessant. Bleiben Sie offen für den Wandel!

SUNG
Affe

Grundtendenz des Monats: Der Januar bringt mit dem Büffel eine erdigere Energie mit sich, die es dem Affen ermöglicht, sich von den turbulenten Höhenflügen der letzten Monate ein wenig zu erholen. Es ist nun eine gute Zeit, um die Erfahrungen der vergangenen Monate zu verarbeiten. Indem Sie sich zurückziehen, können Sie wertvolle Erkenntnisse gewinnen und sich besser auf die Herausforderungen im kommenden Jahr vorbereiten.

Überlassen Sie zum Ende der Regentschaft des Holz-Drachen die Bühne ruhig auch einmal den Anderen. Sie haben in den letzten Monaten wirklich genug geleistet.

Liebe, Familie, Freundschaft: Es mag zuweilen etwas unruhig zugegangen sein im Privatleben des Affen. Deshalb ist es nun um so wichtiger, die Wogen zu glätten und sich wieder mehr auf die Gemeinsamkeiten zu konzentrieren. So schaffen Sie eine Grundlage für ein harmonisches Zusammenleben in den kommenden Monaten und darüber hinaus.

Ist der eigene Nachwuchs und der Rest der Familie 2024 ein wenig zu kurz gekommen, ist es nun an der Zeit, das auszugleichen. Am besten setzen Sie sich gemeinsam hin und machen gleich einen Plan für die nächsten Monate.

Beruf, Finanzen: Wer sich flexibel gezeigt hat und bereit war, beherzt anzupacken konnte in den vergangenen Monaten sicher rasante Fortschritte machen. Damit die Entwicklung auch im Jahr der Holz-Schlange anhalten kann, ist es nun wichtig, Seilschaften zu bilden und auf eine kontinuierliche Zusammenarbeit hinzuwirken.

Vielleicht haben Ihre Finanzen ein wenig unter der Risikobereitschaft des Drachen gelitten. Lernen Sie aus Ihren Erfahrungen und machen Sie zukünftig eine besser durchdachte Planung. So können Sie besser von Ihren Erfolgen profitieren und es bleibt am Ende auch mehr übrig.

Tipp des Monats:

An Anerkennung sollte es 2024 wirklich nicht gemangelt haben. Sorgen Sie im kommenden Jahr dafür, dass sich das Ganze auch monetär noch mehr für Sie auszahlt.

YU
Hahn

Grundtendenz des Monats: Der letzte Monat im Jahr des Holz-Drachen bricht nun an und bringt noch einmal einen Schwung produktive Energie für den Hahn mit sich. Mit einem durchsetzungsstarken Büffel an Ihrer Seite können Sie sich nun auch in Bereichen profilieren, in denen Sie in den vergangenen Monaten nicht so recht punkten konnten. Damit sich der Einfluss des Büffels richtig entfalten kann, ist es nötig, die Ärmel hochzukrempeln und sich noch einmal voll ins Getümmel zu stürzen.

Wem das zu viel ist, der kann auch einfach eine Pause machen und auf den Start des neuen Jahres im Februar warten. Mit der Schlange kommt dann nämlich eine Regentin ans Ruder, die einen positiven Einfluss auf alle Bereiche Ihres Lebens haben dürfte.

Liebe, Familie, Freundschaft: Mit der Brechstange lässt sich kein Herz gewinnen, lieber Hahn. Wenn es sich jetzt zu mühsam anfühlt, ist vielleicht nicht der richtige Zeitpunkt oder es ist einfach nicht der richtige Partner. Machen Sie sich keinen unnötigen Druck - im nächsten Jahr sind die Aussichten deutlich besser für Sie.

Sie haben nun vielleicht alle Hände voll zu tun, um mit und für Ihre Lieben den Alltag zu bewältigen. Um so wichtiger sind nun regelmäßige Pausen, damit Sie sich auf der Ziellinie ins neue Jahr nicht noch komplett verausgaben.

Beruf, Finanzen: Mit dem Büffel an seiner Seite kann der Hahn im Januar wirklich viel erledigt bekommen. Nutzen Sie diese Produktivität vor allem dafür, bereits laufende Aktionen in Richtung Zielgerade zu bringen. Vielleicht kann der Drache hierzu nun noch einmal den einen oder anderen kreativen Lösungsansatz beisteuern oder Ihnen dabei helfen, das Team noch einmal so richtig zu begeistern.

Ihre Entscheidungen dürfen nun auch in finanzieller Hinsicht ruhig wieder etwas konservativer ausfallen.

Tipp des Monats:

Mit einer größeren Flexibilität und weniger Perfektionismus können Sie vom kommenden Jahr am besten profitieren.

> Kleine Kälte / Große Kälte < Januar 2025

SHIH
Hund

Grundtendenz des Monats:
Im letzten Monat des Drachen-Jahres dürfte der Einfluss des Herrschers schon deutlich nachlassen. Am Ende des Jahres entpuppen sich viele hochtrabende Pläne bei genauerem Hinsehen doch als unrealistisch und nicht durchführbar. Der Hund mag sich da so manches Mal in seiner pragmatischen Einschätzung bestätigt fühlen. Unterm Strich bleiben aber sicher einige Gelegenheiten, wo mehr Mut zum Risiko und eine gewisse Neugier auf das Ungewöhnliche neue Erkenntnisse gebracht haben.
Ab dem nächsten Monat übernimmt eine feinfühlige Holz-Schlange das Zepter. Auch Sie kann den Hund sicher zuweilen fordern, tut dies aber auf eine deutlich sanftere Weise.

Liebe, Familie, Freundschaft: Wer in den vergangenen Monaten zu wenig Zeit mit der Familie verbracht hat, hat nun noch einmal Gelegenheit, das auszugleichen. Geben Sie sich Mühe, Risse in den Beziehungen dauerhaft zu kitten. Blut ist am Ende immer dicker als Wasser.
Auf der Beziehungsebene mag es 2024 die eine oder andere Auseinandersetzung gegeben haben. Wenn Sie der anderen Seite jedoch Ihre eigene Meinung zugestanden haben, gehen Sie gestärkt aus dem Jahr hervor.

Beruf, Finanzen: Mit Sturheit allein lässt sich jetzt kein Projekt mehr über die Ziellinie boxen. Auch wenn der Drache eher ein Einzelkämpfer ist, braucht der Hund in den letzten Wochen seiner Regentschaft die Unterstützung seines Teams. Der Büffel, der den Monat begleitet, wird dann dafür sorgen, dass Sie gemeinsam mögliche Hindernisse aus dem Weg räumen.
Wem es in den letzten Monaten gelungen ist, über seinen Schatten zu springen, der konnte inspiriert nach vorne schauen. Ist es Ihnen dagegen schwer gefallen, die unorthodoxen Methoden des Drachen zu adaptieren, hat sich das Vorankommen etwas schwieriger gestaltet.

Tipp des Monats:
Wie auch immer das Ergebnis aussah, zeigen Sie sich dankbar und zufrieden für die Erkenntnisse aus dem Jahr des Holz-Drachen!

HAN
Schwein

Grundtendenz des Monats:
Im letzten Monat des Drachenjahres macht sich schon die beständigere Energie des kommenden Herrschers bemerkbar. Zwar lässt sich nun immer noch mit den eigenen Ideen spielen, es finden sich aber immer weniger Gelegenheiten, diese auch noch umzusetzen. Für das Schwein dürfte das nicht weiter tragisch sein, wenn es 2024 ohnehin mehr von der Seitenlinie aus dem bunten Treiben zugeschaut hat.
Es kann allerdings sicher nicht schaden, sich nun abschließend noch einmal vom scheidenden Regenten inspirieren zu lassen. Vielleicht lässt sich so ein wenig von seiner Furchtlosigkeit und seiner Schöpferkraft auf das Schwein übertragen.

Liebe, Familie, Freundschaft: Wer bislang noch nicht so erfolgreich mit der Suche nach einem neuen Partner war, muss nun vielleicht einsehen, dass es besser wäre, die eigenen Ansprüche ein wenig nach unten zu schrauben. Anstatt gleich nach der perfekten Verbindung Ausschau zu halten, könnte man sich ja auch einfach Zeit geben, langsam zusammen zu wachsen.
Der Drache mag im vergangenen Jahr zuweilen ganz schön Staub aufgewirbelt haben. Hat sich dieser nun gelegt, werden Sie erkennen, dass im Grunde alles beim Alten geblieben ist.

Beruf, Finanzen: Wer auf der Zielgerade noch einmal eine klare Ansage machen will, wird sich über die Unterstützung des zuweilen etwas sturen Büffels im Januar sicher freuen. Lassen Sie nicht locker in Ihrem Bestreben, sich selbst zu verwirklichen. Vielleicht schätzt man im Augenblick noch vor allem Ihre Fähigkeit, andere Projekte zu unterstützen. Aber das kann sich ja in der nächsten Zeit durchaus ändern. Sorgen Sie jetzt dafür, dass man auch Ihr schöpferisches Potential wahrnimmt und Ihre Ambitionen ernst nimmt.

Tipp des Monats:
Wer sich 2024 nicht zu weit aus dem Fenster gelehnt hat, sollte genug Energie haben, um erfolgreich ans Ziel zu kommen.

Januar 2025	Jahreskonstellation – Holz Drache Monatskonstellation – Feuer Büffel

1. Metall Pferd	Ratte Büffel Tiger Hase Drache Schlange Pferd Ziege Affe Hahn Hund Schwein **Günstig:** Ausruhen, Meditation, seinen Hobbys nachgehen. **Ungünstig:** wichtige Unternehmungen.
2. Metall Ziege	Ratte Büffel Tiger Hase Drache Schlange Pferd Ziege Affe Hahn Hund Schwein **Günstig:** Amüsieren, mit Freunden ausgehen, Freizeitaktivitäten. **Ungünstig:** geschäftliche Aktivitäten, neue Dinge anfangen.
3. Wasser Affe	Ratte Büffel Tiger Hase Drache Schlange Pferd Ziege Affe Hahn Hund Schwein **Günstig:** für die meisten Aktivitäten, Geschäftsabschlüsse, Partnerschaft. **Ungünstig:** negative Bemerkungen über andere Menschen.
4. Wasser Hahn	Ratte Büffel Tiger Hase Drache Schlange Pferd Ziege Affe Hahn Hund Schwein **Günstig:** Handel, Geschäftseröffnungen, Hochzeiten und andere Feste planen. **Ungünstig:** Beerdigungen, Reisen, Arztbesuche.
5. Holz Hund	Ratte Büffel Tiger Hase Drache Schlange Pferd Ziege Affe Hahn Hund Schwein **Günstig:** Handel, Geschäftseröffnungen, Hochzeiten und andere Feste planen. **Ungünstig:** Beerdigungen, Reisen, Arztbesuche.
6. Holz Schwein	Ratte Büffel Tiger Hase Drache Schlange Pferd Ziege Affe Hahn Hund Schwein **Günstig:** Handwerkliche Aktivitäten, Handel, Hochzeiten, Reisen. **Ungünstig:** Trauerfeiern und Beerdigungen, schwere körperliche Arbeit.
7. Feuer Ratte	Ratte Büffel Tiger Hase Drache Schlange Pferd Ziege Affe Hahn Hund Schwein **Günstig:** Ankündigungen machen, Beerdigungen, Trauerfeiern. **Ungünstig:** Handel, Vergnügungen, Freizeitaktivitäten.
8. Feuer Büffel	Ratte Büffel Tiger Hase Drache Schlange Pferd Ziege Affe Hahn Hund Schwein **Günstig:** Kleidung schneidern, Handel, Buchhaltung, Ausflüge, neue Dinge beginnen. **Ungünstig:** Geschäfte eröffnen, Kraftanstrengungen, Reisen, Ersparnisse ausgeben.
9. Erd Tiger	Ratte Büffel Tiger Hase Drache Schlange Pferd Ziege Affe Hahn Hund Schwein **Günstig:** Putzen, waschen, fasten, seelische und körperliche Pflege, Arztbesuche. **Ungünstig:** Ausdauersport, Reisen, Hochzeit.
10. Erd Hase	Ratte Büffel Tiger Hase Drache Schlange Pferd Ziege Affe Hahn Hund Schwein **Günstig:** Umziehen, Reisen, Hochzeiten, Empfänge, wichtige Konferenzen. **Ungünstig:** geistige Arbeiten, Gartenarbeit, häusliche Tätigkeiten.
11. Metall Drache	Ratte Büffel Tiger Hase Drache Schlange Pferd Ziege Affe Hahn Hund Schwein **Günstig:** Versammlungen, gerechte Verteilungen, Hochzeit, Konferenzen, Umzug. **Ungünstig:** Gartenarbeit, Dinge zum Abschluss bringen.
12. Metall Schlange	Ratte Büffel Tiger Hase Drache Schlange Pferd Ziege Affe Hahn Hund Schwein **Günstig:** Gartenarbeit, Feiern, Hochzeit, Dinge zum Abschluss bringen. **Ungünstig:** keine Anschuldigungen gegen Dritte erheben.
13. Wasser Pferd	Ratte Büffel Tiger Hase Drache Schlange Pferd Ziege Affe Hahn Hund Schwein **Günstig:** Gartenarbeit, Hochzeit, Dinge zum Abschluss bringen. **Ungünstig:** Umzug, Reisen, Geschäftseröffnung.
14. Wasser Ziege	Ratte Büffel Tiger Hase Drache Schlange Pferd Ziege Affe Hahn Hund Schwein **Günstig:** Ausruhen, Meditation, seinen Hobbys nachgehen. **Ungünstig:** wichtige Unternehmungen.
15. Holz Affe	Ratte Büffel Tiger Hase Drache Schlange Pferd Ziege Affe Hahn Hund Schwein **Günstig:** Amüsieren, mit Freunden ausgehen, Freizeitaktivitäten. **Ungünstig:** geschäftliche Aktivitäten, neue Dinge anfangen.

Ob ein Tag besonders günstig für Ihr Tierzeichen ist, sehen Sie an folgenden Farben:
Rot = sehr günstig, Grau = günstig, Schwarz = nicht günstig

Jahreskonstellation – Holz Drache Monatskonstellation – Feuer Büffel	Januar 2025

16. Holz Hahn	Ratte Büffel Tiger Hase Drache Schlange Pferd Ziege Affe Hahn Hund Schwein **Günstig:** für die meisten Aktivitäten, Geschäftsabschlüsse, Partnerschaft. **Ungünstig:** negative Bemerkungen über andere Menschen.
17. Feuer Hund	Ratte Büffel Tiger Hase Drache Schlange Pferd Ziege Affe Hahn Hund Schwein **Günstig:** Handel, Geschäftseröffnungen, Hochzeiten und andere Feste planen. **Ungünstig:** Beerdigungen, Reisen, Arztbesuche.
18. Feuer Schwein	Ratte Büffel Tiger Hase Drache Schlange Pferd Ziege Affe Hahn Hund Schwein **Günstig:** Handwerkliche Aktivitäten, Handel, Hochzeiten, Reisen. **Ungünstig:** Trauerfeiern und Beerdigungen, schwere körperliche Arbeit.
19. Erd Ratte	Ratte Büffel Tiger Hase Drache Schlange Pferd Ziege Affe Hahn Hund Schwein **Günstig:** Ankündigungen machen, Beerdigungen, Trauerfeiern. **Ungünstig:** Handel, Vergnügungen, Freizeitaktivitäten.
20. Erd Büffel	Ratte Büffel Tiger Hase Drache Schlange Pferd Ziege Affe Hahn Hund Schwein **Günstig:** Kleidung schneidern, Handel, Buchhaltung, Ausflüge, neue Dinge beginnen. **Ungünstig:** Geschäfte eröffnen, Kraftanstrengungen, Reisen, Ersparnisse ausgeben.
21. Metall Tiger	Ratte Büffel Tiger Hase Drache Schlange Pferd Ziege Affe Hahn Hund Schwein **Günstig:** Putzen, waschen, fasten, seelische und körperliche Pflege, Arztbesuche. **Ungünstig:** Ausdauersport, Reisen, Hochzeit.
22. Metall Hase	Ratte Büffel Tiger Hase Drache Schlange Pferd Ziege Affe Hahn Hund Schwein **Günstig:** Umziehen, Reisen, Hochzeiten, Empfänge, wichtige Konferenzen. **Ungünstig:** geistige Arbeiten, Gartenarbeit, häusliche Tätigkeiten.
23. Wasser Drache	Ratte Büffel Tiger Hase Drache Schlange Pferd Ziege Affe Hahn Hund Schwein **Günstig:** Versammlungen, gerechte Verteilungen, Hochzeit, Konferenzen, Umzug. **Ungünstig:** Gartenarbeit, Dinge zum Abschluss bringen.
24. Wasser Schlange	Ratte Büffel Tiger Hase Drache Schlange Pferd Ziege Affe Hahn Hund Schwein **Günstig:** Gartenarbeit, Feiern, Hochzeit, Dinge zum Abschluss bringen. **Ungünstig:** keine Anschuldigungen gegen Dritte erheben.
25. Holz Pferd	Ratte Büffel Tiger Hase Drache Schlange Pferd Ziege Affe Hahn Hund Schwein **Günstig:** Gartenarbeit, Hochzeit, Dinge zum Abschluss bringen. **Ungünstig:** Umzug, Reisen, Geschäftseröffnung.
26. Holz Ziege	Ratte Büffel Tiger Hase Drache Schlange Pferd Ziege Affe Hahn Hund Schwein **Günstig:** Ausruhen, Meditation, seinen Hobbys nachgehen. **Ungünstig:** wichtige Unternehmungen.
27. Feuer Affe	Ratte Büffel Tiger Hase Drache Schlange Pferd Ziege Affe Hahn Hund Schwein **Günstig:** Amüsieren, mit Freunden ausgehen, Freizeitaktivitäten. **Ungünstig:** geschäftliche Aktivitäten, neue Dinge anfangen.
28. Feuer Hahn	Ratte Büffel Tiger Hase Drache Schlange Pferd Ziege Affe Hahn Hund Schwein **Günstig:** für die meisten Aktivitäten, Geschäftsabschlüsse, Partnerschaft. **Ungünstig:** negative Bemerkungen über andere Menschen.
29. Erd Hund	Ratte Büffel Tiger Hase Drache Schlange Pferd Ziege Affe Hahn Hund Schwein **Günstig:** Handel, Geschäftseröffnungen, Hochzeiten und andere Feste planen. **Ungünstig:** Beerdigungen, Reisen, Arztbesuche.
30. Erd Schwein	Ratte Büffel Tiger Hase Drache Schlange Pferd Ziege Affe Hahn Hund Schwein **Günstig:** Handwerkliche Aktivitäten, Handel, Hochzeiten, Reisen. **Ungünstig:** Trauerfeiern und Beerdigungen, schwere körperliche Arbeit.
31. Metall Ratte	Ratte Büffel Tiger Hase Drache Schlange Pferd Ziege Affe Hahn Hund Schwein **Günstig:** Ankündigungen machen, Beerdigungen, Trauerfeiern. **Ungünstig:** Handel, Vergnügungen, Freizeitaktivitäten.

甲戌七月廿一日過
邗江之平山精藍
值踈雨新涼喜爾
畫此 清湘石濤

Die 12 Tierzeichen und ihre Elemente

Wussten Sie eigentlich, dass im chinesischen Horoskop Drache nicht gleich Drache ist? Dass nicht jede Ziege sanft und nicht jeder Tiger wild ist, sondern es durchaus davon abhängt, in welchem Jahr Sie geboren sind? Auf den folgenden Seiten verraten wir Ihnen, welches der 5 Elemente Ihr persönliches Tierzeichen prägt und was das für Sie bedeutet.

Neben seinem Stamm-Element verfügt jedes der zwölf Tierzeichen zusätzlich über ein weiteres Element, das vom jeweiligen Geburtsjahr, -monat, -tag oder -stunde abgeleitet wird. Dieser zusätzliche Anteil verrät uns eine ganze Menge über die Stärken und Schwächen des Tierzeichens und die Ausprägung seiner Charaktereigenschaften.
Nicht jeder Drache ist also gleich! Je nachdem, ob Holz, Feuer, Erde, Metall oder Wasser ihn begleiten, ist er mal forscher, mal verträumter. Auf den nachfolgenden Seiten stellen wir Ihnen die unterschiedlichen Vertreter der einzelnen Tierzeichen mit ihren Elementen vor.
Welches Element Ihr Tierzeichen begleitet, können Sie entweder in den Jahresvorschauen ab Seite 12 oder direkt im folgenden Text nachlesen.

Die Ratte

Als erstes Tier des chinesischen Tierkreises steht die Ratte für den Neubeginn. Mit ihrem wachen Verstand liebt sie es, neue Projekte zu entwickeln. So mancher ihrer genialen Einfälle kommt jedoch nicht über die geistige Ebene hinaus, denn mit der Umsetzung ihrer Ideen tut sich die Ratte zuweilen etwas schwer.

Holz-Ratte (1984)
Die Holz-Ratte ist ein kreativer Zeitgenosse mit einem sehr wachen Verstand und einer Unmenge an Ideen. Vielleicht kann sie ihre Talente nicht immer so präsentieren, wie sie es gerne möchte. Sie verfügt aber über einen guten Weitblick und weiß Situationen in der Regel richtig einzuschätzen.

Feuer-Ratte (1936, 1996)
Die Feuer-Ratte ist eine äußerst charmante Vertreterin ihrer Art und weiß sich geschickt auf gesellschaftlichem Parkett zu bewegen. Mit ihrer Intelligenz wird sie schnell zum Mittelpunkt jedes Gespräches. Leider drückt sie sich ab und an gerne in wenig vor ihrer Verantwortung und lässt lieber andere machen.

Erd-Ratte (1948, 2008)
Diese Ratte hat die Gabe, ihren Wohlstand wirklich zu genießen. Damit sie das tun kann, ist sie bereit hart zu arbeiten und ihr Geld zusammenzuhalten. Bittstellern gegenüber ist sie konsequent – man muss sein Anliegen schon gut vortragen, um von ihr die gewünschte Unterstützung erwarten zu können.

Metall-Ratte (1960)
Die Metall-Ratte ist sich sehr wohl bewusst, dass nichts von selbst kommt, sondern ihre Errungenschaften in erster Linie die Früchte ihrer Arbeit sind. Sie ist ein guter Beobachter, der sich jedoch nur ungern unmittelbar ins Geschehen einmischen mag.

Wasser-Ratte (1972)
Die Wasser-Ratte ist eine recht analytische Persönlichkeit, die sehr gut das für und wider einer Sache abzuwägen weiß, auch wenn sie diese Erkenntnisse nicht immer mit der Öffentlichkeit teilt. Sie hat ein Faible für Kostbares und weiß in der Regel, mit ihren Ressourcen hauszuhalten.

Der Büffel

Man kann sich wirklich glücklich schätzen, bei der Arbeit einen Büffel an seiner Seite zu haben. Er ist nicht nur ein guter Planer, sondern weiß seine Projekte auch konsequent umzusetzen. Mit unerschütterlicher Zuverlässigkeit und Durchsetzungskraft tut er seinen Dienst und steht entschlossen zu seiner Meinung, egal was seine Umgebung von ihm denkt.

Holz-Büffel (1925, 1985)
Das Holz-Element weckt das kreative Potential, das in diesem Büffel schlummert. So ist er in der Lage, auch komplizierte Sachverhalte zu entschlüsseln. Er findet oft eher unorthodoxe Lösungsansätze für bestehende Probleme und setzt diese mit Entschlossenheit um.

Feuer-Büffel (1937, 1997)
Eine gesunde Portion Realismus bewahrt diesen Büffel davor, nach Dingen zu streben, die für ihn unerreichbar sind. Lieber setzt er seine Talente dort ein, wo sie ihm wirklich nützen. Mit seiner Intelligenz ist er in der Lage, seine Projekte wirklich durchzuziehen. Viele Feuer-Büffel haben ein Faible fürs Reisen.

Erd-Büffel (1949, 2009)
Dieser Büffel fühlt sich in der Regel am richtigen Platz und ist nicht unbedingt auf Abenteuer und Risiko aus. Vielmehr zieht er es vor, im warmen Stall bei zu bleiben, wo er sich auskennt. Von dort aus zieht er mit seiner starken Persönlichkeit die Fäden und sorgt für das Wohl der ihm anvertrauten Menschen.

Metall-Büffel (1961, 2021)
Im Gegensatz zum Erd-Büffel beschreitet dieser Büffel durchaus fremde Straßen und kommt auf dem von ihm gewählten Weg langsam aber stetig voran. Er lässt sich nur schwer von einem gefassten Entschluss abbringen und behält immer sein Ziel im Auge. Viele Metall-Büffel haben ein gutes Händchen für alle Aktivitäten, die mit Bauen zu tun haben.

Wasser-Büffel (1973)
Dem Wasser-Büffel liegt das Beobachten mehr als das aktive Einschreiten. Auf seinem Posten hört und sieht er vieles, gibt aber nur Rat, wenn er wirklich darum gebeten wird. Er hat eine klare Meinung und lässt sich nicht von Außenstehenden beeinflussen. Sein Besitz und der seiner Familie sind ihm heilig.

Der Tiger

Die meisten Tiger strahlen eine natürliche Autorität aus, die kaum Widerspruch duldet. Als unangefochtener Herrscher über den Dschungel kontrolliert der Tiger sein Terrain und wacht mit Argusaugen über seine Untertanen. Mit persönlichem Einsatz, harter Arbeit und guten Verbindungen kann er es in allen Bereichen weit bringen und hervorragend auch unter Druck arbeiten.

Holz-Tiger (1974)
Ein sehr ausdauernder Vertreter seiner Art, der seine persönlichen Ziele ausgesprochen beharrlich verfolgt. Von Außenstehenden lässt er sich nur schwer in die Karten schauen. Entschlossen trennt er sich von Dingen und Menschen, die er nicht mehr braucht und schafft sich so mehr persönliche Freiräume.

Feuer-Tiger (1926, 1986)
Der Feuer-Tiger vermag mit seinem gewandten Auftreten spielend jedes seiner Ziele zu erreichen. Er hat eine starke und recht ehrgeizige Persönlichkeit, die ihre Ansichten mit Worten und Taten zu verteidigen weiß. Dabei wirkt er aufgrund des starken Feuer-Elementes sehr mitreißend, motivierend und überzeugend auf seine Umgebung.

Erd-Tiger (1938, 1998)
Dieser Tiger strebt definitiv nach Höherem. Sein Ehrgeiz und seine Entschlossenheit treiben ihn an. Solange er ein Ziel hat, fällt es ihm leicht, jedes Hindernis zu überwinden und jede Entbehrung in Kauf zu nehmen. Am Ende wird der Erd-Tiger immer erfolgreich sein, auch wenn ihn sein Triumph manchmal Freundschaften kosten kann.

Metall-Tiger (1950, 2010)
Dieser Tiger hat es nicht nötig, ständig um Anerkennung zu kämpfen. Er ist sich seiner Fähigkeiten bewusst und kann sein Leben deshalb deutlich entspannter angehen, als seine restlichen Artgenossen. Wenn es ihm gelingt, seine Entscheidungen seiner Umgebung verständlich zu machen, kann er ein zufriedenes Leben führen. Ansonsten hat er zuweilen mit Widerständen aus den eigenen Reihen zu kämpfen, weil man manchmal nicht so recht weiß, was er will.

Wasser-Tiger (1962, 2022)
Dies ist die spirituellste Tiger-Persönlichkeit im chinesischen Tierkreis mit einem besonders guten Draht nach oben, den er seiner Außenwelt allerdings nur zögerlich zeigen mag. Für seine Überzeugungen ist der Wasser-Tiger bereit, den schützenden Wald zu verlassen und sich auf seinem Weg in seiner vollen Pracht der Öffentlichkeit zu präsentieren.

Der Hase

Wie der Tiger weiß auch der Hase seine Wünsche durchaus durchzusetzen. Er verlässt sich dabei jedoch mehr auf sein diplomatisches Geschick. Familie und Kinder spielen in seinem Leben meist eine sehr große Rolle und er ist durchaus bereit, zum Wohle seiner Lieben auf so manches zu verzichten. Wenn er etwas wirklich will, kann er sich jedoch in der Regel durchsetzen.

Holz-Hase (1975)

Wie reines Quellwasser sprudeln die Ideen des Holz-Hasen an die Öffentlichkeit, oft getragen von einer tiefen inneren Zufriedenheit. Er lebt mit sich selbst in Einklang und hat die Gabe, glücklich und beständig seiner inneren Überzeugung zu folgen und auf sein Bauchgefühl zu hören.

Feuer-Hase (1927, 1987)

Man muss nur fest genug an seine Träume glauben, dann können sie Wirklichkeit werden, das weiß der Feuer-Hase in seinem Innersten ganz genau. Er schöpft seine Lebenskraft aus seinem guten Draht nach oben und begeistert sich und seine Mitmenschen recht problemlos für seine Ideen.

Erd-Hase (1939, 1999)

Der Erd-Hase ist sich bewusst, dass er für sein Glück selbst verantwortlich ist. So wagt er sich auf seiner Suche auch in unbekanntes Terrain vor, wo Abenteuer auf ihn warten können. Er zieht es in der Regel vor, unterwegs zu sein und weiß die Gelegenheiten zu nutzen, die sich ihm auf seinem Weg bieten.

Metall-Hase (1951, 2011)

Der Metall-Hase schätzt die Behaglichkeit und Sicherheit seiner eigenen vier Wände. Er ist eine recht häusliche Persönlichkeit, die nicht nur viel zu geben weiß, sondern auch für die eigenen Belange auf die Unterstützung seiner Familie baut. Er braucht keine großen Besitztümer, sondern nur seine Lieben, um sich in seiner Umgebung wohl zu fühlen.

Wasser-Hase (1963, 2023)
Viele Wasser-Hasen verfügen über heilende Hände und setzen diese gerne zum Wohle Ihrer Mitmenschen ein. Nach außen erscheinen sie eher introvertiert und zurückhaltend, sind aber durchaus in der Lage, ihre eigenen Interessen durchzusetzen, wenn es die Situation erfordert.

Der Drache

Der Drache ist das einzige Fabeltier im chinesischen Tierkreis und so ist es nicht verwunderlich, dass die alten Chinesen ihm übernatürliche Fähigkeiten nachsagten und ihn als Glücksbringer verstehen. Er liebt es, sich im Glanz der Öffentlichkeit zu sonnen und hat ein Faible für alles, was sich außerhalb der eigentlichen Norm bewegt.

Holz-Drache (1964, 2024)
Auch wenn es eigentlich nicht die Natur des Drachen ist, sich geduldig zu zeigen, weiß der Holz-Drache sehr wohl abzuwarten, ohne dabei Nervosität zu zeigen. Er hat die Gabe, seine verborgenen Talente gerade dann zum Vorschein zu bringen, wenn die Situation es erfordert. Die Zeit davor verbringt er damit, sich gut auf diesen Augenblick vorzubereiten.

Feuer-Drache (1916, 1976)
Aus luftiger Höhe betrachtet der Feuer-Drachen das Geschehen. Das ermöglicht ihm, vorausschauend und besonnen zu handeln und in schwierigen Situationen den Überblick zu behalten. Hat er einmal den richtigen Weg eingeschlagen, sind fast alle seine Unternehmungen von Erfolg geprägt.

Erd-Drache (1928, 1988)
Der Erd-Drache hat sehr klar definierte Vorstellungen von Moral und Ethik. Seine persönliche Werteskala ist in der Regel unantastbar und er folgt seinen Prinzipien mit all seiner Energie. Oft setzt er seine Fähigkeiten zum Wohle derjenigen ein, die sich nicht selbst wehren können, selbst wenn das für ihn nicht immer von Vorteil ist.

Metall-Drache (1940, 2000)
Dieser Drache erlangt seine Weisheit vor allem dadurch, dass er zuzuhören weiß. Wie der Holz-Drache ist er ein eher zurückhaltender Vertreter seiner Art, der sich nicht um jeden Preis in den Vordergrund spielen muss. Kleine effektive Taten sind deutlich mehr nach seinem Geschmack als große Gesten ohne Substanz. Der Metall-Drache kann seine Fähigkeiten wirklich nutzbringend einsetzen.

Wasser-Drache (1952, 2012)
Der Regen-Drache gilt bei den Chinesen als Symbol von Wohlstand und Reichtum. Der Wasser-Drache weiß was er verdient und kann deshalb Geschenke des Universums galant annehmen. Sein gewinnendes Auftreten wird geprägt durch die sichere Gewissheit, dass am Ende des Weges die Belohnung und der Erfolg auf ihn warten.

Der Schlange

Auch der Schlange sagt man mystische Kräfte nach, im Gegensatz zum Drachen hält sie sich mit ihren Fähigkeiten jedoch meist eher bedeckt. Sie liebt es, den Dingen auf den Grund zu gehen und gibt in der Regel nicht eher Ruhe, bis sie wirklich das letzte Quäntchen Information gesammelt hat, auch wenn sie dafür sehr viel Zeit aufwenden muss.

Holz-Schlange (1965, 2025)
Die Holz-Schlange ist ein besonders vorsichtiger Vertreter ihrer Art, die sich lieber doppelt absichert, anstatt ein unnötiges Risiko einzugehen. Sie verfügt über einen Reihe von verborgenen Talenten, die darauf warten, entdeckt und gepflegt zu werden. Nimmt sie sich ausreichend Zeit für die Vorbereitung, kann sie sich mit ungewohnten Situationen arrangieren und ist durchaus auch zu einem Neuanfang bereit.

Feuer-Schlange (1977)
Auch die Feuer-Schlange ist ein eher introvertiertes Wesen, weiß aber durchaus auf sich aufmerksam zu machen, wenn sie den richtigen

Zeitpunkt für gekommen hält. Von Unbekanntem hält sie sich zunächst einmal lieber fern und zeigt sich zufrieden, wenn sie recht ungestört an ihrem Lieblingsplatz bleiben kann. Von dort aus beobachtet sie mit Geduld ihre Umgebung und wird erst aktiv, wenn sie sich ganz sicher fühlt.

Erd-Schlange (1929, 1989)
Die Erd-Schlange wird bei den alten Chinesen als ‚Glücksschlange' verehrt, denn sie ist in der Lage mit ihrer bloßen Anwesenheit ein Lächeln ins Gesicht ihrer Mitmenschen zu zaubern. Sie hat es nicht nötig mit Besitztümern zu glänzen, sondern gibt ein Beispiel dafür, dass man auch mit geringen Mitteln Freude und Glück erleben kann.

Metall-Schlange (1941, 2001)
Viele Dinge regeln sich ganz von selbst, wenn man sie nur lange genug ruhen lässt. Diese Erfahrung hat die Metall-Schlange in ihrem Leben sicher schon mehr als einmal gemacht. Sie pflanzt deshalb den Samen in die Erde und wartet entspannt und ruhig, bis das Korn reif ist und geerntet werden kann.

Wasser-Schlange (1952, 2012)
Besonders in der Partnerschaft ist diese Schlange ausgesprochen beliebt, ist sie doch zu dauerhaften und tiefen Beziehungen fähig, die durch kaum etwas zu erschüttern sind. Darüber hinaus ist die Wasser-Schlange zuweilen jedoch schwer zu durchschauen, da sie ihre wahres Selbst oft lieber vor neugierigen Blicken hinter einer Maske verbirgt.

Das Pferd

Im chinesischen Tierkreis repräsentiert das Pferd das männliche Prinzip. Sport, Natur und gesellschaftliche Aktivitäten stehen bei den meisten Pferden ganz oben auf der Liste. Die meisten Pferde verfügen über einen gesunden Ehrgeiz, würden diesen aber niemals auf Kosten Dritter ausleben. Dafür sind ihnen ihre Mitmenschen zu wichtig.

Holz-Pferd (1954, 2014)
Mit der ansonsten so realistischen Pferde-Persönlichkeit hat das Holz-Pferd recht wenig gemein. Es baut mit Begeisterung Luftschlösser und hat eine Phantasie, die ihresgleichen sucht. Ausgestattet mit Fleiß und einem starken Willen ist es in der Lage, seine Träume letztendlich wirklich in die Tat umzusetzen, auch wenn das in seiner Umgebung niemand so recht glauben mag.

Feuer-Pferd (1966)
Das Feuer-Pferd ist die ambitionierteste Pferdepersönlichkeit im chinesischen Horoskop. In der Regel mit einem starken Willen zum Erfolg und einer guten Überzeugungskraft ausgestattet, kann ihm alles gelingen, was es anpackt, sofern es die richtigen Mitstreiter findet. So mancher seiner Pläne wird von ganz oben inspiriert und dann mit viel Elan und Begeisterung umgesetzt.

Erd-Pferd (1978)
Warum in der Ferne schweifen, wenn das Glück vor der eigenen Haustür wartet. Das Erd-Pferd weiß in der Regel nicht nur, wo es hingehört, sondern fühlt sich auch noch wohl an seinem Platz. In einem vertrauten Umfeld kann es seinen zahlreichen Aufgaben am besten gerecht werden und außerdem die Gemeinschaft stützen.

Metall-Pferd (1930, 1990)
Wer pflichtbewusst und zuverlässig seinen Dienst tut, wird über kurz oder lang dafür belohnt. Mit dieser Überzeugung kann es das Metall-Pferd weit bringen und so ist es nicht verwunderlich, wenn es im Laufe seines Lebens eine recht hohe soziale oder gesellschaftliche Stellung einnehmen kann und immer zur richtigen Zeit die richtigen Menschen trifft.

Wasser-Pferd (1942, 2002)
Das Wasser-Pferd scheut nicht davor zurück, für seine Ideale zu kämpfen. Wenn es von seinen Ideen überzeugt ist, nimmt es Auseinandersetzungen in Kauf und setzt sich bis zum Schluss für die Umsetzung ein. Dabei geht es niemals unvorbereitet in den Kampf und weiß seine Kontrahenten vor allem verbal zu überzeugen.

Die Ziege

Auch wenn die Ziege im Tierkreis das weibliche Prinzip versinnbildlicht, ist sie nicht immer so sanft, wie es auf den ersten Blick scheinen mag. Sie umgibt sich in der Regel gern mit anderen Menschen und zeigt viel Verständnis und Mitgefühl, wenn es um die Sorgen und Nöten ihrer Mitmenschen geht. Viele Ziegen haben übrigens versteckte künstlerische Talente.

Holz-Ziege (1955, 2015)

Die Holz-Ziege braucht zwar wie alle Ziegen den Schutz ihrer Herde, sucht aber trotzdem häufig die Einsamkeit. Sie liebt es, allein zu sein und sich mit sich selbst zu beschäftigen. Dabei kommt oft eine künstlerische Ader zum Vorschein. In sich selbst versunken braucht sie häufig keine Gesellschaft, sondern widmet sich mit voller Konzentration ihren eigenen Belangen.

Feuer-Ziege (1967)

Diese Ziegenpersönlichkeit sucht vor allem nach Unabhängigkeit. Wenn es Ihrer Selbstverwirklichung dient, kann sie sich durchaus von der Herde entfernen. Hat sie sich entschieden, ihre eigenen Interessen voranzutreiben, beschert ihr hohes Verantwortungsbewusstsein ihr allerdings fast ständig ein schlechtes Gewissen.

Erd-Ziege (1979)

Die Erd-Ziege ist mit Ihrem Platz in der Herde in der Regel recht zufrieden. Sie weiß, dass sie auf diese Weise vielleicht nicht den schnellsten, aber dafür den sichersten Weg zum Erfolg gewählt hat. Außerdem handelt sie in der Gewissheit, niemandem zu schaden. Das Wohlergehen anderer liegt ihr am Herzen.

Metall-Ziege (1931, 1991)

Die Metall-Ziege muss sich nicht in den Vordergrund drängen. Sie weiß, dass ihre Taten für sich sprechen und sie immer Fürsprecher findet, wenn es darauf ankommt. Wenn sie sich ihre Freundlichkeit bewahrt, kann sie es in der Gesellschaft weit bringen und findet oft einflussreiche Fürsprecher. Zeigt sie sich zu spröde, bleibt sie oft auf sich allein gestellt.

Wasser-Ziege (1943, 2003)

Gesellschaft ist der Wasser-Ziege sehr wichtig und sie fühlt sich immer dann am wohlsten, wenn sie nicht allein ist. Selbst ihre persönlichen Auszeiten nimmt sie sich oft unbemerkt und mitten im größten Trubel. Ihre Mitstreiter lassen sich gerne von ihren sanften Worten zum gemeinsamen Engagement überzeugen.

Der Affe

Mit seinem wachen Verstand gibt der Affe sich in der Regel nicht mit einer Aktivität zufrieden. Auch wenn er sich dabei zuweilen ein wenig verzettelt, kommt er am Ende doch immer mit heiler Haut davon und kann den Erfolg für sich verbuchen. Mit seinem flinken Mundwerk gelingt es ihm oft, auch den letzten Zweifler überzeugen.

Holz-Affe (1944, 2004)

Der Holz-Affe versteht es, sich für eine sorgfältige Planung beizeiten aus dem allgemeinen Trubel zurückzuziehen und die Sache von außen zu betrachten. Mit seinem wachen Geist spielt er die verschiedenen Möglichkeiten erst einmal mehrfach durch, bevor er die erfolgversprechendste in die Tat umsetzt.

Feuer-Affe (1956, 2016)

Unter dem Mantel der Leichtigkeit verbirgt sich eine Persönlichkeit, auf die man zählen kann, wenn es wirklich darauf ankommt. Der Feuer-Affe gehört zwar eher zu den chaotischeren Vertretern seiner Art und braucht reichlich Platz, um sich auszubreiten. Im Grunde seines Herzens ist er jedoch immer bereit, alles stehen und liegen zu lassen und Hilfe anzubieten.

Erd-Affe (1968)

Der Erd-Affe verfügt in der Regel über ein gesundes Selbstbewusstsein und hat es nicht nötig, sich in den Vordergrund zu spielen. Er gesteht es seinen Mitstreitern zu, ihr eigenes Süppchen zu kochen. Abseits des Scheinwerferlichts kommt er sehr gut alleine klar, auch wenn er sich nach außen gerne mit vielen Menschen umgibt.

Metall-Affe (1980)

Der Metall-Affe ist die ruhigste und ausgeglichenste unter den Affen-Persönlichkeiten. Er passt sich ohne Schwierigkeiten an aktuelle Gegebenheiten an und zeigt sich deutlich konstanter in seinem Tun als seine zuweilen etwas unsteten Artgenossen. In geschäftlichen Angelegenheiten hat er ein besonders gutes Gespür für Erfolg.

Wasser-Affe (1932, 1992)

Rein äußerlich ist dieser Vertreter seiner Art sicher die eleganteste Erscheinung unter den Affen. Der Wasser-Affe ist sich seiner Wirkung auf andere bewusst und weiß mit guten Manieren und gepflegter Konversation zu überzeugen. Wenn er ein Auge auf sein Budget hat, erreicht er in der Regel mühelos seine Ziele.

Der Hahn

Wie schon der Tiger verfügt auch der Hahn über eine natürliche Autorität, die er in der Regel geschickt für seine Zwecke einzusetzen weiß. Sein Geschick in geschäftlichen Dingen und im Umgang mit Geld und sein Blick für die Details machen es ihm besonders leicht, beruflich zu punkten. Im Privatleben besticht er durch seinen guten Geschmack und hervorragende Manieren.

Holz-Hahn (1945, 2005)

Manchmal ist er ein wenig vorschnell mit seinem Urteil, doch in der Regel hat der Holz-Hahn ein unbestechliches Auge für Menschen und Situationen. Er ist überzeugt von seinen Idealen und zieht es vor, nach seinen eigenen Regeln zu leben. Wichtige Entscheidungen trifft er nur nach sorgfältigem Abwägen und scheut sich nicht vor den Konsequenzen.

Feuer-Hahn (1957, 2017)

So mancher Feuer-Hahn leidet vielleicht unter seinen Führungsqualitäten, bedeuten sie doch, dass er so manche einsame Entscheidung zu treffen hat, die nicht immer auf Gegenliebe stößt. Er kann jedoch sicher sein, dass die Menschen, die ihm wirklich etwas bedeuten, seine Fähigkeiten zu schätzen wissen und sich vertrauensvoll in seine Hände begeben.

Erd-Hahn (1969)

Diese unabhängige Hahn-Persönlichkeit kommt hervorragend ohne Unterstützung zurecht und weiß seine Vorteile zu nutzen. Trotzdem kann er das Zusammensein mit Freunden und Familie genießen. Vor allem wenn er weiß, dass alle geschäftlichen Angelegenheiten geregelt sind, kann er sich am Leben erfreuen.

Metall-Hahn (1981)

Oft wünscht sich dieser Hahn mehr Freiheiten, damit er seine innersten Ideen verwirklichen kann. Denn unter der harten Schale schlummert oft ein ausgesprochen weicher Kern. Der Metall-Hahn ist jedoch oft so gefangen in seinen selbst auferlegten Regeln, dass er seine zahlreichen Talente nicht immer nutzen kann.

Wasser-Hahn (1933, 1993)

Mit dem Wasser-Hahn sollte man sich besser nicht anlegen. Vor allem, wenn er sich auf seinem eigenen Terrain befindet, duldet er nur ungern Widerspruch und weiß seine Ansichten laut und deutlich zu artikulieren. Dabei lenkt er mit seiner imposanten Erscheinung oft von seinen tief verborgenen spirituellen Qualitäten ab.

Der Hund

Sicherheit und Stabilität stehen auf der Prioritätenliste der meisten Hunde ganz weit oben. So ist es nicht verwunderlich, dass der Hund der treueste Freund und Gefolgsmann ist, den man im chinesischen Tierkreis finden kann. Seine Loyalität ist geradezu legendär, wenn es um die eigene Familie oder enge Freunde geht.

Holz-Hund (1934, 1994)

Als besonders aufmerksamer Vertreter seiner Art wacht der Holz-Hund mit Argusaugen nicht nur über alle geschäftlichen Belange, sondern auch über das Wohl seiner Familie. Sein schöpferisches Potential lebt er oft aufgrund seiner

Stellung nicht aus - vielleicht auch, weil er Angst hat, seinen Status Quo zu gefährden.

Feuer-Hund (1946, 2006)
Auch wenn es auf den ersten Blick nicht so erscheint, steht dieser dem Holz-Hund in seiner Wachsamkeit in nichts nach. Der Feuer-Hund ist jedoch im Großen und Ganzen ein friedlicher Vertreter seiner Art, der wirklich nur dann zubeißt, wenn man ihn so sehr reizt, dass er sich nicht mehr anders zu helfen weiß.

Erd-Hund (1958, 2018)
Alles Fremde weckt im Erd-Hund zunächst einmal ein gesundes Misstrauen, dass er nur überwindet, wenn man ihm dazu Zeit lässt. Er ist kein Freund von schnellen Entscheidungen und zieht es vor, allein seinen Weg zu gehen, als sich auf faule Kompromisse einzulassen. Hat man sein Vertrauen erst einmal gewonnen, steht er wie ein Fels in der Brandung.

Metall-Hund (1970)
So mancher Metall-Hund hat sich in kniffligen Situationen als wertvoller Vermittler zwischen den Parteien erwiesen. Sein ausgeprägter Gerechtigkeitssinn und seine Besonnenheit sorgen dafür, dass man sich in seiner Gegenwart fast immer gut aufgehoben fühlt. Wenn es darauf ankommt, verteidigt er freundlich aber bestimmt sein Terrain.

Wasser-Hund (1982)
Es gibt eigentlich nichts, was dieser Hund nicht kann – vor allem wenn es um Haus und Hof geht, ist ihm keine Aufgabe zu anspruchsvoll und kein Weg zu weit. Darüber hinaus verfügt der Wasser-Hund in der Regel über eine gute Menschenkenntnis, die ihn vor Fehlentscheidungen bewahren kann und zum gefragten Ratgeber macht.

Das Schwein

Ein gemütliches Heim ist dem Schwein sehr wichtig und so sorgt es mit Fleiß dafür, dass sich alle Menschen in seiner Umgebung wohl fühlen. Als durch und durch positiver Mensch steht es fast immer auf der Sonnenseite des Lebens, auch wenn es manchmal Situationen und Mitmenschen falsch einschätzt.

Holz-Schwein (1935, 1995)
Das Holz-Schwein liebt es, unterwegs zu sein. Dabei stehen in der Regel keine beruflichen Gründe im Vordergrund. Vielmehr nutzt es seine Reisen, um seinen persönlichen Horizont zu erweitern, sich spirituell weiter zu entwickeln oder in seiner selbstlosen Art anderen Menschen zu helfen.

Feuer-Schwein (1947, 2007)
Diese Schweinepersönlichkeit hat den unbedingten Willen, das zu Ende zu bringen, was sie angefangen hat. Dafür nimmt das Schwein Entbehrungen und Hindernisse in Kauf. Es weiß doch, dass es am Ende für seine Anstrengungen nicht nur reich entlohnt wird, sondern auf diese Weise zu seiner eigentlichen Bestimmung finden kann.

Erd-Schwein (1959, 2019)
Ganz im Gegensatz zu seinen Artgenossen schätzt das Erd-Schwein durchaus die Einsamkeit und sucht zuweilen den Rückzug in eine Welt ohne weltliche Versuchungen. In der Ruhe findet es seinen inneren Kern. Es verfügt über einen sehr ausgeprägten Ordnungssinn und weiß seinen Alltag mit Geschick zu organisieren.

Metall-Schwein (1971)
Das Metall-Schwein fühlt sich in der Regel auf dem Land deutlich wohler als in der Stadt, wo es den Bezug zu Mutter Natur verlieren könnte. Als Mittelpunkt der Familie kreisen seine Gedanken vor allem um das Wohlergehen seiner Lieben und es setzt sich auf sympathische und patente Art für die Belange aller Menschen ein, die sich ihm anvertrauen.

Wasser-Schwein (1923, 1983)
Sein untrügliches Gespür für das Gute im Leben haben Familie und Freunden des Wasser-Schweins schon so manchen Vorteil gebracht. Dabei ist es nicht so, dass es ständig auf der Suche nach Luxus ist. Vielmehr weiß es die kleinen Freuden im Leben zu schätzen und anzunehmen und diese Gabe überträgt es großzügig auf seine Umgebung.

Wer liebt, lebt richtig.
Wer liebt, hasst nicht.
Wer liebt, akzeptiert.
Wer liebt, ist großzügig.
Wer liebt, ist freigiebig.
Wer liebt, ist ehrlich.
Wer liebt, ist reicher als reich.
Wer liebt, öffnet alle Herzen.
Wer liebt, ist frei.

Günther Griebel

Yin und Yang und die Fünf Elemente

Jedes Tierzeichen wird durch die Fünf Elemente sowie Yin und Yang eindeutig charakterisiert. Diese beiden Grundprinzipien der asiatischen Philosophie beschreiben außerdem auch alle anderen Bereiche unseres Lebens auf verblüffend zutreffende Art und Weise

Im alten China standen die Fünf Elemente ursprünglich für die fünf Planeten Jupiter (Holz), Mars (Feuer), Saturn (Erde), Venus (Metall) und Merkur (Wasser). Aufgrund von astronomischen und astrologischen Beobachtungen über die Jahrhunderte wurden dann nicht nur die Jahreszeiten, Formen und Farben, sondern auch jedes Tier und jede Pflanze einem Element zugeordnet. Auch der menschliche Körper als Teil der universellen Schöpfung folgt diesen Gesetzmäßigkeiten. So lassen sich auch unsere inneren Organe, die Körpergewebe, die Sinnesorgane und unsere Empfindungen den Fünf Elementen sowie Yin und Yang zuordnen.

Nach der chinesischen Philosophie stehen die Elemente in einem sogenannten Fütterungszyklus zueinander. Danach nährt das Holz das Feuer, dessen Asche gibt der Erde Kraft. Aus der Erde wird das Metall gewonnen, das wiederum mit seinen reichhaltigen Inhaltsstoffen das Wasser belebt. Und Holz braucht das Wasser zum Wachsen – so ist der Zyklus harmonisch geschlossen. Anhand nebenstehender Grafik ist es einfach nachzuvollziehen, wie sich ein Zuviel oder ein Zuwenig der einzelnen Elemente auf das gesamte System auswirkt.

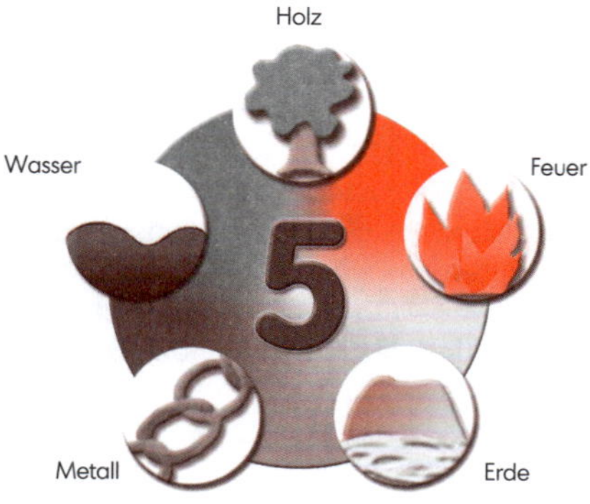

Fehlt zwischen Holz und Erde das Feuer, ist die Wirkung vergleichbar mit einem Baum, der dem Boden langsam, aber sicher die Kraft entzieht. Ein schwaches Wasser-Element kann dazu führen, dass das Holz nicht genug Nahrung bekommt und vom Metall „beschnitten" wird. Wasser und Feuer prallen direkt aufeinander, wenn dazwischen das Holz fehlt.

Wie sich Yin und Yang in Balance halten

Jedes der Fünf Elemente gibt es in einer Yang- und einer Yin-Ausprägung. Die Begriffe Yin und Yang wurden ursprünglich für die Sonnen- und Schattenseite eines Berges benutzt. Heute bezeichnen sie sämtliche Polaritäten wie hell und dunkel, langsam und schnell, männlich und weiblich. Wir Menschen sind dem Einfluss beider Seiten ausgesetzt und es gilt immer, nicht nur die Fünf Elemente in Harmonie zu bringen, sondern auch Yin und Yang in Balance zu halten.

Die Fünf Elemente und ihre Eigenschaften

Die Tabelle bei der Jahresvorschau ihres Tierzeichens ab Seite 10 zeigt Ihnen, welches Element Ihrem Geburtsjahr zugeordnet sind.

Wenn Sie die Eigenschaften der unterschiedlichen Elemente betrachten, sollten Sie jedoch bedenken, dass jeder Mensch eine Kombination aus mehreren verschiedenen Elementen bei seiner Geburt mitbekommen hat. Der persönliche Charakter und das eigene Schicksal lassen sich also nicht ausschließlich aufgrund des chinesischen Jahrestieres mit dem dazugehörigen Element ermitteln, sondern ergeben sich aus der Kombination aller im Geburtshoroskop vorhandenen Elemente.

Holz

Das Element Holz steht für alles, was grünt, und verspürt ständig den Drang zu wachsen. Der Planet Jupiter ist der Holzplanet. Grün und hellblau sind die Farben, die mit Holz assoziiert werden. Auf der körperlichen Ebene steht Yang-Holz für die Galle und Yin-Holz für die Leber.

Die dem Holz entsprechende Jahreszeit ist der Frühling, das entsprechende Lebensalter des Menschen die Kindheit.

Das Element steht generell für Spielfreude, Schöpferkraft, Freiheitsdrang und Kreativität.

Menschen mit einem hohen Holzanteil lieben es, in der freien Natur zu sein und sind meistens sehr kinderlieb – wohl auch, weil sie sich selbst ihr inneres Kind bewahrt haben. Außerdem steht das Element Holz für eine gute Intuition.

Menschen mit viel Holz neigen häufig zur Egozentrik – vor allem wenn man sie einengen will. Wenn sie an ihre eigenen Grenzen stoßen, reagieren sie oft mit Zorn und Wut. Wird dieses Gefühl unterdrückt, äußert sich das häufig in einer Schwäche der entsprechenden Organe Galle und Leber.

Geduld gehört nicht unbedingt zu den Stärken des Holz-Elements. Wenn alles nicht sofort so klappt, wie sie es sich vorstellen, verlieren solche Zeitgenossen in der Regel schnell die Lust an einer Sache.

Damit man die Einfälle des Holz-Elements in die Tat umsetzen kann, braucht es das Feuer.

Feuer

Feuer bringt Bewegung und Aktivität ins Spiel. Das Holz nährt das Feuer mit seinen Ideen, die dann vom Feuer-Element in die Tat umgesetzt werden. Der Feuerplanet ist der Mars und die dazugehörige Farbe ist rot. Dünndarm (Yang) und Herz (Yin) sind diesem Element zugeordnet.

Feuer ist das Element, unter dem sich die Menschen emotional öffnen und Beziehungen eingehen. Die zum Feuer-Element gehörende Jahreszeit ist der Sommer, die Zeit, in der die Sonne am heißesten vom Himmel brennt. Zum Feuer-Element gehört der Lebensabschnitt der Teenager und jungen Erwachsenen.

Das Element Feuer steht für lebhafte und beredsame Zeitgenossen, die jedoch manchmal auch zu leicht extrovertiertem Verhalten neigen. Feuermenschen sind sehr geradeaus und tragen ihr Herz häufig auf der Zunge. Sie arbeiten gerne und viel und sind dabei meist clever und temperamentvoll.

Zeitgenossen mit viel Feuer fallen oft durch ein starkes Temperament auf. Sie gehen auch große Aufgaben mutig an und sorgen dafür, dass Worten auch entsprechende Taten folgen. Ein harmonisches Feuer-Element weiß, wann es aktiv werden muss und wann es „Fünfe gerade sein lassen kann". Ist das Feuer zu stark, kann sich das zuweilen in hektischer Aktivität äußern, während ein zu schwaches Feuer oft ein wenig antriebslos wirkt.

Wenn das Feuer zu Asche verbrannt ist, entsteht das Element Erde.

Erde

Dieses Element sorgt für die nötige Stabilität. Es bringt die Vernunft ins Spiel und achtet darauf, dass Aktivitäten nicht aus dem Ruder laufen. Der Saturn gilt als Erdplanet und die entsprechenden Farben sind alle Gelb- und Brauntöne. Aus der Erde gewinnen wir unsere Nahrung und deshalb gehören Magen (Yang), Milz und Bauchspeicheldrüse (Yin) zum Erd–Element.

Das entsprechende Lebensalter ist das mittlere Erwachsenenalter, wo der Mensch zu Familie und Beziehungen findet. Dem Erd-Element wird keine bestimmte Jahreszeit zugeordnet. Wie auch im Kreislauf der zwölf Tierzeichen wird es quasi immer als eine Art Puffer zwischen die anderen Elemente und Jahreszeiten platziert.

Erde steht für Stabilität und Sicherheit, aber auch für Familienzusammenhalt im weiteren Sinne. Menschen mit einem hohen Erdanteil im Horoskop sind sehr zuverlässige Zeitgenossen, die zu langfristigen und besonders stabilen Bindungen fähig sind.

Erd-Typen konservieren beharrlich altes Wissen und sind oft leidenschaftliche Sammler. Ein gesunder Erdanteil hilft uns, Bodenständigkeit in unser Leben zu bringen und die richtigen Entscheidungen zu treffen, damit aus unseren Ideen (Holz) und Aktivitäten (Feuer) etwas werden kann.

Zu viel Erde kann jedoch zu mangelnder Flexibilität führen. Ist die Erde dagegen schwach oder nicht vorhanden, fühlt sich der Mensch möglicherweise nirgendwo so richtig zu Hause.

Aus der Tiefe der Erde schürfen wir das Element Metall.

Metall

Metall ist ein kühles Element, das viel mit Struktur und Ordnung zu tun hat. Metall kann planen. Es weiß genau, welcher Schritt der nächste sein sollte, um ein angestrebtes Ziel zu erreichen. Die Venus ist der Metallplanet und die Elementfarben sind weiß, grau, silber und gold. Auf der körperlichen Ebene gehört das Metall-Element zu Lunge (Yin) und Dickdarm (Yang).

Der Herbst ist die Jahreszeit des Metalls. Auch beim Menschen ist der Lebensherbst diesem Element zugeordnet. Aktivität und Zielstrebigkeit sind nicht mehr die wichtigsten Ziele. Man hat in der Regel seinen Lebensrhythmus gefunden und erntet die Früchte des Erfolges.

Generell steht das Metall-Element für Tatkraft, Fortschrittlichkeit, Zähigkeit und einen ideellen Abstand zu den Dingen. Aber auch strategisches Denken und ein rationaler Umgang mit Geld zählen zu den Metallqualitäten.

Menschen mit einem gesunden Metallanteil verstehen es, ihr Leben zu organisieren. Zu viel Metall kann allerdings zu dogmatischen Strukturen führen, die wenig Spielraum für spontane Impulse von außen lassen. Ist das Metall dagegen nicht stark genug, besteht die Gefahr, dass man nicht zielstrebig genug ist und sich vom eigentlichen Weg abbringen lässt.

Um in den Fluss zu kommen braucht Metall das Wasser-Element.

Wasser

Wasser fließt (Yang-Wasser) oder steht (Yin-Wasser). Es ist von allen Elementen das flexi-

Die Fünf Elemente und ihre Entsprechungen

	HOLZ	FEUER	ERDE	METALL	WASSER
Himmelsrichtung	Osten, Südosten	Süden	Südwesten, Nordosten	Westen, Nordwesten	Norden
Jahreszeit	Frühling	Sommer	Übergänge zwischen den Jahreszeiten	Herbst	Winter
Farben	grün/hellblau	rot/violett/ orange	gelb/braun/ beige	weiß/hellgrau/ gold	schwarz/ dunkelblau
Formen	langgestreckt	spitz, dreieckig	flach, rechteckig	rund	unregelmäßig
Material	Holz Pflanzen	Feuer Kerzen, Räucherstäbchen	Erde Ton Terrakotta	Metall Schmuck Hartgeld	Wasser Brunnen Teiche
Organe Yin Yang	Leber Gallenblase	Herz Dünndarm	Milz/ Bauchspeicheldrüse Magen	Lunge Dickdarm	Nieren Blase
Sinnesorgan	Augen (sehen)	Zunge (sprechen)	Mund/Lippen (schmecken)	Nase (riechen)	Ohren (hören)
Gewebe	Finger- und Fußnägel, Sehnen	Blutgefäße	Muskeln Fett- und Bindegewebe	Haut, Körperbehaarung	Knochen, Zähne, Kopfbehaarung
Geschmack	sauer	bitter	süß	scharf	salzig

Hier eine kleine Auswahl mit den wichtigsten Entsprechungen der einzelnen Elemente. Will man eines der Elemente stärken, kann man dies z. B. mit den entsprechenden Farben, Formen, Materialien oder Geschmacksrichtungen tun. Schwächen in einem der Elemente äußern sich häufig körperlich über Ungleichgewichte oder Krankheiten der entsprechenden (Sinnes-)Organe.

belste. Dem Wasser steht die Welt offen. Ist ein Weg versperrt, sucht es sich eben einen anderen. Merkur ist der Wasserplanet. Die Farben schwarz und dunkelblau gehören diesem Element an und auf der körperlichen Ebene ist das Wasser unter anderem Nieren (Yin) und Blase (Yang) zugeordnet.

Im Winter, der Jahreszeit des Wasser-Elementes, kommt die Natur zur Ruhe und sammelt ihre Kräfte für den Neuanfang im Frühjahr. Entsprechend gehört auch beim Menschen das Alter zum Wasser-Element – die Kraft zieht sich jetzt allmählich zurück.

Im Wasser-Element spielen Emotionen und Begeisterung nicht mehr die größte Rolle. Wasser stellt eigentlich alles in Frage und denkt über die Grenzen des Greifbaren hinaus. Dabei schwimmen Wassermenschen durchaus auch gegen den Strom und kümmern sich wenig um die Gefühle und Meinung anderer. Sie legen Wert auf ihre Unabhängigkeit.

Ein harmonisches Wasser-Element gibt uns Gelegenheit, uns für unsere Umgebung zu öffnen, Reisen zu genießen und mit unseren Mitmenschen zu kommunizieren. Ist das Wasser-Element zu stark, kann der Druck auf den Menschen zu groß werden. Das kann dann entweder zu Rastlosigkeit (Yang) oder zu Süchten (Yin) führen. Menschen mit einem zu schwachen Wasseranteil fühlen sich dagegen oft unverstanden.

Wasser nährt das Holz – und damit schließt sich der Kreislauf der Fünf Elemente.

Mit den heilenden Lauten die Emotionen ausgleichen

Aus Sicht der Chinesischen Medizin werden viele körperliche Ungleichgewichte und Krankheiten auch durch ein Ungleichgewicht in unseren Emotionen verursacht. Schon die alten Taoisten wussten, dass sich negative Emotionen in den entsprechenden Organen ansammeln und dort das Gleichgewicht empfindlich stören können. Deshalb haben sie vor vielen Jahren diese Übungen entwickelt, mit denen sich negative Gefühle transformieren lassen.

Die heilenden Laute sind meditative Atemübungen, die ausgleichend auf die Organe und ihre Funktionskreise wirken. Sie helfen uns, angestaute negative Emotionen loszulassen und zu entspannen. Gleichzeitig haben die heilenden Laute eine entgiftende und regenerierende Wirkung. Mit den Übungen ist es möglich, negative Energie in positive Lebenskraft umzuwandeln und zugleich die Organe untereinander auszugleichen. Der unmittelbar spürbare Effekt ist ein Gefühl von innerer Gelassenheit und Ruhe, Spannungen und Stress im Körper werden abgebaut.

Suchen Sie sich einen ruhigen Platz, an dem Sie nicht gestört werden können. Am besten setzen Sie sich auf die Vorderkante eines normalen Stuhles. Beide Füße stehen fest auf dem Boden, der Rücken ist gerade, die Hände liegen entspannt auf den Knien. Schultern und Nacken sind entspannt. Atmen Sie einige Male tief ein und aus. Schließen Sie nun die Augen und schenken Sie sich Ihr schönstes Lächeln.

Die Wut aus der Leber atmen

Verbinden Sie sich mit Ihrer Leber. - sie liegt auf unserer rechten Vorderseite des Körpers unterhalb der Brust. Versuchen Sie zu spüren, wie sich Ihre Leber anfühlt. Erscheint sie Ihnen frisch und voller Lebenskraft oder haben sich Gefühle wie Wut und Ärger in ihr festgesetzt?
Falten Sie nun die Hände und heben Sie sie über Ihren Kopf, die Handflächen zeigen dabei nach oben. Neigen Sie sich nun ein kleines bisschen nach links, so dass Sie eine leichte Spannung auf der rechten Körperseite verspüren. Atmen Sie tief ein und auf dem Leberlaut **schhhhhh** sanft aus. Wiederholen Sie das Ganze, so oft es Ihnen angenehm ist. Dann senken Sie die Arme zurück in die Ausgangsposition und schicken Sie grünes Licht in Ihre Leber. Füllen Sie das Organ mit dieser lebendigen Schwingung. Vergessen Sie nicht, dabei zu lächeln und Ihre Wut loszulassen. Wenn die Leber sich weich anfühlt, gehen Sie weiter zum nächsten Organ.

Den Stress aus dem Herzen atmen

Nun ist das Herz an der Reihe, das besonders empfindlich auf unseren Stress reagiert. Verbinden Sie sich mit diesem Organ und schenken Sie ihm ein Lächeln. Ihr Herz sorgt dafür, dass Ihr gesamter Körper mit Blut versorgt wird und schlägt 24 Stunden rund um die Uhr für Sie. Wie fühlt sich Ihr Herz an? Ist es voller Liebe oder verspüren Sie gar Hass, Ungeduld oder Stress?
Falten Sie wieder die Hände und heben Sie sie über Ihren Kopf, die Handflächen zeigen dabei nach oben. Neigen Sie sich nun ein kleines bisschen nach rechts, so dass Sie eine leichte Spannung auf der linken Körperseite verspüren. Atmen Sie tief ein und auf dem Herzlaut **hhhhaaaa** sanft aus. Wiederholen Sie das Ganze, so oft Sie mögen. Nun die Arme zurück in die Ausgangsposition nehmen und dem Herzen ein weiteres Lächeln schenken, gepaart mit viel lebendig rotem Licht, das jeden Winkel des

Tabelle: Die heilende Laute und Ihre Zuordnung zu Elementen & Emotionen

	HOLZ	FEUER	ERDE	METALL	WASSER
Heilender Laut	**schhh**	**hhhaaa** (lautloses a)	**hrroooo** (lautloses o)	**sssssssss**	**huuuuu**
Negative Emotion	Wut Ärger Zorn	Hass Stress Ungeduld	Sorge Zweifel Grübeln	Traurigkeit Melancholie	Angst Misstrauen Sehnsucht
Positive Emmotion	Großzügigkeit Toleranz	Liebe Freude Respekt	Zuversicht Güte Offenheit	Mut Aufrichtigkeit	Vertrauen Sanftheit
Farbe	Grün	Rot	Gelb	Weiß	Dunkelblau

Herzens ausfüllen sollte. Genießen Sie dieses angenehme Gefühl, solange Sie mögen.

Die Sorgen aus der Milz atmen

Verbinden Sie sich gedanklich mit Milz und Magen und versuchen Sie, sich diesen Bereich Ihres Körpers bildlich vorzustellen. Wie fühlen sich diese beiden Organe? Geht es ihnen gut? Oder haben sich in ihnen Anspannung und Zweifel angesammelt? Machen Sie sich vielleicht zu viele Sorgen? Mit dem heilenden Laut für das Erd-Element reinigen Sie Magen und Milz von allen negativen Emotionen. Dafür legen Sie die Fingerspitzen beider Hände sanft in die Magengegend (unterhalb der Rippenbögen) und atmen tief ein. Atmen Sie auf den Laut **hrrroooo** aus und üben Sie gleichzeitig mit den Fingern einen sanften Druck auf die Magengegend aus. Wiederholen Sie diesen Vorgang so oft, bis Sie eine Erleichterung verspüren. Die Hände wandern nun zurück auf die Knie und Sie schenken Ihrem Magen noch ein strahlendes Lächeln. Gleichzeitig visualisieren Sie ein leuchtend sonnengelbes Licht, das Sie in alle Ecken von Magen und Milz eindringen lassen. Verweilen Sie solange in diesem Zustand wie es Ihnen angenehm ist.

Die Traurigkeit aus der Lunge atmen

Reisen Sie nun in Ihrem Körper weiter bis zu Ihrer Lunge. Wie fühlt sich dieses Organ an? Ist es stark oder erscheint es Ihnen erschöpft? Wenn es Ihnen schwer fällt, sich mental mit der Lunge zu verbinden, können Sie Ihre Hände auf den Brustkorb legen. Welche Gefühle finden sich in Ihrer Lunge? Verspüren Sie Traurigkeit? Mit dem heilenden Lungenlaut können Sie alle schlechten Gefühle aus der Lunge vertreiben. Nehmen Sie nun beide Arme über den Kopf, die Handflächen zeigen zum Himmel, die Ellebogen sind leicht gebeugt. Atmen Sie tief ein und mit einem scharfen **ssssssss** langsam aus. Wiederholen Sie das Ganze so oft, wie es Ihnen angenehm ist. Nun senken Sie die Arme langsam und konzentrieren sich wieder auf Ihre Lunge. Schenken Sie ihr ein strahlendes Lächeln und füllen Sie sie mit jedem Atemzug mit frischen klaren weißem Licht, bis auch der letzte Winkel erstrahlt.

Genießen Sie dieses Gefühl noch ein kleines Weilchen.

Die Angst aus den Nieren atmen

Nun sind die Nieren an der Reihe. Verbinden Sie sich gedanklich mit diesen Organen und schenken Sie ihnen ein Lächeln. Die Nieren beherbergen nicht nur unsere vorgeburtliche Lebenskraft, sondern hier sammeln sich auch unsere Ängste an. Wie fühlen sich Ihre Nieren in diesem Augenblick an? Sind sie zufrieden oder belastet von Ängsten? Zum Reinigen dieser Organe umfassen wir unsere Knie mit beiden Händen und beugen den Oberkörper leicht nach vorne, so dass eine leichte Spannung in der unteren Rückengegend entsteht. Atmen Sie tief ein und auf dem Nierenlaut **hhhuuuuuuu** sanft und beständig aus. Wiederholen Sie diesen Vorgang solange, bis sich die Nieren weich und durchlässig anfühlen. Dann kehren Sie in die Ausgangsposition zurück und schicken ein strahlend blaues Licht in Ihre Nieren zusammen mit dem besten Lächeln, das Sie aufbringen können. Tanken Sie auf, solange es Ihnen angenehm ist und spüren Sie anschließend noch ein wenig nach.

Die Energie im Körper ausgleichen

Mit diesem Laut schließen wir die Meditation ab und verteilen noch einmal das Qi gleichmäßig im gesamten Körper. Lehnen Sie sich in Ihrem Stuhl zurück, bis Sie mehr oder weniger diagonal liegen und heben Sie die Arme in einem großen Bogen über den Kopf. Dabei atmen Sie tief ein. Führen Sie nun beide Arme vor dem Körper nach unten und atmen Sie dabei auf dem Laut **hhhiiiiii** sanft aus. Nach 2-3 Wiederholungen haben Sie die Energie wunderbar verteilt und können mit leichten Streck- und Dehnübungen wieder zurück ins Hier und Jetzt kommen.

Wer diese Technik vertiefen möchte, kann die komplette Meditation mit den entsprechenden Bewegungen und Lauten hier im 5 Elemente Shop der Autorin finden: **https://5-elemente.org**

KLEINE LEBENSWEISHEITEN

Das Unscheinbare zu beachten, ist Einsicht.
Der Gewalt auszuweichen ist Stärke

Laotse

Dem Fröhlichen ist jedes Unkraut eine Blume,
dem Betrübten ist jede Blume ein Unkraut.

Indisches Sprichwort

Hört auf danach zu fragen,
was die Zukunft bereithält
und nehmt als Geschenk,
was immer der Tag mit sich bringt.

Horaz

Tu nicht hastig, was du zu tun hast,
sonst verlierst du den klaren Blick
und wunderst dich selbst.

Franz von Sales

Andere kennen ist weise.
sich selbst erkennen ist Erleuchtung.
Andere beherrschen erfordert Kraft.
Sich selbst erkennen fordert Stärke.

Laotse

Der Gelassene nutzt seine
Chancen besser als der Getriebene.

Chin. Sprichwort

Unser Denken bestimmt unsere Welt.
Ruhe beruhigt Unruhe.

Chin. Sprichwort